100
HEILIGE ORTE

Queen Street House
4 Queen Street
Bath BA1 1HE, UK

Producing: Rolf Toman
Redaktion: Herbert Genzmer, Rolf Toman
Design: Sabine Vonderstein
Bildredaktion: Rolf Toman
Kartengestaltung: Evgen Lutskevych

IBSN 978-1-4075-5538-6

Printed in Malaysia

100 HEILIGE ORTE

Spirituelle und mystische Plätze der Welt

Herbert Genzmer

Parragon
Bath New York Singapore Hong Kong Cologne Delhi Melbourne

Inhaltsverzeichnis

Vorwort

Seinem Wortkern entsprechend, stammt das Wort „heilig“ von „heil“, im Sinne von „ganz“. Diese Wortbedeutung lässt sich auch deutlich im englischen „holy“ erkennen, leitet es sich doch von „whole“, „ganz“ oder „intakt“ ab. „Heilig“ bedeutet ursprünglich einer Gottheit geweiht oder ihr eigen, es bezeichnet also eine göttliche Sphäre oder einen göttlichen Ort.

Heilige Orte sind entweder von der Natur gegebene Orte, die von Menschen als heilig erkannt und anerkannt werden, oder von Menschenhand erbaute Stätten. Meist verehrt hier der Mensch besondere Ereignisse aus der Geschichte einer Religion. Handelt es sich um Landschaften, so sind sie heilig deshalb, weil sich dort die Götter offenbart haben, oder weil man glaubt, dass sie dort leben, wie z.B. auf dem griechischen Olymp oder dem japanischen Fuji. Heilige Orte können auch solche Stätten sein, an denen Reliquien von Heiligen oder Religionsstiftern verwahrt werden. Es sind Orte, an denen Heilige oder Propheten geboren oder berufen wurden, Orte, an denen sie lebten und wirkten oder solche, an denen sie starben. Ferner gibt es heilige Stätten, die die Menschen zum Ruhm oder zur Freude ihrer Götter erbauten und an denen sie die wichtigsten Feste und Rituale ihrer Religion ausrichten und vollziehen. Insofern können heilige Orte Kirchen, Tempel oder Moscheen sein, aber auch Bäume, Wälder, Flüsse, Höhlen oder Berge. Besonders Berge, die in vielen Kulten wegen ihrer Himmelsnähe als Heimat der Götter gelten, werden von den Gläubigen in fast allen Religionen verehrt.

Heilige Orte werden überall auf der Welt von den Gläubigen einer Religion aufgesucht, weil ihr Besuch – die Wallfahrt dorthin – dem persönlichen Heil, dem Ganzsein im Sinne einer Harmonie von Körper und Geist, förderlich ist oder weil es Teil der religiösen Vorschriften der jeweiligen Glaubensrichtung ist. Manche Orte haben ihre aktuelle Bedeutung praktizierter Religiosität eingebüßt und sind zu musealen Stätten geworden, wie etwa Cluny, Fontenay oder Santa Maria Novella in Florenz, die für die großen christlichen Orden der Benediktiner, Zisterzienser und Dominikaner stehen, die einst eine enorme Bedeutung in der christlichen Welt hatten. Wo Mönche, die im Mittelalter zur christlichen Elite zählten, für das Seelenheil der Lebenden und Verstorbenen beteten, wo sie predigten oder karitativ wirkten, verdichtete sich gewissermaßen die heilende Kraft der Kirche. Gläubige Christen kamen hierher, weil Heil von diesen Orten ausging. Klöster und Klosterkirchen waren Kraftorte des Glaubens und der Zuversicht. Selbst eine Klosterruine vermag noch auf die Imaginationskraft eines Besuchers zu wirken und lässt an heilige Rituale aus vergangener Zeit erinnern.

Dieser Band zeigt 100 der schönsten und spektakulärsten heiligen Orte aus allen Religionen, allen religionsgeschichtlichen Zeiten und auf allen Kontinenten. Beschrieben wird, was die Heiligkeit des jeweiligen Ortes ausmacht und welche Götter, göttlichen Kräfte oder Heilsvermittler hier verehrt werden bzw. wurden.

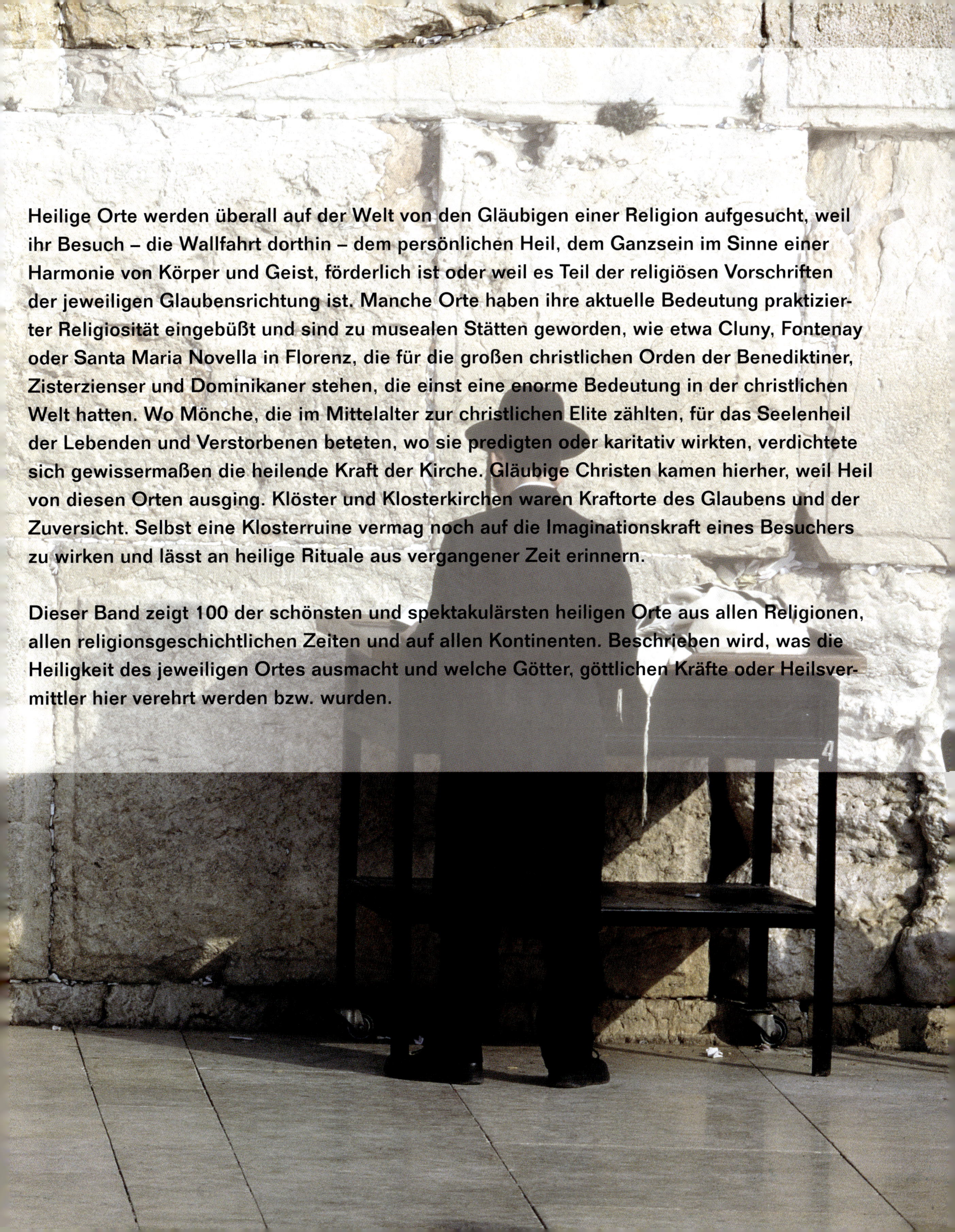

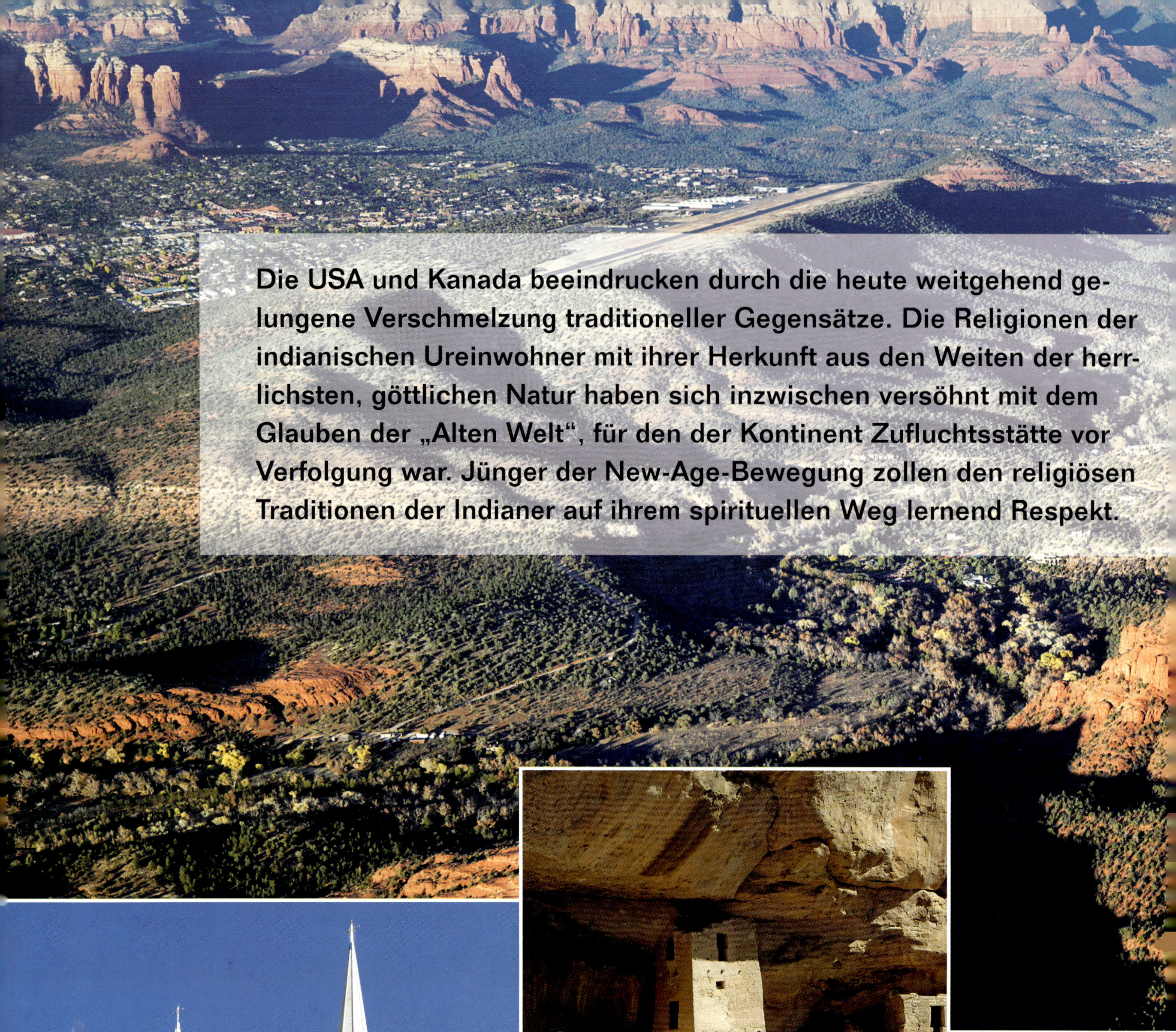

Die USA und Kanada beeindrucken durch die heute weitgehend gelungene Verschmelzung traditioneller Gegensätze. Die Religionen der indianischen Ureinwohner mit ihrer Herkunft aus den Weiten der herrlichsten, göttlichen Natur haben sich inzwischen versöhnt mit dem Glauben der „Alten Welt“, für den der Kontinent Zufluchtsstätte vor Verfolgung war. Jünger der New-Age-Bewegung zollen den religiösen Traditionen der Indianer auf ihrem spirituellen Weg lernend Respekt.

NORD-
AMERIKA

USA, OREGON

Crater Lake

DER CRATER LAKE IST EIN SPEKTAKULÄR GELEGENER BERGSEE VON GROSSER TIEFE UND TIEFBLAUER FARBE IN DEN CASCADE MOUNTAINS IN OREGON, USA. FÜR DEN STAMM DER KLAMATH-INDIANER IST ER EIN VEREHRTER HEILIGER ORT.

Geologisch bildete sich der See um 4680 vor der Zeitrechnung, als der Vulkan Mount Mazama explodierte. Man schätzt, dass die Eruption 42-mal stärker war als die des Mount St. Helens 1980. Die gesamte Bergspitze des Mazama wurde in die Luft geschleudert und die Höhe des Bergs von 3000 auf ca. 2200 Meter reduziert. Die Bergspitze stürzte in die Magmakammer des Vulkans, und der See bildete sich in einem neu entstandenen Krater.

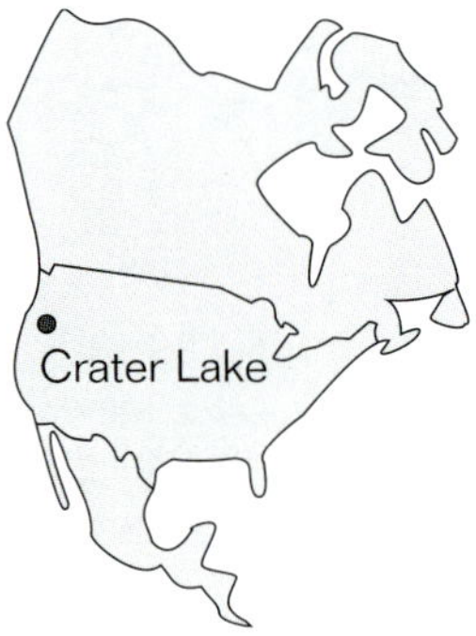

Der Krieg zwischen unterer und oberer Welt. Solange sie zurückdenken können, gilt Crater Lake den Klamath-Indianern als heilig. Die Klamath leben im südlichen Oregon und nördlichen Kalifornien in der Abgeschiedenheit der Berge. Sie gehören der Penuti-Sprachfamilie an, die an der gesamten Pazifikküste vertreten ist. Sich selbst bezeichnen sie als Waklaks. Veränderungen am Körper wie Tätowierungen und Muschelpiercings waren bei diesem Stamm immer gebräuchlich. Traditionell lebten sie in Erdhütten, die bis über einen Meter tief eingegraben waren. Wichtiger Teil der Volksmythologie dieses Stamms ist die Naturkatastrophe, die sich Tausende Jahre zuvor ereignete. Der Legende nach existierten zwei Häuptlinge, Llao aus der unteren und Skell aus der oberen Welt. Der Krieg zwischen beiden tobte so lange, bis Llaos Welt, der

Linke Seite: Die Luftaufnahme bietet einen wunderbaren Überblick über den Kratersee, der für seine enorme Tiefe bekannt ist.

Rechts: An mehreren Stellen ergießen sich Wasserfälle in den See, ihr Rauschen bildet die Begleitmusik zur großen Stille.

Mount Mazama, zerstört wurde. Seitdem ist Crater Lake ein heiliger Ort großer Spiritualität für die Klamath, den ein tiefer Schleier des Geheimnisses umgibt.

Für sie ist er Heimstatt von Dämonen, gefährlichen Monstern und Geistern. Sie suchen seine Ufer nur auf, um sich dort in Trance auf Astralreisen zu begeben und bestimmte Rituale zu vollziehen. So schreibt der amerikanische Anthropologe Leslie Spier in den 1920er-Jahren, ein Mann habe seinen Sohn verloren und sei daraufhin im See geschwommen. Noch vor dem Abend war er zum Schamanen geworden.

Ein anderes Ritual, das sich am See vollzieht, ist das beschwerliche Ersteigen der Wand der Caldera, um dann von oben bis zum Ufer hinab zu laufen. Wer auf diesem Weg nicht stürzt, so der Glaube, ist mit besonderen spirituellen Fähigkeiten ausgestattet. Derartige Rituale werden in Gruppen und auch als Initiationsriten vollzogen. Bis heute ist der See Anziehungspunkt für Stammesmitglieder, die hier ihre heiligen Rituale abhalten, aber auch von New-Age-Anhängern wird dieser heilige Ort seit einiger Zeit aufgesucht.

STECKBRIEF

Crater Lake ist mit fast 600 m der tiefste See der USA und der siebttiefste der Welt; weltweit ist er der tiefste See oberhalb des Meeresspiegels.
Der Vulkanausbruch bildete zwei Inseln: Wizard Island und Phantom Ship Island.

1853
Die ersten Weißen entdecken Crater Lake.

1954
Auflösung des Stammes der Klamath

1991
Der Stamm der Klamath wurde offiziell wieder als Indianerstamm anerkannt.

Links: Der See im Dunstschleier – eine Landschaftsstimmung für kosmische Gefühle, ganz im Sinne der New-Age-Anhänger.

USA, ILLINOIS

Cahokia

Oben: Monks Mound war die einst bewohnte größte Erdpyramide von Cahokia.

UM 1000 N. CHR. KAMEN SICH DIE VÖLKER NORDAMERIKAS DURCH HANDEL IMMER NÄHER. ZENTRUM DER SOGENANNTEN MISSISSIPPI-KULTUR WAR CAHOKIA, DIE EINZIGE PRÄHISTORISCHE STADT DES KONTINENTS.

STECKBRIEF

Bewohnt in der Mississippi-Periode zwischen 800 und 1400 n. Chr., ca. 120 Erdhügel. Blütezeit zwischen 1050 und 1150 mit ca. 20 000 Menschen. Monks Mound ist die größte Erdpyramide in Nordamerika.
Fläche: 5 ha
Höhe: 30 m
1982
Ernennung zum UNESCO-Weltkulturerbe

Etwa fünf Kilometer entfernt vom Mississippi und gegenüber der heutigen Stadt Saint Louis lag einst die größte und einzige Stadt des nordamerikanischen Kontinents: Cahokia. 700 Jahre lang war sie bewohnt und zwischen 850 und 1150 n. Chr. das Zentrum der Mississippi-Kultur. Das Stadtgebiet umfasste etwa 13 Quadratkilometer, bestand aus Hunderten von abgeflachten Pyramiden, runden Grabhügeln und Häusern und war von Palisaden umzäunt. In der Stadt lebte die religiöse Elite. Ihre Versorger, die Bauern, Jäger, Baumeister oder Händler, bewohnten Wigwams und Hütten in der Umgebung. Weltlicher und religiöser Führer des Volkes war die „Große Sonne". Er bewohnte Monks Mound, den höchsten der pyramidenähnlichen Hügel. Die „Große Sonne" herrschte über das gesamte Volk der Mississippi-Kultur, das in seinen Ritualen auch Menschenopfer darbrachte. In Cahokia wurde der Grundstein für die religiösen und kulturellen Praktiken vieler späterer Indianerstämme gelegt, lange bevor die europäischen Kolonialherren das Land betraten und es in ihren Besitz nahmen.

Die Stadt Cahokia und ihr Volk gingen in direkter Linie aus den Stämmen der Adena-Kultur in Ohio hervor, die schon um 1000 v. Chr. ihre Toten in kuppelförmigen Erdgräbern mit Beigaben wie Speisen, Werkzeugen und Schmuck bestatteten.

Serpent Mound

SERPENT MOUND, DER SCHLANGENHÜGEL, EINE ERDSKULPTUR IN DER FORM EINER LANGEN, GEWUNDENEN SCHLANGE, WAR HEILIGE STÄTTE DER FRÜHEN BEWOHNER NORDAMERIKAS UND WIRD HEUTE VON NEW-AGE-ANHÄNGERN AUFGESUCHT.

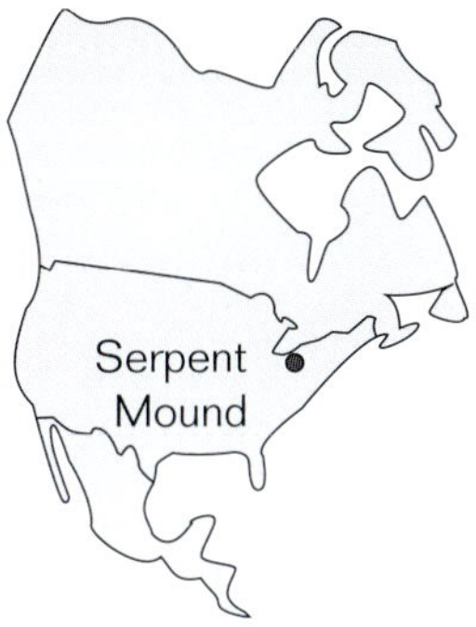

Serpent Mound ist eine sich windende Schlange aus aufgehäufter Erde, die mit weit aufgerissenem Maul dabei ist, ein Ei zu fressen. Da man das Alter der Schlange etwa für den Zeitraum zwischen dem 10. und dem 12. Jahrhundert n. Chr. bestimmen konnte, vermutet man, dass das Volk der Fort Ancient, das schon seit etwa 950 v. Chr. entlang des Ohio River und seinen Nebenflüssen lebte, die gewaltige Skulptur anlegte. Der genaue Zweck von Serpent Mound bleibt ein Geheimnis. Im Rund des Eies fand man jedoch Spuren von Verbrennungen, was darauf schließen lässt, dass sich hier das Zentrum des Ritualorts befand, in dem den Göttern dem Feuer übergebene Gaben bereitet wurden. Viele Archäologen deuten die Schlange selbst als Gabe an die Götter, denn sie symbolisiert die heiligen Schwingungen und Kräfte der Erde und gilt als Schutz gegen böse Geister. Man vermutet, dass hier eine Erdgöttin oder Erdmutter verehrt wurde.

Für die New-Age-Szene ist Serpent Mound heute eine heilige Pilger- und Meditationsstätte. Sie verehren die gewundene Schlange als Abbild des Sternbilds des Kleinen Bären und somit als Symbol für den Energiefluss zwischen Himmel und Erde.

STECKBRIEF

Länge: 366 m
Breite: 6 m
Höhe: 1,5 m
1995
Datierung der Anlage auf 1070 n. Chr. (Radiocarbonmethode)

Unten: Bäume und Wege säumen heute die Erderhebung, aus der die uralte „Schlange“ gebildet ist.

USA, COLORADO

Mesa Verde

ZWEI COWBOYS FANDEN ENDE DES 19. JAHRHUNDERTS DIE ERSTEN BAUTEN IN MESA VERDE IN COLORADO: ZEUGEN EINER VERGESSENEN INDIANERKULTUR, DEREN MITGLIEDER AN DIESEM HEILIGEN ORT FÜR EINE GUTE ERNTE, UM REGEN UND ERFOLGREICHE JAGD BETETEN.

Auf der Suche nach entlaufenen Rindern entdeckten 1888 zwei Cowboys auf der Mesa Verde, dem „Grünen Tisch", in einer Höhe von 2800 Meter in einer Canyonwand einen steinernen Palast, den Cliff Palace, der mit 217 Zimmern die größte je entdeckte Pueblosiedlung ist. Die leeren Häuser wirkten, als hätten ihre Bewohner sie gerade erst verlassen, Schalen, Schüsseln und Krüge mit wunderschönen schwarz-weißen Ornamenten lagen herum. Beim Erkunden der Umgebung fanden die Männer ein weiteres Dorf, Spruce Tree House, eine Ansiedlung, in der über 100 Menschen gelebt hatten. Wo waren die Bewohner? Was hatte sie vertrieben?

Steinerne Zeugen. Die steinernen Zeugen einer hochentwickelten Indianerkultur lösten eine Suche nach weiteren Ruinen aus, und man fand auf einem Platz gegenüber von Cliff Palace eine unvollendete Anlage mit massiven Mauern und der Basis zweier kreisförmiger Bauten, den Kivas. Die noch dort lebenden Indianer verehrten an diesem heiligen Ort, dem Sonnentempel, ihre Ahnen, die Anasazi. Schon um das Jahr 750 n. Chr. hatte sich hier ein nomadisierender Stamm niedergelassen und immer komplexer werdende Pueblos in die Canyonwände gebaut. Ab dem Jahr 1200 errichteten sie

STECKBRIEF

um 750
Beginn der Anasazi- oder Pueblo-Kultur
um 1150
Anlage von Wohnbauten in Kavernen und unter Felsüberhängen
um 1200
Anlage größerer Wohnkomplexe in den Cliff und Fewkes Canyons mit 33 Baukomplexen für bis zu 800 Einwohner
1277
Erweiterung von Mug House auf 94 Räume und acht Ritualkammern
1978
Ernennung zum UNESCO-Weltkulturerbe

Linke Seite: Die Felsenbauten im Mesa Verde Nationalpark gehören zum bedeutendsten Vermächtnis alter Indianerkultur.

Rechts: Detailansicht des Cliff Palace, „Klippenpalast"; die Rundbauten, sogenannte Kivas, waren Grubenbauten, die für Zeremonien genutzt wurden.

herrliche Anlagen wie z. B. Balcony House, eines der unzugänglichsten Pueblos, oder Long House im Wetherill Canyon, das erst auszumachen ist, wenn die Sonne nicht auf die Wände scheint. Im Laufe der Ausgrabungsgeschichte fand man nahezu 4000 Bauten im Nationalpark Mesa Verde.

Mystischer Ort. Die Indianer sagen, hier höre man heute noch die Stimmen der Ahnen, und darum pilgern Tausende Menschen hierher, um am Rand der Kivas eine mystische Erfahrung zu machen. In der Mitte jedes Kivas, das nur durch eine Leiter vom Dach aus zu betreten ist, befindet sich eine Öffnung, das Sipapu – eine Pforte ins Jenseits, in eine andere Welt. Hier opferte man den Ahnen und erlebte, in Trance versetzt, die Transformation in eine andere Dimension.

Unten: Bei der Entdeckung des Cliff Palace im Jahr 1888 lagen Geschirr und Werkzeug noch griffbereit in den Häusern.

USA, KALIFORNIEN

Mount Shasta

FÜR DIE EINGEBORENEN WAR DER MOUNT SHASTA SCHON SEIT URZEITEN EIN ORT GROSSER SPIRITUELLER BEDEUTUNG. IN NEUERER ZEIT PILGERN NEW-AGE-JÜNGER ZU DIESEM BERG MYSTISCHER KRAFT.

Seinen Namen trägt Mount Shasta nach den dort angesiedelten Shastan-Indianern. Neben diesen betrachteten aber auch Mitglieder von Stämmen der Wintu-, Karuk-, Ajumawi-, Okwanuchu- oder Modoc-Indianer den erloschenen Vulkan mit seinen beiden schneebedeckten Gipfeln schon immer als heiligen Ort, an dem Medizinmänner meditierten, Heilkräuter sammelten und Initiationsriten abhielten und der wegen seiner starken Erdkraft als Ort der Heilung und spiritueller Orientierung aufgesucht wurde. Funde von Artefakten zeigen, dass die Nordseite des Bergs schon seit mindestens 600 v. Chr. bewohnt war.

Mittelpunkt der Schöpfung. Für die Stämme der Region war Mount Shasta der Mittelpunkt der Schöpfung. Der „Große Geist" schuf zuerst den Berg, indem er Eis und Schnee durch ein Loch im Himmel presste, um dann über den so entstandenen Berg auf die Erde zu steigen. Er schuf Bäume und befahl der Sonne, den Schnee zu schmelzen, um Flüsse und Seen entstehen zu lassen. Er atmete auf die Blätter der Bäume und erzeugte Vögel, zerbrach kleine Äste und warf sie in die Ströme, wo sie zu Fischen wurden, oder schleuderte die Aststücke in den Wald, um Tiere zu schaffen. Nach der Mytholo-

gie der Modoc-Indianer soll der „Große Geist" nach der Schaffung der Erde hier auf Mount Shasta gelebt haben. Seine Tochter fiel vom Berg hinab, wurde von Grizzlybären aufgezogen, verband sich mit einem von ihnen, und so setzten sie die Menschen in die Welt. Als Strafe für das Vergehen des Bären an seiner Tochter verdammte ihn der „Große Geist" dazu, auf allen vieren zu gehen, und verstreute seine Kinder über die Welt. Noch heute zelebrieren die Indianer die alten Rituale zu Ehren des Bergs. So beschwören etwa die Wintus dessen Geist in rituellen Tänzen und erbitten so den Erhalt der heiligen Quellen.

Tor zur fünften Dimension. Heute wird der Shasta von New-Age-Jüngern als Ort der Heilung und Besinnung aufgesucht. Für über 100 New-Age-Gruppen und -Sekten ist der Shasta eine heilige Quelle von Harmonie und Frieden, heiliger Ort und Pilgerstätte neuzeitlicher Spiritualität. Viele Gruppen verehren ihn als kosmischen Kraftort, Landeort von UFOs, als Tor zur fünften Dimension, Quelle magischer Kristalle und als einen der sieben heiligen Berge der Welt. Um den Berg ranken sich alte Legenden von zwergenhaften Wesen, die in seinem Inneren leben und Nachfahren der Kultur von Lemuria sein sollen, einem untergegangenen Kontinent, der bis vor ca. 30 000 Jahren im Pazifik existiert haben soll, etwa dort, wo heute Hawaii liegt. Lemuria war von perfekten, in Einklang mit der Natur lebenden Wesen bevölkert.

Linke Seite: Majestätisch beherrscht der Mount Shasta, der zweithöchste Berg des Kaskadengebirges im nördlichen Kalifornien, die weite Landschaft.

STECKBRIEF

Höhe: 4322 m
1786
Letzter Ausbruch des Vulkans
1827
Späte „Erstentdeckung" durch Europäer
1971
Gründung eines buddhistischen Klosters auf dem Berg

Unten: Mönche des buddhistischen Klosters gehen in die Stadt, um Almosen zu erbitten. An Kraftorten wie dem Shasta fühlen sich auch Gemeinschaften „importierter" Religionen zu Hause.

USA, KALIFORNIEN

Mission Trail

FRANZISKANERMÖNCHE BAUTEN ZWISCHEN 1769 UND 1823 ENTLANG DER KALIFORNISCHEN KÜSTE 21 MISSIONSSTATIONEN, UM DEN CHRISTLICHEN GLAUBEN ZU VERBREITEN, SIE WAREN ZUGLEICH AUSGANGSPUNKTE KÜNFTIGER NEUBESIEDLUNG.

Schon unter König Phillip V. (1683–1746) wurde der Bau von Missionsstationen in California beschlossen, dem Teil des damaligen Mexikos, der sich bis nördlich des heutigen San Francisco erstreckte. Den über 300 000 Eingeborenen, die in etwa 100 Stämmen lebten, sollte das Wort Gottes verkündet werden. Nachdem 1768 der Befehl erlassen worden war, „San Diego und Monterey für Gott und den spanischen König zu besetzen und zu befestigen", begannen Franziskanermönche, in Alta California insgesamt 21 Missionen zu errichten. Während die Franziskaner nach Norden zogen, übernahmen die Dominikaner die 15 bereits existierenden Missionen der Jesuiten im Süden, in Baja California, nachdem diese nach Spanien zurückbeordert worden waren.

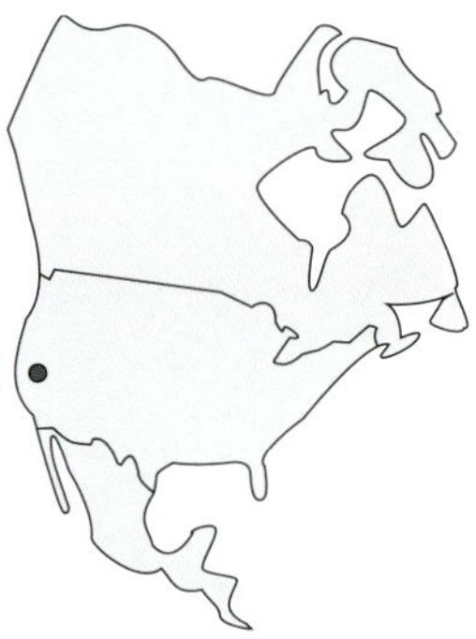

Misión San Diego de Alcalá. San Diego de Alcalá war die erste Mission, die im Juli 1769 von Fray Junípero Serra gebaut wurde. Wegen Auseinandersetzungen mit Indianern musste die Mission mehrmals verlegt werden; im November wurde sie von über 800 Kriegern verschiedener Stämme niedergebrannt. Wenngleich die Christianisierung langsam begann, kontrollierte die Mission 1797 bereits 50 000 Hektar Ackerland und besaß 20 000 Schafe, 10 000 Rinder und 1250 Pferde. 1834

STECKBRIEF

Die Missionen Kaliforniens in chronologischer Reihenfolge:

San Diego de Alcalá, 1769 San Diego
San Carlos Boromeo de Carmelo, 1770 Carmel
San Antonio de Padua, 1771 Monterey County
San Gabriel Arcángel, 1771 San Gabriel
San Luis Obispo de Tolosa, 1772 San Luis Obispo
San Francisco de Asís, 1776 San Francisco
San Juan Capistrano, 1776 Capistrano
Santa Clara de Asís, 1777 Santa Clara
San Buenaventura, 1782 Ventura
Santa Barbara, 1786 Santa Barbara
La Purisima Concepción, 1787 Lompoc
Santa Cruz, 1791 Santa Cruz
Nuestra Señora de la Soledad, 1791 Soledad
San José, 1797 Fremont
San Juan Bautista, 1797 San Juan Bautista
San Miguel Arcángel, 1797 Paso Robles
San Fernando Rey de España, 1797 Los Angeles Nähe
San Luis Rey de Francia, 1798 San Luis Rey
Santa Inés, 1804 Solvang
San Rafael Arcángel, 1817 San Rafael
San Francisco Solano, 1823 Sonoma

Linke Seite: Statue eines Franziskanermönchs nahe der 1813 von spanischen Franziskanern erbauten Missionskirche San Diego de Alcalá.

Rechts: Die 1791 erbaute Missionskirche von San Francisco, bekannt unter dem Namen „Mission Dolores", ist das älteste Gebäude der Stadt.

wurde das Gotteshaus säkularisiert, Soldaten benutzten die Kirche als Stall. 1862 wurde sie an die katholische Kirche zurückgegeben, und 1931 erhielt sie ihr heutiges Aussehen.

Misión San Francisco de Asís. Das von Beginn an als Mission Dolores bekannte Gotteshaus überstand zwei verheerende Erdbeben und wurde zum ältesten Gebäude San Franciscos. Die Stadt hat diesem sowohl ihren Namen als auch ihre Existenz zu verdanken. Obwohl die Mission nach Franz von Assisi benannt wurde, hieß sie schnell Mission Dolores, nach dem kleinen Bach Arroyo de los Dolores in ihrer Nähe. Am 29. Juni 1769, also nur fünf Tage vor der Unabhängigkeitserklärung, wurde die Mission als sechste der 21 Missionen gebaut. 1918 erweiterte man den Bau um eine große, neue Basilika, die im typisch spanisch-kolonialen Stil zwei unterschiedlich hohe Türme hat.

Misión San Francisco Solano. Die letzte Mission war San Francisco Solano in Sonoma. Hier endete die Kette spanischer Macht und christlichen Glaubens, die bis nach Feuerland reichte. Es ist die einzige Mission, die 1823 von Mexiko errichtet wurde. Für die Geschichte Kaliforniens ist diese einfache Kirche wichtig, denn hier wehte zum ersten Mal die Fahne mit dem Bären. Man könnte sagen, das moderne und amerikanische Kalifornien wurde hier aus der Taufe gehoben. 1926 kaufte William Randolph Hearst die Kirche, restaurierte sie und schenkte sie 1944 dem kalifornischen Staat.

Rechts: Die eher volkstümlichen Elemente der Ausstattung des Altarraums von San Francisco Solano kontrastieren mit den klassizistischen Säulenreliefs.

USA, ARIZONA

Sedona

VERDE VALLEY IN ARIZONA GILT INDIANERN SEIT TAUSENDEN JAHREN ALS ORT GROSSER HEILIGKEIT. IN DER NEUZEIT MACHTEN ZAHLREICHE GRUPPEN DIE ROTEN, BIZARREN SANDSTEINFORMATIONEN SEDONAS ZU EINEM DER WELTZENTREN VERSCHIEDENER NEW-AGE-BEWEGUNGEN.

Artefakte bezeugen die Anwesenheit von Menschen in Sedona schon seit dem 4. Jahrtausend v. Chr. Nach verschiedenen Nomadenstämmen wurde der Wüstenboden ab ca. 500 n. Chr. von den Hohokam-Indianern bestellt. Sie legten Bewässerungskanäle an, um diese unwirtliche Erde fruchtbar zu machen. Als Nächste besiedelten die Sinagua-Indianer ab ca. 1000 die Gegend. Ihr spanischer Name, der zu Deutsch „ohne Wasser" bedeutet, weist darauf, dass sie in der Lage waren, in wasserloser Gegend Anbau zu betreiben. Sie bauten Pueblos und in Orten wie Palatki, Honanki und Wupatki fanden sich Räume mit astrologischen Darstellungen, aus denen Archäologen schließen, dass ihre religiösen Rituale auf Himmelsbeobachtungen fußten. Viele Archäologen glauben, dass sie nach einem Vukanausbruch um 1060, bei dem der Sunset Krater gebildet wurde, das Land wieder verließen.

Meistbesuchte New-Age-Wallfahrtsstätte der USA. In der Stadt Sedona finden sich zahlreiche New-Age-Gruppen, die die besondere Energie des Ortes nutzen, um Gläubige mit Kristallen, Reiki oder Ausbalancierung elektromagnetischer Felder zu heilen, ihnen aber darüber hinaus Seelen- oder Rückführungen in vergangene Leben zu bieten. Auch traditionelle Religionen

STECKBRIEF

4000 v. Chr.
Erste Anwesenheit von Indianerstämmen
1583
Erste Entdeckung und Besiedlung durch Europäer
1956
Bau der Chapel of the Holy Cross
1980
Erste Identifizierungen von power vortexes

Linke Seite: Die fantastische Landschaft von Sedona und Umgebung ist von großer Attraktivität für spirituell Übende, die hier ihr energetisches Heil suchen.

Rechts: Montezuma's Castle im Verde Valley, eine seit Langem verlassene Felsbehausung mit 20 Räumen aus dem 12. Jahrhundert.

haben sich hier niedergelassen, vor allem die katholische Kirche mit der spektakulären Kapelle des Hl. Kreuzes, die wie zwischen den Felsen verankert scheint. Seit den 1980er-Jahren hat sich Sedona zur meistbesuchten New-Age-Wallfahrtsstätte der USA entwickelt. Jährlich kommen über vier Millionen Menschen hierher, auf der Suche nach der spirituellen Energie dieses heiligen Ortes.

Power vortexes. Für New-Age-Gläubige sind es vor allem die power vortexes, die Sedona ihre besondere Kraft verleihen. Vortexes sind kraftvolle, mystische Energiepunkte, Orte, an denen die unsichtbaren, magnetisch geladenen Linien kosmischer Energie, sogenannte Ley-Linien, sich kreuzen. Oft werden diese Linien mit den Landeorten von UFOs oder den Geistlinien der Astralreisen von Schamanen in Zusammenhang gebracht. Wünschelrutengänger finden und kartografieren die Linien und ihre Schnittpunkte, um Gläubigen die Möglichkeit zu geben, dort zu meditieren oder spirituelle oder körperliche Heilung zu erfahren. Die vier bekanntesten vortexes sind Bell Rock, Airport Mesa, Cathedral Rock und Boynton Canyon.

Unten: Ein „Medicine Wheel", ein symbolisch mehrfach „aufgeladener" Steinkreis zu Meditations- und Heilzwecken, vor der abendlichen Kulisse der Red Rock-Secret Mountain Wilderness.

USA, ARIZONA

Superstition Mountain

DER HEILIGE BERG IM OSTEN VON PHOENIX ERHEBT SICH 1000 METER HOCH IN DER WILDNIS ARIZONAS: EIN VERWUNSCHENER ORT, UM DEN SICH INDIANISCHE MYTHEN UND GESCHICHTEN VON VERLORENEN GOLDSCHÄTZEN RANKEN, WO ALTER UND MODERNER GLAUBE LEBENDIG SIND.

Der wilde Superstition Mountain in der Wüste Arizonas ist 29 Millionen Jahre alt. Archäologische Funde bezeugen, dass an dieser Stelle schon seit 9000 Jahren Menschen siedelten. Diesen frühen Siedlern folgten die Stämme der Salado-, Hohokam-, Pimo- und Apache-Indianer, nach diesen kamen die spanischen Eroberer und die mexikanischen Goldsucher.

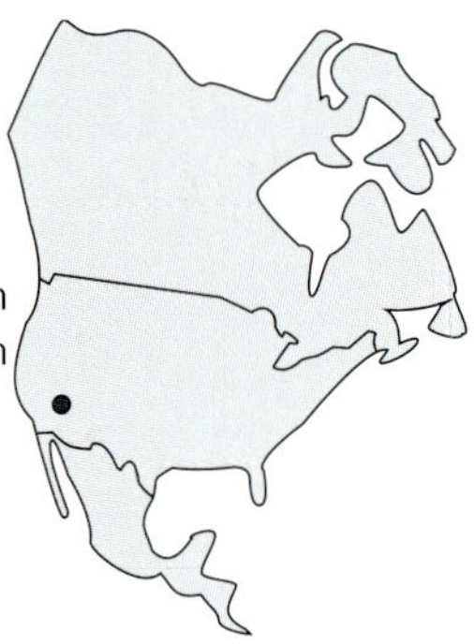

Berg des Aberglaubens. Für die Indianer ist der wild gezackte Monolith, wie alle hohen Berge, heilig und besitzt viele verschiedene Namen. Die Pima-Indianer nannten ihn z. B. Ka-Katak-Tami: den „Berg mit dem verwachsenen Gipfel". Superstition Mountain, „Berg des Aberglaubens", nannten ihn schließlich die Farmer aus dem Salt River Valley, weil die Indianer ihnen so viele angstbesetzte Geschichten und Legenden um den Berg erzählt hatten, die sie als Aberglauben, superstition, abtaten. Dabei gibt es kaum eine Gegend Nordamerikas, in der so viele verschiedene Mythen und Legenden um einen Berg kreisen wie hier. So glauben die Pimas, dass es böse Geister seien, die das Donnern auf dem Berg verursachen. Auch für die Apachen lebt hier der Donnergott, aber vor allem ist ihnen der Berg der Thron des Erdschöpfers Cherwit Make, der darauf wartet, das letzte Ur-

Linke Seite: Saguaro-Kakteen vor dem wild zerklüfteten Superstition Mountain im Lost Dutchman State Park in Arizona, fruchtbares Terrain für Mythen und Legenden.

Rechts: Felszeichnungen wie diese in der Superstition Mountain Wilderness Area haben sich in Nordamerika auch an anderen Stellen erhalten. Berühmt sind die Petroglyphen von Peterborough.

teil über sie zu fällen. Darum würde ein Apache den Berg niemals überqueren. Für viele ist er die Geburtsstätte der Azteken, deren geheimer Schatz noch immer irgendwo in seinem Massiv verborgen liegen soll.

Die Apachen glauben außerdem, dass der Tunnel, der in die Unterwelt führt, in diesem Gebirge liege und die Winde, die aus diesem Tunnel strömen, der Ursprung gefährlicher Sandstürme seien. Neben diesen Legenden ranken sich zahlreiche Geschichten um verlorene Goldschätze, Minen voller Gold, besonders die „Lost Dutchman's Gold Mine" des Jacob Waltz, der die ergiebigste Goldmine der Welt gefunden haben soll, oder „Geronimo's Gold Cave", in der das Gold der spanischen Conquistadores vermutet wird. In der Nähe des Bergs sollen wiederholt UFOs gesichtet worden sein, man spricht von Entführungen durch Außerirdische, unerklärlichen Leichenfunden und Sichtungen zwergenhafter Wesen, die in Höhlen am Berg hausen sollen.

Unten: Volcanic Rock – dass solche Felsformationen des Superstition Mountain der Fantasie reichlich Nahrung gaben, auch Ängste schüren konnten, erstaunt wenig.

STECKBRIEF

Das gesamte Gebiet der Superstition Mountain Wilderness Area umfasst 160 000 ha.

1639
Der italienische Missionar Fray Marcos de Niza ist der erste Europäer vor Ort.

1891
Der deutsche Einwanderer Jacob Waltz, angeblicher Entdecker der „Lost Dutchman's Gold Mine", stirbt.

USA, NEW MEXICO

Taos Pueblo

NÖRDLICH VON SANTA FE IN NEW MEXICO, IM TAL DES RIO GRANDE, LIESSEN SICH UM DAS 10. JAHRHUNDERT NACHFAHREN DER ANASAZI-INDIANER NIEDER, DIE AUCH IN MESA VERDE LEBTEN. TAOS PUEBLO IST DIE ÄLTESTE SIEDLUNG DER USA.

Das Dorf Taos wurde 1540 von einer spanischen Expedition auf der Suche nach Gold entdeckt. In ihren Berichten schrieben die Spanier, Taos sei das am dichtesten besiedelte Dorf des Landes gewesen. Die meisten seiner Häuser wurden zwischen dem Jahr 1000 und der Entdeckung durch die Spanier gebaut. Seitdem hat sich der Ort mit seinen aus Adobe gefertigten Häusern kaum verändert, auch gibt es nach wie vor keinen Strom. Die Taos-Indianer betreiben Landwirtschaft, Pferde- und Rinderzucht, sie gelten als traditionsbewusst, sehr religiös und leben in enger Harmonie mit der Natur, die nicht gestört werden darf, denn Disharmonie gefährdet ihrem Glauben nach den Fortbestand des menschlichen Lebens. Warum sie vor so langer Zeit kamen, weiß nur noch die Legende: Ein Adler habe sie hierher in dieses fruchtbare Tal geführt und zwei Eier gelegt, eins auf die eine und eins auf die andere Seite des Rio Pueblo, der das Dorf teilt. Der Adler-Tanz gehört auch heute noch in Taos zum heiligen Ritual, das am heiligsten Ort des Dorfes zelebriert wird, am Blauen See, dem der Rio Pueblo entspringt. Der Blaue See, an dem alle wichtigen Zeremonien des Stammes stattfinden, darf ebenso wie die Kivas, in denen weitere Riten stattfinden, nur von Mitgliedern des Stammes betreten werden.

STECKBRIEF

Besiedlung durch die Anasazi-Indianer seit dem 10. Jh.
1540–42
Francisco Vásquez de Coronado sucht im Auftrag Spaniens Gold.
1598
Beginn der spanischen Kolonisierung und Missionierung
1848
Ende des Amerikanisch-Mexikanischen Kriegs
1992
Ernennung zum UNESCO-Weltkulturerbe

Rechts: Die Kirche San Geronimo. Die Zwangschristianisierung im 17. und 18. Jahrhundert hat in Taos zum Bau mehrerer christlicher Kirchen geführt.

Christianisierung als Krieg. Philipp II. von Spanien befahl 1598, das Land zu kolonisieren und an die Eroberer zu verteilen. Neben den Soldaten kamen auch die Franziskaner, die in der Neuen Welt Zwangstaufen durchführten und alle „heidnischen" Symbole rücksichtslos zerstörten. Christianisierung als Krieg: Die Ureinwohner wurden mit Gewalt zum Christentum bekehrt. 1680 kam es zum Aufstand, alle Stämme revoltierten gegen die Spanier und vertrieben sie schließlich – aber nur für zwölf Jahre, dann fielen die Spanier erneut ins Land ein. Als im 19. Jahrhundert die US-Regierung die „Native Americans" in Reservate umsiedelte, blieb Taos Pueblo verschont, der Ort lag zu weit abseits, war zu wenig ergiebig und somit für die Besiedlung des Westens nicht interessant. Der ursprüngliche Lebenstil konnte unverändert bewahrt bleiben.

Oben: Taos-Bewohner beim Tanz. Auch der traditionelle Adler-Tanz wird dort noch als heiliges Ritual gepflegt.

Rechts: Das Ortsbild mit seinen aus Adobe gefertigten Häusern hat sich seit Jahrhunderten wenig verändert.

USA, NEW MEXICO

Chimayó

EL SANTUARIO DE CHIMAYÓ WURDE AUF HEILIGEM BODEN GEBAUT, DER MIT GEHEIMNISVOLLEN, HEILENDEN WUNDERKRÄFTEN AUSGESTATTET IST. DIE LEGENDÄRE ADOBE-KIRCHE IST DIE WOHL MEISTBESUCHTE KIRCHE NEW MEXICOS.

Als sich zu Beginn des 19. Jahrhunderts der Mönch Don Bernardo Abeyta, Mitglied der Bruderschaft Nuestro Padre Jesús Nazareno, aus Chimayó in der Karfreitagsnacht zum Bußgebet in die Sangre de Cristo Mountains in der Wüste New Mexicos zurückgezogen hatte, sah er plötzlich ein helles Licht an der Flanke eines Bergs in der Nähe des Santa Cruz River. Als Don Bernardo die Stelle aufsuchte, stellte er fest, dass das Licht aus dem Boden kam, und begann zu graben. Schon bald fand er ein geheimnisvolles Kreuz. Er beließ es an der Fundstelle und ging zu Sebastian Alvarez, dem Priester des Dorfes. Zusammen mit Nachbarn zogen sie zur Fundstelle, um das Kreuz in einer Prozession in die Dorfkirche zu bringen und in einer Nische aufzustellen. Am nächsten Morgen war das Kreuz aus der Kirche verschwunden und wurde wieder in dem Loch an der Bergflanke, an der ursprünglichen Fundstelle also, gefunden. Dasselbe wiederholte sich noch zwei Mal. Der Herr hatte gesprochen, so sahen es die Menschen des Dorfes, und errichteten über dieser Stelle eine Kapelle, um das Kreuz, das sehr schnell den Namen „Unser Herr von Esquipulas" erhielt, zu beherbergen. Kurze Zeit darauf kam es dort zu geheimnisvollen Heilungen, und die Zahl der gläu-

STECKBRIEF

1680–92
Erste Besiedlung durch spanische Siedler im Chimayó Valley
1740
Die Plaza de San Buenaventura (heute Plaza del Cerro) wird als Fort angelegt.
1810
Ein Mönch findet das Kreuz in der Wüste.
1814–16
Bau der Kirche
1929
El Santuario befindet sich in privatem Besitz.

Linke Seite und unten: El Santuario von Chimayó gehört zu den schönsten Adobe-Ensembles in New Mexico. Der kleinen Kirche ist ein ummauerter Innenhof vorangestellt.

bigen Pilger wurde bald so groß, dass die Kapelle von der größeren, noch heute dort befindlichen Kirche, El Santuario de Chimayó, ersetzt wurde.

Heilige Erde. Heute befindet sich das Kreuz immer noch in der Altarwand des Gotteshauses. Jährlich kommen während der Osterwoche über 300 000 Pilger. Sie kommen, um Gott anzubeten, für Frieden in der Welt zu bitten, ein Gelübde zu erfüllen und um die heilenden Kräfte dieses heiligen Ortes zu spüren. Sie besuchen das Heiligtum und nehmen etwas von der heiligen Erde des Bodens mit, in dem das Kreuz gefunden worden war. Tausende Menschen haben hier Heilung von ihren Krankheiten und Leiden des Körpers und der Seele erfahren. Die Wände des Heiligtums hängen voller Krücken, Fotos und Dankesschreiben Geheilter. Lange war die Kirche in privatem Besitz, dann wurde sie von Bürgern aus Santa Fe gekauft und der Diozöse von Santa Fe übergeben.

Oben: Die Altarwand im Inneren der Kirche birgt in der Mitte das berühmte Kreuz, um dessen willen die Pilger in Scharen nach Chimayó kommen.

USA, HAWAII

Haleakalā

HALEAKALĀ HEISST DER KRATER AUF DEM GIPFEL DES ÖSTLICHEN MAUI, EINER DER JÜNGEREN INSELN DER HAWAIIANISCHEN INSELKETTE. DER KRATER WAR DEN POLYNESIERN HEILIGE STÄTTE ZUR VEREHRUNG IHRER AHNEN.

STECKBRIEF

Höhe über dem Meeresspiegel:
3055 m
Höhe vom Meeresboden aus:
9100 m
97 % des Haleakalā-Massivs liegt unter Wasser.
1790
Letzter Ausbruch

Der östliche Maui-Vulkan begann vor ca. zwei Millionen Jahren auf dem Meeresboden zu wachsen. Fälschlicherweise wird er oft als schlafender Vulkan bezeichnet, was nicht stimmt, denn während der letzten 1000 Jahre brach er mindestens zehnmal aus. Der Krater ist einer der größten der Welt, von seinem Rand aus führen Pfade über 1000 Meter abwärts in das weite Kratertal.

Haleakalā bedeutet „Haus der Sonne“: Nach einer polynesischen Legende fing der Halbgott Maui hier die Sonne ein und zwang sie, ihre Reise über den Himmel zu verlangsamen, um seiner Mutter länger Tageslicht für die Verrichtung ihrer Arbeiten zu geben. Die Sonne bewegte sich zuvor zu schnell mit ihren Spinnenbeinen – den Strahlen.

Archäologische Funde von kleinen heiau-Tempeln, und Altären innerhalb des gewaltigen Kraters deuten darauf hin, dass die Polynesier den Haleakalā schon seit dem 8. Jahrhundert als heilige Stätte ihres Ahnenkults verehrten. Auch heute noch findet man oft in Blätter gehüllte Opfergaben im Kraterbecken, denn der Glaube an die Kraft des Haleakalā lebt weiterhin fort.

Oben: Die gewaltige Kraterlandschaft mit ausgebuchteten Kuppen lässt die Ängste erahnen, die der Vulkan den Inselbewohnern bereitet hat.

Pu'uhonua o Hõnaunau

PU'UHONUA O HÕNAUNAU, HEILIGE ZUFLUCHTSSTÄTTE, IST DER NAME DIESES ORTES, DEN HAWAIIANER JAHRHUNDERTELANG BENUTZTEN, UM SCHUTZ VOR DEM ZORN DER GÖTTER ZU SUCHEN.

Hawaiianer, die ein kapu verletzt hatten, eines der alten, überlieferten Gesetze der Götter, konnten dem Tod entgehen, wenn sie pu'uhonua erreichten. Dem Gesetzesbrecher wurde von den kahuna pule, den Priestern, die Absolution erteilt, und er war frei zu gehen. Aber nicht nur gegen den Zorn der Götter half der heilige Ort, auch geschlagene oder verletzte Krieger fanden hier Schutz vor ihren Feinden.

Der heutige Nationalpark teilt sich in zwei Teile, den Palast der Häuptlinge und das Heiligtum, das pu'uhonua. Der Palast wurde so wiederhergestellt, wie er gegen Ende des 17. Jahrhunderts ausgesehen hat. Beide Teile werden von der großen Steinmauer getrennt, die im 15. Jahrhundert errichtet wurde. Hier befindet sich die Rekonstruktion des Hale o keawe heiau; heiau bedeutet Tempel. Das Original wurde um 1650 gebaut und enthielt die Gebeine von mindestens 23 Häuptlingen. Man glaubte, dass die Kraft, die von den Gebeinen der Häuptlinge ausging, dem Zufluchtsort zusätzliche Kraft verlieh.

STECKBRIEF

um 1500
Bau der großen Mauer
1818
Häuptling Kamehameha I. wird als Letzter im Hale-o keawe-Tempel beigesetzt.
1961
City of Refuge Park wird Nationalpark.

Unten: Palisadenzaun mit Holztotems und ein rekonstruiertes traditionelles Gebäude im City of Refuge National Historical Park auf Hawaii.

KANADA

Basilika Sainte-Anne-de-Beaupré

AUSSERHALB VON QUÉBEC AM UFER DES SANKT-LORENZ-STROMS LIEGT DIE BASILIKA VON SAINTE-ANNE-DE-BEAUPRÉ, EINE WALLFAHRTSKIRCHE, DIE WEGEN DER DORT ERFOLGTEN HEILUNGEN PRO JAHR ÜBER EINE MILLION HOFFNUNGSVOLLE PILGER ANZIEHT.

Die Heilige Anna war die Mutter Marias und somit Großmutter Jesu. Zum ersten Mal werden sie und ihr Mann Joachim in urchristlichen Handschriften aus dem 2. Jahrhundert erwähnt. Verehrt wird Anna, die „Begnadete", wie ihr Name im Hebräischen heißt, aber erst seit dem 6. Jahrhundert, und erst im späten Mittelalter erlebte die Verehrung ihren Höhepunkt. Papst Sixtus IV. nahm ihren Namen Ende des 15. Jahrhunderts in den römischen Kalender auf. Anna gilt als Schutzpatronin gegen Gewitter. Zur Zeit der französischen Besiedlung der Neuen Welt in Kanada wurde sie als Heilige sehr verehrt.

Heiligtum am Ufer des Sankt-Lorenz-Stroms. Die erste Kapelle wurde um 1658 am Sankt-Lorenz-Strom errichtet, sie beherbergte eine kleine Statue der Heiligen, die schon 30 Jahre später zum Anziehungspunkt für Pilger geworden war. Im selben Jahr ereignete sich hier die wunderbare Heilung eines Arbeiters, und Seeleute, die auf dem Fluss in einen tödlichen Sturm geraten waren, wurden gerettet, als sie die Heilige anriefen. Seit Anfang des 18. Jahrhunderts wird Anna von eingeborenen Amerikanern als „Großmutter des Glaubens" verehrt. Wunder und Heilungen ereigneten sich

STECKBRIEF

1481
Sixtus IV. nimmt Anna in den römischen Kalender auf.
1584
Gregor XIII. legt ihren Festtag fest.
1676
Bau der dritten Kirche aus Stein
1876
Hl. Anna wird Schutzpatronin Québecs.
1892
Leo XIII. schickt Reliquien der Heiligen nach Kanada.
1926
Weihe der heutigen Kirche

Linke Seite: Die neogotische Kirche zu Ehren der heiligen Anna gehört zu den bedeutendsten Wallfahrtskirchen Nordamerikas.

Rechts: Die Innenansicht lässt die beachtlichen Dimensionen des Baus erkennen: Seine Gesamtlänge beträgt 105 Meter, seine Querhausbreite 61 Meter.

hier bis auf den heutigen Tag, und die kleine Kapelle ist voll mit Krücken, Stöcken, Rollstühlen, Dankschreiben und Zeugenberichten von Wundern.

1892 sandte Papst Leo XIII. eine Reliquie der Heiligen nach Kanada. Auf ihrem Weg wurde in New York ein Mann von seiner Epilepsie geheilt, als er vor dem Transportkasten mit der Reliquie betete. Seitdem hat sich die Zahl der US-amerikanischen Pilger nach Québec stark erhöht.

Die neogotische Kirche, wie sie heute in Québec steht, wurde 1926 geweiht, sie ersetzte die Basilika von 1876, die 1922 durch ein Feuer zerstört wurde.

Wundertätige Statue der Heiligen. Die neue Kirche zeichnet sich besonders durch ihr herrliches Licht aus: Durch 240 bunte Glasfenster flutet Licht in den Innenraum. Decke und Wände sind mit Mosaiken bedeckt, die Szenen aus dem Leben Annas darstellen. Hauptanziehungspunkt der Pilger bleibt jedoch die wunderbare Statue Annas. Sie wurde aus einem Stück Eiche geschnitzt, ist bunt bemalt und trägt eine goldene Krone, besetzt mit Diamanten, Rubinen und Perlen. In ihren Armen trägt sie ihr Kind: Maria. Den größten Andrang an Pilgern aus aller Welt erzielt das Gotteshaus am Festtag der heiligen Anna, dem 26. Juli, und am Sonntag vor dem Geburtstag Marias, dem 8. September.

Unten: Blick in die mit Fresken verzierte Vierung. Einige der Säulen sind mit Figurenkapitellen versehen.

KANADA, MONTRÉAL

Basilika Notre-Dame

NOTRE-DAME IN DER ALTSTADT DES KANADISCHEN MONTRÉAL WAR BEI IHRER FERTIGSTELLUNG DIE GRÖSSTE KIRCHE AUF DEM NORDAMERIKANISCHEN SUBKONTINENT UND IST ANZIEHUNGSPUNKT FÜR ZAHLLOSE KATHOLISCHE GLÄUBIGE.

Im Jahr 1657 landeten vier Priester in Ville-Marie, dem heutigen Montréal. Sie waren von Jean-Jacques Olier (1608–57), dem Gründer des Ordens des heiligen Sulpicius, auch „der Fromme von Bourges" genannt, in die Neue Welt gesandt worden, um den katholischen Glauben zu predigen. Die Gemeinde, die sie gründeten, war der Jungfrau Maria gewidmet, und schon 1672 bauten sie ihre erste Kirche Notre-Dame. 150 Jahre später war das Gotteshaus für die zahlreichen Gläubigen zu klein geworden, und es wurde der Entwurf einer neuen Kirche verfügt. Der amerikanische Architekt James O'Donnell (1774–1830) plante den Neubau im neogotischen Stil. Er selbst war von seiner Arbeit so überwältigt, dass er kurz vor seinem Tod zum katholischen Glauben übertrat. Er ist der einzige Mensch, der in der Krypta der Kirche begraben wurde. Das Gotteshaus bietet heute 4000 Gläubigen Platz.

Lebensfrohe Farbgebung. Notre-Dame ist nicht nur die größte Kirche Kanadas, ihr Innenraum ist auch einer der am reichsten dekorierten und einer der schönsten der Welt. Die Decke der Basilika ist dunkelblau und mit goldenen Sternen ausgeziert. Der Rest ist vielfarbig und lebensfroh. Der Reichtum der Details sowie der zahlreichen Schnitzarbeiten aus kostbaren Hölzern, teil-

STECKBRIEF

1657
Vier Priester landen in Ville-Marie und gründen die Gemeinde der hl. Jungfrau.
1672
Bau der ersten Kirche
1824
James O'Donnell entwirft die neue Basilika.
1978
Feueranschlag auf die Chapelle du Sacré-Cœur
1982
Verleihung des Titels Basilica minor durch Johannes Paul II.

Oben: Die große Orgel hat vier Manuale und erhält ihre Klangvielfalt durch 7000 Orgelpfeifen.

Linke Seite: Die Doppelemporen, eine beachtliche Breite und reiche Zier prägen den größten Kirchenraum Kanadas.

weise bemalt und vergoldet, ist beeindruckend. So wurde der Hauptaltar von dem kanadischen Holzschnitzer und Architekten Victor Bourgeau (1809–88) aus Lindenholz gefertigt. Der Altar besteht aus 32 Paneelen, die Geburt, Leben und Tod darstellen. Dahinter liegt die Kapelle Sacré-Cœur, die 1978 zu einem großen Teil von einem psychisch Kranken durch Feuer zerstört wurde. 1982 ist sie restauriert und wieder aufgebaut worden und erstrahlt heute in ihrer ursprünglichen Pracht.

Die bunten Glasfenster stellen auf ungewöhnliche Weise keine biblischen, sondern Szenen aus der religiösen Geschichte Montréals dar. Papst Johannes Paul II. verlieh dem heiligen Ort der Marienverehrung den Titel Basilica minor – ein besonderer Ehrentitel, der nicht notwendigerweise voraussetzt, dass die Kirche auch dem Bautyp einer Basilika entspricht. Der Titel hebt die Kirche in ihrer Bedeutung hervor.

Links: Die vielfach durchbrochene Zweiturmfassade ist beidseitig von profanen Bauten eingefasst.

Rechts: Der Altar mit einem prächtigen architektonisch-skulpturalen Ensemble im Hintergrund.

Azteken, Maya, Olmeken und Inkas waren die Völker, die ihren Göttern in der Natur des süd- und zentralamerikanischen Subkontinents gewaltige Stätten ihrer Verehrung errichteten. Ihre geheimnisvollen, von rituellen Menschenopfern gezeichneten Religionen, deren Verständnis sich mit der Zeit verloren hat, bedienten sich auf meisterliche Weise eines tiefen Wissens um die Konstellation der Sterne, lange bevor diese Kenntnisse anderorts bekannt wurden.

ZENTRAL- UND SÜD-
AMERIKA

MEXIKO

Chichén Itzá

AUF DER HALBINSEL YUCATÁN ZWISCHEN DEM GOLF VON MEXIKO UND DER KARIBIK LAG DIE MÄCHTIGE UND REICHE MAYA-STADT CHICHÉN ITZÁ, DAS GRÖSSTE VORSPANISCHE SAKRALZENTRUM IM NÖRDLICHEN YUCATÁN.

Die Götter der Maya und überhaupt des alten Amerika waren vornehmlich damit beschäftigt, vernunftbegabte Lebewesen zu erschaffen, damit diese ihre Schöpfer preisen, ernähren und ihnen dienen könnten. Im Popol Vuh, dem heiligen Buch der Maya, wird diese Schöpfungsgeschichte erzählt. Der Mensch selbst wurde erst geschaffen, als die Götter ein spezielles Nahrungsmittel für ihn hatten: Der Gott Quetzalcoatl, die gefiederte Schlange, brachte den Mais auf die Erde, das Symbol vollkommenen Menschseins.

Blutige Rituale. Als die Maya um 435–55 n. Chr. ihre Stadt Chichén Itzá bauten, waren sie bereits ein hoch entwickeltes Kulturvolk, ihre Geschichte reicht bis ins 4. Jahrtausend v. Chr. zurück. Aber sie waren kein friedliches, sondern ein streitbares Volk. Sie waren auch nicht geeint, sondern zerfielen in viele Stämme. Um das Jahr 1200 eroberten fremde Maya die Stadt – seitdem liegt sie verwaist. Die Priesterkönige herrschten erbarmungslos über die Menschen, und ihre religiösen Riten waren blutig, Menschenopfer gehörten dazu. Das Ballspiel pok ta pok, „Mannschaft gegen Mannschaft“, war religiöser und sportlicher Wettkampf zugleich. In Chichén Itzá befindet sich der größte Juego de pelota, ein Ballspiel-

STECKBRIEF

um 435–55
Gründung des Ortes
um 1200
Eroberung der Stadt
1533
Conquistadores dringen in den Ort ein, treffen aber auf keine nennenswerte Verteidigung.
1841/42
Erforschung durch den Gelehrten John Stephens
1923
Systematische Freilegung der Ruinenstadt
1988
Ernennung zum UNESCO-Weltkulturerbe

Linke Seite: Weithin sichtbares Zeichen der Macht war der Sitz des Herrschers auf der Kukulcán-Pyramide, die die anderen Gebäude der Anlage überragte.

Rechts: Steinernes Kopfrelief des Tzompantli-Tempels; hier wurden die Totenköpfe besiegter Feinde und rituell Geopferter aufgestellt.

platz Mexikos. Nur mit den Ellbogen, ohne Einsatz von Händen und Füßen, musste ein Ball durch einen Ring geworfen werden, und der Spielführer der unterlegenen Mannschaft wurde auf dem Spielfeld geköpft. Aber es galt als Ehre, derart den Göttern geopfert zu werden. Zu ihrer Besänftigung wurden Opfergaben und Menschen in die „Heiligen Cenote" geworfen – bis zu 20 Meter tiefe Einbruchtrichter, die den Zugang zum Grundwasser ermöglichten und die einzigen beständigen Wasserquellen des see- und flusslosen Yucatán waren. Die Bitte um Regen wurde mit aus lebenden Körpern geschnittenen Herzen unterstützt, die Adlern zum Fraß gegeben wurden. Die unzähligen Schädel der Geköpften auf dem Tzompantli, dem Schädelgerüst, wurden den Göttern dargeboten, um sie friedlich zu stimmen und den Fortbestand des Volkes zu garantieren. Alles vergebens – noch vor Kolumbus waren die Maya untergegangen.

Unten links: Mann beim traditionellen Pelota-Spiel. Das Ballspiel mit höchstem – todesbereitem – Einsatz gehörte einst zu den blutigen Ritualen der Maya.

Unten rechts: Abschreckende steinerne Tierköpfe am „Tempel der Krieger", einer steinernen Halle, die als Unterkunft der Streitmacht diente.

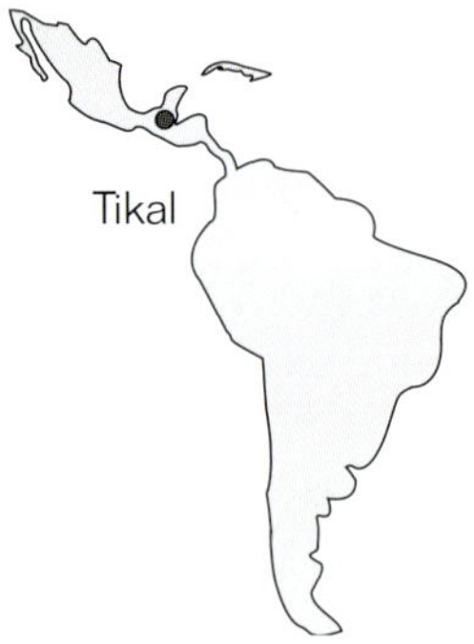

GUATEMALA

Tikal

IN DEN DSCHUNGELN GUATEMALAS ERHEBEN SICH DIE HEILIGEN PYRAMIDEN UND PALASTBAUTEN VON TIKAL ALS ZEUGEN EINER VERLORENEN WELT. SIE LASSEN AUF EINE HOHE KULTUR IHRER ERBAUER SCHLIESSEN.

STECKBRIEF

400 v. Chr.
Erste Besiedlung in Tikal
5. Jh.
Höhepunkt der Maya-Kultur, in Tikal lebten ca. 10 000 Menschen.
um 900
Untergang Tikals
1881/82
Forschungsarbeit des Maya-Forschers Alfred Percival Maudslay
1979
Ernennung zum UNESCO-Weltkulturerbe

Das Volk der Maya stammt ursprünglich aus dem guatemaltekischen Hochland. Um 1000 v. Chr. wanderten sie von dort in die Niederungen des Yucatán, und ab dem 7. Jahrhundert v. Chr. begannen sie, ihre gewaltigen Pyramiden als heilige Kultstätten zu errichten. Die Maya waren ein kriegerisches Volk, und ihre Religion forderte Menschenopfer an bestimmten Tagen oder zu bestimmten Anlässen, wie etwa der Bestattung eines Herrschers. Die Führergestalten selbst pflegten ein privilegiertes Verhältnis zu den Göttern, das sie durch blutige Rituale an sich selbst demonstrierten. Diese kultischen Handlungen sowie die Menschenopfer – oft waren es Gefangene, die gefoltert und getötet wurden – dienten ebenso der Besänftigung der Götter wie als Machtbeweis vor dem eigenen Volk, um sich der Führerschaft zu versichern. Ein weiteres wichtiges Instrument zur Festigung der Macht war die Erfindung der Schrift: Indem die „Gottkönige" ihre Taten niederschreiben ließen, mehrten sie ihren Ruhm und erlangten Unsterblichkeit.

Die Pyramidentempel Tikals boten eine eindrucksvolle Kulisse für die rituellen Ereignisse, die sich vor der Architektur im Freien abspielten.

Oben: Hauptansicht des archäologischen Geländes mit großer Pyramide und zahlreichen Ruinen weiterer Gebäude.

Uxmál

STECKBRIEF

Lage:
80 km südwestlich von Mérida auf der Halbinsel Yucatán in Mexiko
850–925
Spätklassische Mayaperiode und hohe Zeit Uxmáls
1000
Tolteken fallen in den Yucatán ein.
um 1450
Uxmál wird verlassen.
1996
Ernennung zum UNESCO-Weltkulturerbe

Unten: Blick über die weitläufige Anlage mit der Pyramide des Zauberers (Mitte) und dem lang gestreckten Gouverneurspalast (rechts).

„DREIMAL ERBAUT" BEDEUTET UXMÁL, DER NAME DER HEILIGEN MAYA-STÄTTE DES REGENGOTTS CHAC AUF DER MEXIKANISCHEN HALBINSEL YUCATÁN. HIER STEHT DIE „PYRAMIDE DES ZAUBERERS", DAS EINDRUCKSVOLLSTE BAUWERK UNTER DEN ZAHLREICHEN MAYA-PYRAMIDEN.

Relativ spät, im 9. und 10. Jahrhundert, erwuchs die Maya-Stadt Uxmál zum blühenden Zentrum; bis heute sind ihre Ruinen herrliches Beispiel des Puuc-Stils. Puuc bedeutet „hügeliges Land" und bezieht sich auf das Gebiet der niedrigen Puuc-Hügelkette auf der Halbinsel Yucatán, die Maya ihre Kultstätten errichteten. Da Uxmál riesig gewesen sein muss, geht man davon aus, dass sie einmal die Hauptstadt Yucatáns war. Obgleich der Name Uxmál „dreimal erbaut" bedeutet, scheint hier insgesamt fünfmal gebaut worden zu sein. Keramikfunde lassen darauf schließen, dass der Ort schon vor der Zeitrechnung bewohnt war. Die heutigen Ruinen stammen aus der spätklassischen Mayaperiode um 850–925 n. Chr. Das geheimnisvollste Gebäude der Stadt ist die Pyramide des Wahrsagers, auch Pyramide des Zauberers genannt. Der abgerundete Grundriss und die extrem steile Form der Pyramide machen sie einzigartig unter den Maya-Pyramiden des Yucatán. Obenauf steht der Tempel des Regengotts Chac, den man wegen der ständigen Wasserknappheit besonders gewogen zu stimmen suchte.

MEXIKO

Teotihuacán

„ORT DER GÖTTER“ HEISST TEOTIHUACÁN AUF NÁHUATL, DER SPRACHE DER AZTEKEN. DIESE ÄLTESTE STADT DES AMERIKANISCHEN KONTINENTS, ZENTRUM DER ERSTEN INDIANISCHEN HOCHKULTUR IN MEXIKO, FANDEN DIE AZTEKEN VOR, ALS SIE IM 14. JAHRHUNDERT IN DAS HOCHTAL VON MEXIKO VORSTIESSEN.

Ausgrabungen haben erwiesen, dass Teotihuacán seine Blüte schon zwischen 100 und 600 n. Chr. erlebte, als die Stadt eine der größten ihrer Zeit war. Allerdings sind Gründung und Ende Teotihuacáns unbekannt: Niemand weiß, wer die Stadt gründete und auch nicht, warum sie verlassen wurde. Man vermutet, dass eine Dürreperiode das Überleben der Bewohner gefährdete. Andere Vermutungen gehen dahin, dass religiöse Gründe ihr Ende verursacht haben könnte. Funde ergeben, dass Teotihuacán um 700 n. Chr. gebrandschatzt wurde. Als die Azteken die Stadt also im 14. Jahrhundert für sich entdeckten und als Kultstätte nutzten, hatte sie lange verlassen dagelegen und war, von den Pyramiden abgesehen, weitgehend zerstört. Den Azteken galt Teotihuacán, wie schon der Name besagt, als heiliger Ort, und zu Ehren der 13 Haupt- und über 200 Nebengötter gab es unzählige Feste, die oft mit Menschenopfern begangen wurden.

Stadt nach kosmischem Vorbild. Die gesamte Anlage Teotihuacáns ist ein perfektes Abbild des Himmels. Der Ingenieur Hugh Harleston beschäftigte sich mit den Maßen und Beziehungen der Bauwerke zueinander und errechnete, dass die Dimensionen für die Bahnen von Merkur, Venus, Erde, Mars, Jupiter, Saturn, Uranus und

Oben links: Tänzer bei einer spirituellen Zeremonie nach alter Tradition.

Oben rechts: Detail der Quetzalcóatl-Pyramide mit Schlangenköpfen und anderen skulpturalen Gebilden.

sogar für Neptun und Pluto – die ja erst 1846 bzw. 1930 entdeckt wurden – exakt in der Gesamtanlage wiedergegeben sind: Teotihuacán ist ein perfektes Modell unseres Sonnensystems.

Beherrscht wird die Anlage von der Sonnen-, der Mond- und der Quetzalcóatl-Pyramide. Als Nord-Süd-Achse durchläuft Teotihuacán die ca. drei Kilometer lange „Straße der Toten", die von Pyramiden und geschlossenen Höfen gesäumt ist, die man lange Zeit für Gräber hielt. Heute weiß man, dass diese Annahme falsch ist, denn in Teotihuacán wurden die Toten verbrannt. Der Schweizer Autor Erich von Däniken sieht in der Straße eine Landebahn für Außerirdische. Diese „Götter aus dem All" sollen nach seiner Theorie die Anlage der Stadt, vor allem aber auch den Bau der Pyramiden inspiriert haben.

Unten: Blick auf die Anlage mit der langen „Straße der Toten", die u. a. als Landebahn für Außerirdische gedeutet wurde.

STECKBRIEF

Fläche: 24 km²

Sonnenpyramide:
Grundfläche: 222 x 225 m
Höhe: 63 m
Erbaut im 1. Jh. n. Chr.

Mondpyramide:
Grundfläche: 150 x 200 m
Höhe: 48 m
Erbaut um 100–350 n. Chr. in sieben Bauphasen

Quetzalcóatl-Pyramide:
Ursprünglich ein Tempel, dann überbaut mit einer Pyramide; der Name stammt von der gefiederten Schlange Quetzalcóatl, Symbol der Verbindung von Himmel und Erde.

Linke Seite: Luftansicht der großen Sonnenpyramide. Die Maßverhältnisse der Gebäude zueinander entspricht denen unseres Sonnensystems.

MEXIKO

Monte Albán

IM 7. JAHRHUNDERT V. CHR. ENTSTAND IM TAL VON OAXACA IM SÜDWESTEN MEXIKOS DIE KULTISCHE STÄTTE MONTE ALBÁN, ZENTRUM DES SONNENKULTS. PARALLEL ZUM ZEREMONIALORT ENTWICKELTE SICH HIER EINER DER GRÖSSTEN WARENUMSCHLAGPLÄTZE MITTELAMERIKAS.

Monte Albán, „der weiße Berg", ist eine der ältesten Siedlungen Mittelamerikas. Bis zum 9. Jahrhundert war sie Hauptstadt der Zapoteken. Beeinflusst wurde die Anlage des kultischen Zentrums von der Kultur der Olmeken, was man an den Figuren und den Flachreliefs erkennen kann. Die Olmeken sind ein bronzezeitliches Volk der La-Venta-Kultur. Als 2000 Jahre später die Spanier ins Tal von Oaxaca eindrangen, diente Monte Albán lediglich noch als Begräbnisstätte. Die eindrucksvollen Gräber aus der klassischen Zeit, bestehend aus mehreren Kammern mit Nischen für Votivgaben und teilweise mehrfarbigen Wandfresken mit der Darstellung mythologischer Szenen, lassen deutlich auf einen umfangreichen Totenkult schließen.

Das Lichtwunder. Die ersten Herrscher auf dem Weißen Berg waren vermutlich Schamanen – Stammesfürsten, die die Religion des Sonnenkults geschickt einsetzten, um das Volk zu regieren und gleichzeitig die wirtschaftliche Vormachtstellung des Ortes zu festigen. Auf den Höhen des Bergs waren sie den Göttern nah, die ihnen die Legitimation erteilt hatten, neben den spirituellen auch den wirtschaftlichen Belangen voranzustehen. Die Sonne war Sinnbild der Staatsform des von

STECKBRIEF

um 900–300 v. Chr.
Vermutlich erste Besiedlung durch Olmeken
300–900 n. Chr.
Hauptstadt der Zapoteken
900–1250
Anlage von Gräbern
1250–1521
Einwanderung von Mixteken
1458
Besetzung durch die Azteken unter Montezuma I. (reg. 1440–69)
1524
Unter Hernán Cortés Eroberung des Tals von Oaxaca
1987
Ernennung zum UNESCO-Weltkulturerbe

Linke Seite: Die Bergspitze des Monte Albán wurde von den Zapoteken vor dem Bau der Tempelanlage abgetragen.

Rechts: Dieses Flachrelief ist der 55. von insgesamt 150 danzantes, Tänzern. Vermutlich handelt es sich aber um Totendarstellungen, die nur wegen ihrer bizarren Stellungen als Tänzer bezeichnet wurden.

Schamanen-Priestern gelenkten Landes. Ort besonderer Heiligkeit war das Observatorium, vermutlich das älteste Mittelamerikas. Mit seiner ungewöhnlichen Pfeilform und seinem fünfeckigen Grundriss war es selbst eine Art Kalender des Sonnenjahres. Darüber hinaus wurden alle Tempel und Plätze von Monte Albán mit steinernen Sonnensymbolen verziert. Durch die besondere Anlage des Observatoriums beleuchtete die Sonne auf ihrem höchsten Punkt zweimal im Jahr, am 8. Mai und am 5. August, alle vier Wände im Innern des Gebäudes. Um diese Tage herum wurden die größten Feste in Monte Albán gefeiert. Die Vorhersagbarkeit dieses Lichtwunders zeigte dem Volk die Verbindung zwischen ihren Priestern und Gott. Höhepunkt des Sonnenfestes war das heilige Ballspiel, das aber, anders als bei den Maya, nicht mit der Opferung der unterlegenen Spieler endete.

Unten: Der Platz des heiligen Ballspiels. Anders als die Maya töteten die Olmeken die Verlierer bzw. den Spielführer der unterlegenen Mannschaft nicht.

MEXIKO

Marienheiligtum von Guadalupe

DIE BASILIKA „UNSERE LIEBE FRAU VON GUADALUPE" IN MEXIKO IST WELTWEIT DER GRÖSSTE ANBETUNGSORT DER JUNGFRAU, ÜBER 20 MILLIONEN PILGER KOMMEN JÄHRLICH HIERHER.

Schon 20 Jahre nach dem Fall des aztekischen Reichs waren 9 Millionen Menschen zum christlichen Glauben bekehrt. Einer von ihnen, Juan Diego, ein 57-jähriger Mann, dessen Geburtsname noch Quauhtlatoatzin lautete, machte sich 1531 auf, um zur Messe zu gehen. Auf dem Weg hörte er Gesang und sah kurz darauf eine heranschwebende Wolke. Um die Wolke intensivierte sich ein Lichtglanz, Strahlen gingen von ihr aus, und Diego hörte eine Stimme in seiner Sprache: „Es ist mein Wunsch, dass man mir hier ein Gotteshaus baut. Gehe zu dem Haus des Bischofs nach Tenochtitlán und richte ihm meinen Wunsch aus." Diego machte sich auf den Weg zur Residenz von Bischof Juan de Zumarraga. Doch der Bischof zögerte. Selbst spanischer Abstammung, misstraute er dem Indianer. Da erschien diesem Maria ein zweites Mal, aber auch bei seinem zweiten Besuch zögerte Zumarraga und forderte Diego auf, ein Zeichen Mariens mitzubringen. Enttäuscht machte sich dieser abermals auf den Rückweg. Als ihm Maria ein drittes Mal erschien, gab sie ihm einen Strauß kastilischer Rosen, die Diego dem Bischof brachte. Außerdem hinterließ sie auf der tilma, seinem aus Kaktusfiber gewirkten Poncho, ihr Abbild. Noch heute, 478 Jahre später, ist

STECKBRIEF

1474
Geburt von Quauhtlatoatzin
1492
Christoph Kolumbus entdeckt Amerika.
1514
Bau der ersten Kapelle in der Neuen Welt
1519
Hernán Cortés landet in Mexiko.
1521
Das Reich der Azteken fällt.
1525
Quauhtlatoatzin wird getauft und heißt ab jetzt Juan Diego.
1531
Diegos Marienerscheinung
1548
Diego stirbt.
1746
Maria wird zur Schutzpatronin Lateinamerikas.
2002
Juan Diego wird von Papst Johannes Paul II. heiliggesprochen.

Linke Seite: Da die Fundamente der alten Basilika mit der Zeit nachgaben, musste eine neue Kirche errichtet werden.

Rechts: Die Hand eines Gläubigen legt sich auf das Abbild der Madonna von Guadalupe.

der Poncho unversehrt und das Abbild der Madonna sichtbar. Der Bischof war ob dieser Zeichen endlich von der Marienerscheinung überzeugt, und zwei Jahre später wurde an der Stelle der Erscheinung die erste Kapelle errichtet; 1695 legte man den Grundstein für eine Wallfahrtsbasilika, die 1709 fertiggestellt wurde.

Größte Messe der Geschichte. Durch die starke seismische Tätigkeit in und um Mexiko-Stadt sind die Fundamente der Basilika im Laufe der Zeit tief in den Boden gesunken. Wegen der bestehenden Einsturzgefahr musste sie schließlich geschlossen werden. Doch direkt neben der alten errichtete man eine neue Basilika, einen mächtigen, geräumigen Rundbau mit einem Durchmesser von 100 Meter, der bis zu 50 000 Menschen Platz bietet. Sieben Türen führen in das Gotteshaus und symbolisieren die sieben Tore des Himmlischen Jerusalem, von denen Christus sprach.

Die Liste der Wunder und Heilungen im Verlauf der Jahrhunderte ist groß und ließen Guadalupe zum meistbesuchten Wallfahrtsort der Christenheit werden. Am 30. Juli 2002 wurde Juan Diego von Papst Johannes Paul II. in der größten Messe der Menschheitsgeschichte heiliggesprochen.

Links: Die Jungfrau Maria spielt eine wichtige Rolle für die katholischen Eingeborenen Mexikos, jährlich am 11. Dezember widmen sie ihr ihre Tänze.

PERU

Linien von Nazca

1927 WURDEN BEIM ÜBERFLIEGEN DER PAMPA COLORADA IM WESTLICHEN PERU RIESIGE DARSTELLUNGEN AUF DEM BODEN GESICHTET. DIE SICH ÜBER KILOMETER ERSTRECKENDEN ZEICHNUNGEN WURDEN VON DEN NAZCA-INDIANERN ANGELEGT UND DIENTEN VERMUTLICH HEILIGEN UND KULTISCHEN ZWECKEN.

Mehr als 2000 Jahre ist es her, dass die Nazca-Indianer, die zwischen dem 2. Jahrhundert v. Chr. und dem 6. Jahrhundert n. Chr. in der Pampa Colorada, der Roten Wüste, des westlichen Peru ihre Blütezeit erlebten, den schwarzroten, oxidierten Boden der Anden abtrugen bzw. wegscharrten, um den daruntergelegenen ockerfarbenen Boden in riesigen Geoglyphen oder Erdzeichnungen hervorscheinen zu lassen. In der Nähe dieser Scharrbilder entdeckte man Gräber, Kultstätten und Ruinen von Ansiedlungen. Man geht davon aus, dass es Generationen dauerte und zahlloser Menschen bedurfte, diese gewaltigen Bilder anzufertigen. Erstaunlich bleibt, wie die Zeichnungen über so lange Zeit den Naturgewalten standhalten konnten. Für viele liegt darin ein großes Rätsel, das sich auf wunderbare Weise mit den geheimnisvollen Darstellungen verbindet. Wie es scheint, erlebt die zwischen dem Pazifik und den Anden gelegene Wüste kaum Erosion, wurde also seinerzeit perfekt für diese Art der kultischen Darstellung gewählt, die die Zeit überdauern sollte. Unter den Zeichnungen finden sich: Affe, Kondor, Mensch mit rundem Kopf (als Astronaut bekannt), Spinne, Kolibri, Hände, Bäume – Was sollten sie bedeuten?

Ritualzentrum für die Unsterblichkeit der Seele. Den Erforschern der Nazca-Linien fiel es immer wieder schwer, sich vorzustellen, wie die gewaltigen Zeichnungen vor so langer Zeit ohne Hilfe moderner Techniken angelegt werden konnten. Darum wurden sie schon bald nach ihrer Entdeckung mit Außerirdischen und überlegenen Kulturen oder Spezies in Zusammenhang gebracht. Die bekannteste Theorie über ihre Entstehung stammt von dem Schweizer Erich von Däniken, der davon ausgeht, dass die Linien von urzeitlichen Astronauten als deren Landemarkierungen angelegt worden seien. Der Amerikaner Jim Woodman stellte die Theorie auf, die Nazca-Indianer seien in zeremoniellen Ballonflügen über ihre kultischen Zeichnungen geflogen, die ihre Heiligtümer waren. Doch sein Versuch, einen Ballon aus Materialen der Zeit zu bauen, schlug fehl: Der Ballon stürzte ab. Der Amerikaner Joe Nickell versuchte zu zeigen, dass die Nazca sehr wohl in der Lage waren, mit den ihnen zur Verfügung stehenden Werkzeugen derartig gewaltige Zeichnungen anzufertigen. Für ihn handelt es sich hier um Heiligtümer, die zur Freude und Anbetung ihrer Götter angelegt worden seien, als rituelle Dekorationen heiliger Orte, die den Toten den Weg in die Unsterblichkeit der Seele öffnen sollten.

Linke Seite: Diese als Kolibri bekannte Erdzeichnung hat eine Länge von 93 m.

Oben: 500 Jahre alte menschliche Überreste auf dem Chauchilla-Friedhof an den Nazca-Linien in Peru.

STECKBRIEF

Entstehungszeit:
Zwischen 6. Jh. und 1. Jh. v. Chr.
Erstreckungsgebiet:
Etwa 89 km^2
1500 Geoglyphen registriert, vermessen
639 davon beschrieben, klassifiziert, archäologisch untersucht
seit 1994
Als „Linien und Bodenzeichnungen von Nazca und Pampa de Jumana" UNESCO-Weltkulturerbe

Unten links: In diesen spiralförmigen Erdlöchern wurde Wasser für die trockene Nazca-Ebene gesammelt.

Unten rechts: Die „Spinne" hat eine Länge von ca. 50 m; es handlet sich um eine Ricinulei-Spinne, die nur im Regenwald des Amazonas vorkommt.

PERU

Machu Picchu

IN 2450 METER HÖHE LIEGT, VERSTECKT ZWISCHEN DEN GIPFELN DER ANDEN, DIE ANTIKE INKASTADT MACHU PICCHU. IM ZENTRUM DER RELIGION DER INKA STAND DIE SONNE, UND DER HEILIGSTE ORT DER STADT WURDE DAS „GEHEGE DER SONNE“ GENANNT.

Auf der Suche nach Vilcabamba, der angeblich letzten Inkastadt, entdeckte der amerikanische Archäologe Hiram Bingham 1911 die Ruinen der vergessenen Stadt Machu Picchu, die wie eine uneinnehmbare Festung genau zwischen den Gipfeln des Huayna Picchu (Junger Gipfel) und des Machu Picchu (alter Gipfel) liegt. Im Allgemeinen schreibt man die Stadt den Inka zu, aber diese behaupteten, an diesem Ort selbst eine Ruinenstadt unbekannter Erbauer entdeckt zu haben. In der Religion der Inka ist das heiligste Zentrum das „Gehege der Sonne“, es passt daher zu ihren Glaubensvorstellungen, diesen Ort bereits vorgefunden zu haben, als wäre er von den Göttern selbst erbaut worden.

Haus der auserwählten Frauen. Man weiß bis heute nichts Sicheres über den Zweck der Anlage. Bingham vermutete fälschlicherweise, die Stadt sei die letzte Zufluchtsstätte der Inka gewesen. Da man aber weitaus mehr weibliche als männliche Skelette aus der Inkazeit fand, besteht die Vermutung, die Stadt sei ein sogenanntes Aclla Huasi gewesen, ein „Haus der auserwählten Frauen“. Vor allem aber gilt sie als ein mit astronomischen Beobachtungen verbundenes Kultzentrum. Ein Teil von Machu Picchu diente als Wohnstätte und der

STECKBRIEF

1200–1532
Blütezeit des Inkareichs
15. Jh.
Bau von Machu Picchu
1911
Expedition von Hiram Bingham und anderen auf der Suche nach Vilcabamba, dabei Entdeckung von Machu Picchu
1934, 1940
Weitere Forschungsexpeditionen
1983
Ernennung zum UNESCO-Weltkulturerbe

Linke Seite: Die Stadt erstreckt sich entlang des Grats zwischen dem „Jungen" und dem „Alten Gipfel", dem Machu Picchu.

Rechts: Diese kleinen, bescheidenen Häuser mit Fenstern gehören zum „Viertel der Steinmetze", hier wohnten wahrscheinlich die Handwerker der Stadt.

Rest als religiöses und zeremonielles Zentrum. Im Zeremonialbezirk befinden sich Haupt- und Sonnentempel, der Intihuatana, die Sonnenuhr der Inkas, und der Torreón, ein massiver Rundturm, vermutlich das Observatorium.

Söhne der Sonne. Das Volk der Inka sah sich als direkten Nachfahre des Sonnengotts Inti, darum nannte sie sich Inka, „Söhne der Sonne". Vom Sonnengott direkt stammte nach ihrer Vorstellung der sagenhafte Kulturheros und Begründer der Dynastie ab, Manco Cápac. Der Mythologie nach wurden dieser erste Sohn der Sonne und seine Schwester Mama Ocllo von ihrem Vater Inti auf die Sonneninsel im Titicaca-See gesandt. Ihr Ziel war es, die Welt zu verbessern. Inti gab ihnen einen goldenen Stab, und dort, wo sie den Stab in die Erde stoßen konnten, sollten sie siedeln. Um 1200 gründeten sie der Legende nach die Stadt Qusqu (Cuzco), den „Nabel der Welt".

Unten: Die Terrassen dienten vermutlich der landwirtschaftlichen Nutzung.

PERU

Cuzco

HOCH IN DEN ANDEN PERUS WURDE UNTER DEM INKAKÖNIG PACHACÚTEC AUS DEM UNSCHEINBAREN DORF CUZCO EINE GEWALTIGE STADT MIT WICHTIGEN RELIGIÖSEN UND ADMINISTRATIVEN AUFGABEN UND DEM SONNENTEMPEL, DEM ALLERHEILIGSTEN DES INKAREICHS.

Am Zusammenfluss der Flüsse Chunchullmayo, Tullumayo und dem Huatanay liegt in einer Höhe von 3500 Meter noch heute die Stadt Cuzco, ehemals Hauptstadt des Inkareichs, bekannt als der „Nabel der Welt". 1533 nahm Francisco Pizarro (1476–1541), der Eroberer Perus, die Stadt fast gewaltlos ein. Sie strahlte in vollem Glanz, als er mit seinen Conquistadores einmarschierte. Drei Jahre später jedoch, 1536, gingen fast alle Gebäude bei der Belagerung durch den von Spaniern eingesetzten Inka Manco Cápac II. in Flammen auf.

Die Spanier jedoch zerstörten Cuzco nicht weiter, sondern bewahrten die Grundstruktur mit ihren gewaltigen Mauern, errichteten aber barocke Kirchen und Paläste auf ihren Ruinen, vor allem auf den „heidnischen" Heiligtümern der Inka. 1950 stürzten bei einem Erdbeben viele Bauten in Cuzco ein, die älteren Inka-Fundamente jedoch hielten den Erdstößen stand. Gleichzeitig wurden durch das Beben viele, bis dahin unbekannte Mauern freigelegt. Cuzco war zu seiner Blütezeit eine große Stadt: Man vermutet heute, dass in der Stadt selbst etwa 20 000 Menschen lebten, in der Peripherie weitere 50 000 und in der Umgebung des Hochtals nochmals 80 000.

STECKBRIEF

1438–93
Unter Pachacútec Yupanqui und Túpac Yupanqui Blütezeit der Inkahauptstadt
15.11.1533
Eroberung der Stadt durch Francisco Pizarro
23.3.1534
Gründung des spanischen Cuzco
nach 1544
Die Hauptstadt des spanischen Vizekönigreichs wurde nach Lima verlegt, Cuzco verlor an Bedeutung
1781
Erste Revolte gegen die spanische Kolonialmacht
1814
Zweite Revolte gegen die spanische Fremdherrschaft
1824
Ende der spanischen Kolonialherrschaft in Lateinamerika
1983
Ernennung zum UNESCO-Weltkulturerbe

Unten: Auf den Ruinen des Sonnentempels Coricancha errichteten die Spanier ihre Kirche.

Linke Seite: „Zwölfeckige Steine" nannten die Inka die Monolithen, aus denen sie ihre gewaltigen Mauern bauten, denen kein Erdbeben etwas anhaben kann.

Rechts: Während der Fronleichnamsprozession werden Marienstatuen aus den Kirchen Cuzcos durch die Straßen getragen.

Der heiligste Ort des Inkareichs. Der „Heilige Platz", Huaccapayta, teilte die Oberstadt Hanan Cuzco von der Unterstadt Hurin Cuzco und diente als zeremonieller Festplatz. Der heiligste Ort der Stadt und des gesamten Inkareichs aber war der Sonnentempel Coricancha. Hier wurden alle den Inka wichtigen Riten abgehalten. Inka durften den Tempel nur nüchtern, barfuß und, als Zeichen der Demut, mit einer Last auf dem Rücken betreten. Im Inneren des Tempels befanden sich neben der berühmten goldenen Sonnenscheibe – einem runden, menschlichen Gesicht, umgeben von Strahlen und Feuerzungen – die Königsmumien mit ihren goldenen Masken, die rituell mit Speis und Trank versorgt wurden. Zu beiden Seiten der Sonnenscheibe standen zwei Löwenstatuen, ihre Gesichter der Sonne zugewandt. Die reich mit Türkisen und Smaragden verzierte Sonnenscheibe war so platziert, dass sie das Licht der aufgehenden Sonne reflektierte. Die Conquistadores erkannten in dem Tempel Coricancha das Allerheiligste des Inkareichs, zerstörten deshalb den Tempel und errichteten auf seinen Ruinen eine Kirche mit Konvent.

BOLIVIEN

Tiahuanaco

TIAHUANACO WAR DAS RELIGIÖSE ZENTRUM EINER PRÄ-INKAKULTUR AM TITICACA-SEE, DIE HIER DEM SCHÖPFERGOTT VIRACOCHA HULDIGTE. DIE WEITLÄUFIGE RUINENANLAGE HAT ÜBER JAHRHUNDERTE BIS HEUTE ALS WALLFAHRTSORT ÜBERDAUERT.

In frühen Zeiten (ab dem 4. Jahrhundert n. Chr.) lag Tiahuanaco am Titicaca-See, aber durch Verdunstung verlor das Gewässer so sehr an Fläche, dass die Ruinen heute ca. 20 Kilometer vom Ufer entfernt liegen.

Während seiner Hochzeit beherrschte Tiahuanaco das Gebiet vom Pazifik über das chilenische Atacamagebiet bis weit ins heutige Argentinien. Für die Inka war es der Ort, an dem die Schöpfergottheit Viracocha aus den Tiefen des Sees aufgestiegen war und an dem er verehrt wurde. Viracocha war Schöpfer und auch Zerstörer der Welt, der Mythologie nach tilgte er alles Leben um den See durch eine Sintflut – bis auf zwei Menschen. In ihrer Blüte hatte die Stadt über 20 000 Einwohner auf einem Gebiet von 2,6 Quadratkilometer. Im Jahr 1200, als die Inka sie besetzten, fanden sie das Gebiet verlassen vor, die früheren Einwohner hatten ihre Stadt aus unbekannten Gründen verlassen. Ihre Kultur jedoch lebte dank der Inka weiter, denn sie glaubten, Viracocha selbst hätte die Stadt erbaut und die Welt von hier aus regiert, was aus Tiahuanaco ein mächtiges Wallfahrtszentrum machte, das noch jahrhundertelang nach dem Untergang des Reichs fortdauerte.

Das Sonnentor. Das beeindruckendste Gebäude war der einstige Kalasaya-Tempel mit seinem gewaltigen Son-

Linke Seite: Das Sonnentor des ehemaligen Kalasaya-Tempels hat ein Gewicht von 12 t.

Rechts: In die Mauern dieses halbunterirdischen Tempels wurden Kopfskulpturen eingelassen.

nentor. Es ist aus einem einzigen Steinblock geschlagen und hat ein Gewicht von ca. zwölf Tonnen. Der Türsturz ist mit einem Fries geschmückt, das eine Gottheit mit zwei Schlangenzeptern darstellt, deren Kopf von einem strahlenförmigen Kopfschmuck eingerahmt ist – vermutlich der Schöpfer- oder Sonnengott. Andere Wissenschaftler halten die drei Reihen geflügelter Figuren und die Zeichen in der Reihe darunter für einen Kalender. Am 21. Juni findet in Tiahuanaco das Aymara-Neujahr statt, das Datum der Wintersonnenwende der Südhalbkugel. Über 5000 Menschen aus aller Welt, darunter viele Anhänger der Esoterik und New-Age-Religionen, kommen als Pilger, um die Sonne durch das Sonnentor aufgehen zu sehen.

Der Untergang. Seit der Ankunft der Spanier, die im 16. Jahrhundert auf der Suche nach Eldorado aus Legenden der Einheimischen von einer sagenhaften Stadt erfuhren, sind die Schätze Tiahuanacos über die ganze Welt verstreut worden. Das Gold wurde als Beute mitgenommen und eingeschmolzen, zahllose Kultgegenstände, wie vor allem große Steinstelen, wurden von katholischen Fanatikern als heidnische Artefakte zerstört. Andere Statuen wurden von der Kirche verkauft oder für ihre eigenen Bauten verwendet.

STECKBRIEF

Lage: 20 km südl. des Titicaca-Sees in Bolivien, 4000 m über dem Meeresspiegel

300–700 n. Chr.
Klassische Periode, große Steinstrukturen, Gold, Bronze

700–1200 n. Chr.
Verfall, einfache Keramiken, kaum mehr Gebäude

ab 1200–16. Jh.
Kultstätte der Inka

2000
Ernennung zum UNESCO-Weltkulturerbe

Links: Auch heute noch pilgern Gläubige für ihre Opfergaben an diesen heiligen Ort.

CHILE

Moai der Osterinsel

AM OSTERSONNTAG DES JAHRES 1722 LANDETE EIN SCHIFF UNTER JACOB ROGGEVEEN AUF EINER UNBEKANNTEN SÜDSEEINSEL, AUF DER WEIT ÜBER 1000 GEWALTIGE STEINSTATUEN DIE SEELEUTE BEEINDRUCKTEN UND VERÄNGSTIGTEN.

Als der holländische Astronom, Mathematiker und Nautiker Jacob Roggeveen (1659–1729) am Ostersonntag, dem 5. April des Jahres 1722, auf einer bis dahin unbekannten Insel landete, hatten ihre Bewohner über 1000 Jahre ohne Kontakt mit anderen Völkern gelebt. Die Gesellschaft dieser Insel, die ihre Bewohner Rapa Nui nannten, den „Nabel der Welt", organisierte sich in verschiedenen Clans. Was die Seefahrer als Erstes an dieser Insel faszinierte, waren weit über 1000 Steinkolosse, Zeugen eines Ahnenkults, der schon um 400 n. Chr. begonnen hatte, als man auf der Insel große Steinplattformen, die ahu, als Luftbestattungsorte anlegte. Leichen wurden auf den ahus aufgebahrt, bis Vögel, Insekten und der Wind die Gebeine gereinigt hatten und nur noch das Skelett übrig blieb. Anschließend begrub man die Knochen im Inneren des ahu, feierte ein Fest zu Ehren des Toten und errichtete eine gewaltige, nur mit steinernen Meißeln und Pickeln aus dem Stein des Vulkans Rano Raraku gemeißelte Steinfigur als Andenken an den nun als heilig geltenden Ahnen. Meist handelte es sich um die Figur eines Mannes mit stilisiertem Kopf und langen Ohrläppchen, manche trugen Kopfbedeckungen. Viele der Figuren waren mit Dekorationen am Körper

STECKBRIEF

Fläche:
162,5 km²
um 380
Vermutlich polynesische Besiedlung
Steinfiguren (Maois) aus Tuffstein: bis zu 10 m Höhe und 150 t Gewicht
1774
Landung von Captain James Cook
1864
Entdeckung der Rongorongo-Schrift, der einzigen Schriftsprache Ozeaniens
1888
Annexion durch Chile
1955/56
Norwegische archäologische Expedition mit Thor Heyerdal
1995
Ernennung zum UNESCO-Weltkulturerbe

Rechts: Die gewaltigen Steinfiguren und die Dekorationen darauf wurden nur mit steinernen Pickeln und Meißeln geschlagen.

versehen, die Tätowierungen darstellten. Die Moai, wie die Skulpturen heißen, wachen über das Land und seine Menschen.

Der Niedergang der Ahnenkultur. Der Transport der Steinkolosse und der Drang, immer prächtigere Häuser und Schiffe zu bauen, verschlangen jedoch den Baumbestand der Insel. Ohne Bäume aber wurde das Leben kläglich, die Erde vertrocknete und wurde unfruchtbar, Kannibalismus setzte ein, man verzehrte Frauen und Kinder der Feinde. Die Bevölkerung gab sogar ihre heiligen Stätten, die ahus, auf, sie wurden zum Teil als Folge kriegerischer Auseinandersetzungen zerstört, die Statuen umgestoßen. Der schlimmste Feind jedoch waren landhungrige Kolonialherren: 1862 verschleppten Peruaner alle arbeitsfähigen Männer und Frauen als Sklaven in ihre Minen; diejenigen, die zurückkehrten, brachten Seuchen ins Land. Ende des 19. Jahrhunderts standen nur noch wenige Statuen, überdies zerstörten Christen sie als „Heidenwerk". Zu dieser Zeit hatte die Insel noch 110 Einwohner, und man nutzte das Land schließlich als Viehweide und Leprakolonie. Die heilige Ahnenkultur starb wie die Bäume.

Oben links und rechts: Erst kürzlich wurde festgestellt, dass die Maoi nach einem astrologischen Muster aufgestellt wurden.

BRASILIEN

Conceição Aparecida

DER ORT APARECIDA WURDE IM JAHR 1717 GEGRÜNDET, ALS FISCHER EINE MARIEN STATUE AUS EINEM FLUSS BARGEN. DIE MUTTERGOTTES VON APARECIDA WURDE ZUR SCHUTZPATRONIN BRASILIENS UND IHRE BASILIKA IST HEUTE DIE WICHTIGSTE PILGERSTÄTTE DES LANDES.

Im Oktober des Jahres 1717 fanden drei Fischer im brasilianischen Rio Paraiba eine kleine, etwa 36 Zentimeter hohe kopflose Terrakotta-Statue der Muttergottes in ihren Netzen. Als sie die Netze abermals auswarfen, fanden sie auch den Kopf Mariens. Nachdem die Statue geborgen worden war und in ihrem Kanu stand, fingen sie Fische in nie zuvor erlebten Mengen und das Boot drohte unterzugehen. Voller Angst liefen sie in den Hafen zurück – so lautet die erste Überlieferung des Fundes der Statue. Einer anderen Legende nach soll die Statuette von dem Mönch Frey Agostino de Jesús aus São Paulo um 1650 modelliert worden und dann unter unbekannten Umständen im Fluss gelandet sein, wo sie 1717 von drei Fischern geborgen wurde. Während ihrer Zeit auf dem Grund des Flusses verlor sie ihre Bemalung, und wurde zunächst als dunkelbraun glänzende, irdene Statuette gefunden. An der Stelle der ersten Kapelle für ihre Verehrung, die schon 1745 in der Mitte des Orts eingeweiht wurde, errichtete man 1843 eine größere Basilika, um den ständig wachsenden Pilgerstrom aufnehmen zu können, denn schon früh wurden der Figur Wunderkräfte nachgesagt. Die Statue erhielt 1888 von der letzten Kronprinzessin Brasiliens, Isabella (1846–1921), einen

STECKBRIEF

Neue Basilika:
Länge:
173 m
Breite:
168 m
Höhe der Kuppel:
70 m
Höhe des Kirchturms:
105 m
Fassungsvermögen:
45 000 Personen

Linke Seite: Die neue Basilika wurde von dem Architekten und Maler Benedito Calixto entworfen

Rechts: 1888 erhielt die Marienstatue von der letzten Kronprinzessin Brasiliens, Isabella, den Mantel und eine Krone.

fein gestickten Umhang, der nur Gesicht und die vor der Brust gefalteten Hände freiließ, und eine goldene, mit Edelsteinen besetzte Krone. Papst Pius X. krönte sie 1904 zur Königin Brasiliens, und Papst Pius XII. weihte sie an ihrem Festtag und heutigen brasilianischen Nationalfeiertag, dem 12. Oktober, zur Schutzpatronin des Landes. 1979 wurde die Statue bei einem Attentat zerschlagen, konnte aber restauriert werden.

Größte Marienkirche der Welt. Die alte Basilika von Aparecida, „Unsere Liebe Erschienene Frau" wurde mehrfach erweitert und renoviert, aber wegen der gewaltigen Pilgermengen, die diesen bedeutendsten Wallfahrtsort des Landes besuchten, musste schließlich ein Neubau her. 1955 wurde die neue Basilika von dem Architekten und Maler Benedito Calixto entworfen. Noch im Bau befindlich, wurde diese größte Marienkirche und – nach dem Petersdom sowie der Kathedrale von Yamoussoukro an der Elfenbeinküste – drittgrößte Kirche der Welt 1980 von Papst Johannes Paul II. eingeweiht. Heute ist die Basilika mit über 8 Millionen Pilgern pro Jahr der drittmeistbesuchte katholische Wallfahrtsort der Welt.

Unten: Die 1955 neu errichtete Basilika kann heute 45 000 Menschen fassen.

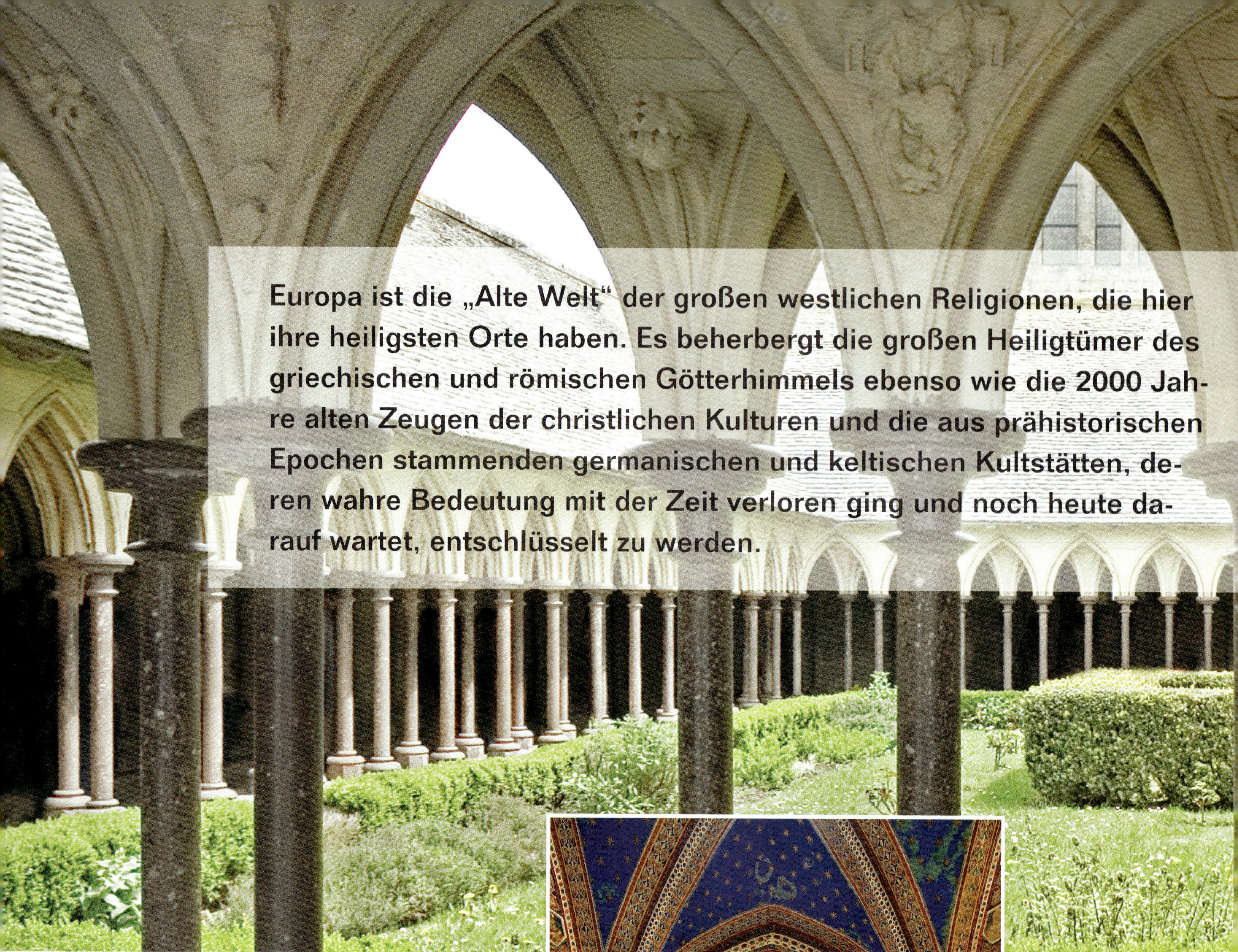

Europa ist die „Alte Welt“ der großen westlichen Religionen, die hier ihre heiligsten Orte haben. Es beherbergt die großen Heiligtümer des griechischen und römischen Götterhimmels ebenso wie die 2000 Jahre alten Zeugen der christlichen Kulturen und die aus prähistorischen Epochen stammenden germanischen und keltischen Kultstätten, deren wahre Bedeutung mit der Zeit verloren ging und noch heute darauf wartet, entschlüsselt zu werden.

EUROPA

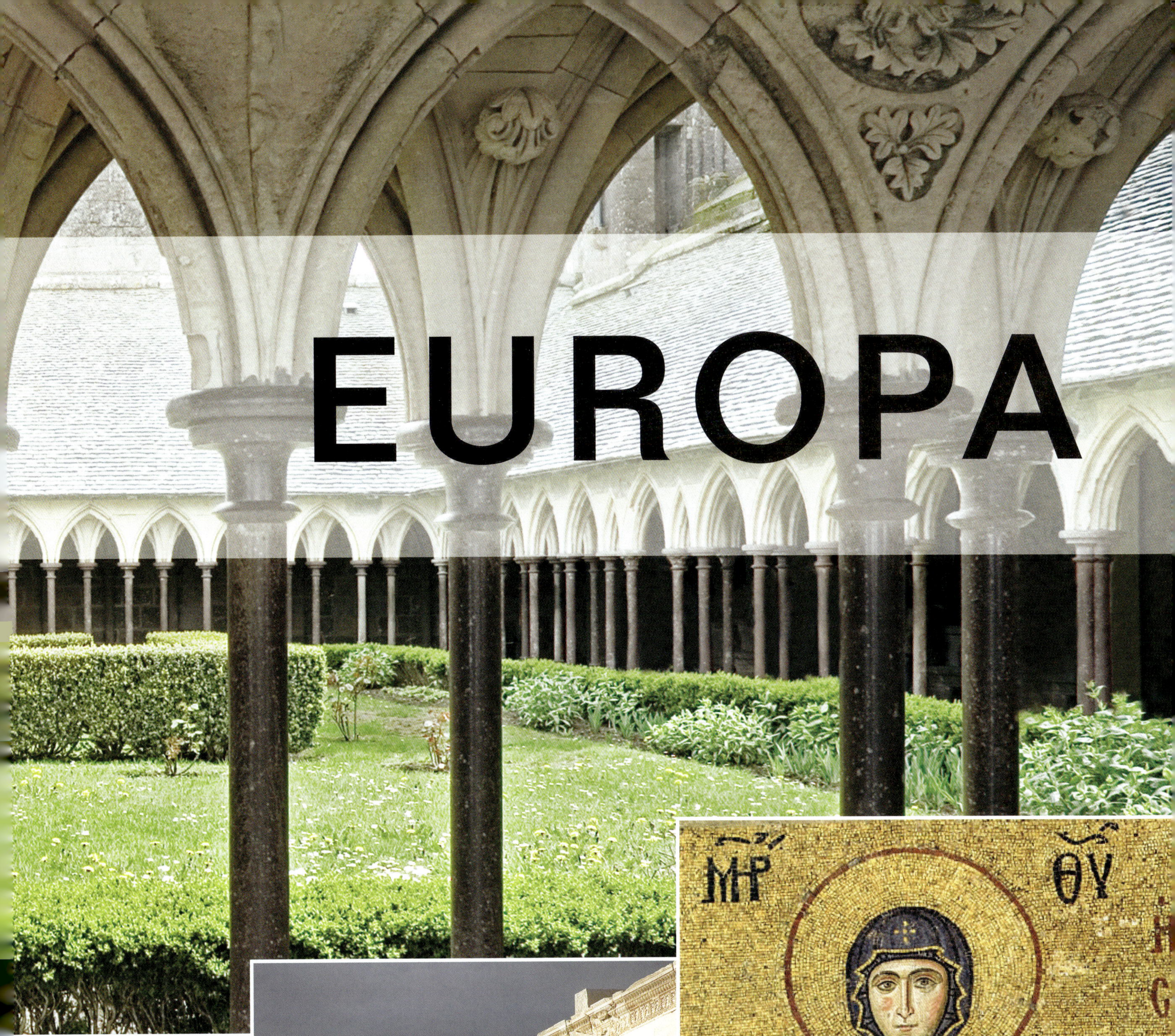

IRLAND

Newgrange

VOR ÜBER 3000 JAHREN WURDE IM HEUTIGEN IRLAND EINE GRAB- UND TEMPELANLAGE ERRICHTET – NEWGRANGE, DIE „HÖHLE DER SONNE", WIE DIE WÖRTLICHE ÜBERSETZUNG DES IRISCHEN „AN LIAMH GREINE" LAUTET, EINE ASTROLOGISCHE KULTSTÄTTE.

Das Megalithgrab in Newgrange wurde in der Bronzezeit vor etwa 3200 Jahren angelegt. In seinen Ursprüngen ist es älter als die Pyramiden von Gizeh und Stonehenge. Der nierenförmige Hügel umfasst eine Fläche von über 4000 Quadratmeter, hat einen Durchmesser von ca. 70 Meter und wird von 97 Randsteinen umstanden, von denen die meisten reich mit Symbolen verziert sind. Ein 19 Meter langer Tunnel führt zu einer Kammer in Form eines Kreuzes mit einem sieben Meter dicken sogenannten Kragsteingewölbe, das bis heute wasserdicht ist. Man schätzt, dass der Bau dieses Tunnelgrabs 300 Arbeiter etwa 20 Jahre lang beschäftigte.

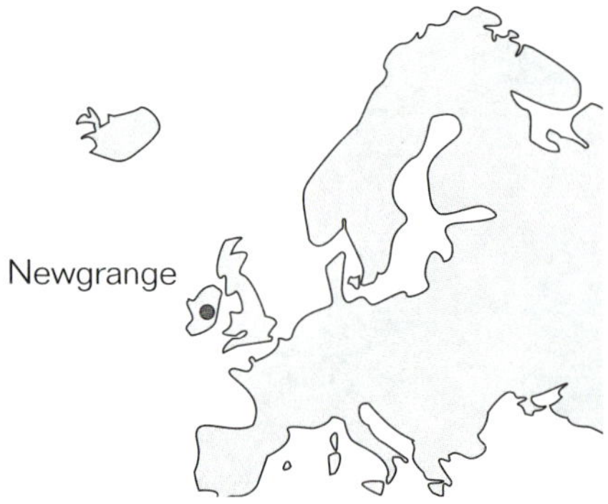

Die Höhle der Sonne. Etwa eine Woche vor und nach der Wintersonnenwende an jedem 21. Dezember strahlt die Sonne durch eine Öffnung über dem Eingang in das Innere des Tempels und zieht ihre Bahn 15 Minuten durch einen ca. 19 Meter langen Gang, um am Ende auf einen Stein zu treffen, der mit Spiralen verziert ist. Diese Konstellation ist nicht zufällig und verlangt nach einer Interpretation: Spiralen gelten als Symbole der Wiedergeburt und der männlichen Sonnengottheit. Der Strahl der Sonnengottheit dringt also in den Schoß der Erdmutter – die Höhle der Sonne – und befruchtet die-

STECKBRIEF

1699
Zufällige Entdeckung der Grabanlage
1962
Beginn systematischer Ausgrabungen
1975
Rekonstruktion der Anlage abgeschlossen
1993
Ernennung zum UNESCO-Weltkulturerbe

sen. Es scheint, als wurde die gesamte Anlage von Newgrange nach dem Weg der Sonne ausgerichtet und diente ihrer Verehrung. Wer jedoch die Erbauer waren und was es des Weiteren mit dem Volk auf sich hat, das diesem „Sonnenkult" huldigte, bleibt bis heute ungelöst.

Die Wintersonnenwende. Winter forderten den Völkern immer sehr viel ab, darum war man dankbar und froh, wenn sich die Wende hin zum Sommer vollzog. Die Wintersonnenwende, die längste Nacht des Jahres, war (und ist) von besonderer Bedeutung, denn sie markiert Hoffnung, Neubeginn, Wiedergeburt (der Natur), vor allem aber kürzere Nächte, also weniger Dunkelheit. In fast allen Kulturen beginnt das Jahr mit der Dunkelheit und spannt seinen Bogen über die Höhe des Lichts bis wiederum zur Dunkelheit des Winters. Auch die meisten Feste der großen Kulturvölker begannen mit dem Sonnenuntergang des Vorabends, wieder in Dunkelheit. Der Natur wird Genüge getan, denn auch menschliches Leben beginnt in der Dunkelheit des Mutterschoßes.

Ganz oben: Das gewaltige Hügelgrab wurde lange Zeit für eine natürliche Hügelkuppe gehalten, bis es 1699 zufällig entdeckt wurde.

Oben rechts: Der heutige Eingang mit Lichtöffnung wurde 1972 von Michael O'Kelly entworfen, der die Rekonstruktion der Anlage leitete.

Rechts: Beleuchtete Passage im Inneren des Hügelgrabes, die zu einer kreuzförmig gewölbten Kammer führt.

IRLAND

Lough Derg

IM NORDWESTEN IRLANDS LIEGT LOUGH DERG, DER ROTE SEE, MIT DER KLEINEN INSEL STATION ISLAND, WO DER HEILIGE PATRICK 40 TAGE LANG GEFASTET UND EINE VISION DER HÖLLE ERLEBT HABEN SOLL.

STECKBRIEF

um 1180
Wunderberichte über die berühmte Pilgerstätte

1600
Erste Berichte von Frauen auf der Pilgerreise

1704
Ein Gesetz stellt die Pilgerreise unter Strafe öffentlicher Auspeitschung.

1790
Die Grotte wird zugeschüttet und über ihr eine Kapelle errichtet.

1846
Mehr als 30 000 Pilger

Zwei Schriften des heiligen Patrick weisen ihn als bemerkenswerte Persönlichkeit aus. Fast als einziger Missionar wandte er sich der Bekehrung von Heiden außerhalb des Römischen Reiches zu. Sein Leben und Wirken in Irland wird auf die zweite Hälfte des 5. Jahrhunderts datiert. Die Verehrung des irischen Nationalheiligen war bereits im 7. Jahrhundert weit verbreitet. Im 12. Jahrhundert konzentrierte sich die Patrick-Wallfahrt auf das später sogenannte „St. Patrick's Purgatory" (Fegefeuer des heiligen Patrick) auf einer kleinen Insel im Roten See. Sie wurde aufgesucht, um Vergebung der Sünden zu erbitten. Von einer dortigen Grotte hieß es, sie berge den Eingang zur Unterwelt. Beschreibungen dieser durch wunderbare Erscheinungen (Blick ins Jenseits) berühmten Pilgerstätte sind aus dem Mittelalter überliefert. Die Höhle stand symbolisch für Tod und Fegefeuer. Das Überdauern des Purgatoriums und der erfolgreiche Aufstieg zurück in die Welt waren wie eine Art spirituelle Wiedergeburt des Gläubigen. Heute steht die Nacht des Betens und Fastens in der Kirche stellvertretend für diesen Abstieg.

Oben: Lough Derg mit der kleinen Insel Station Island ist seit dem Mittelalter ein bedeutender St.-Patrick-Wallfahrtsort.

Croagh Patrick

DIE HEUTIGE PATRICK-VEREHRUNG KULMINIERT IN DER WALLFAHRT ZUM CROAGH PATRICK, EINEM BERG IM WESTEN IRLANDS NAHE DER STADT WESTPORT. JEDES JAHR PILGERN AUF BUSSGÄNGEN ETWA EINE MILLION GLÄUBIGE HIERHER.

Schon vor der Christianisierung Irlands wurde Cruach Phádraig, wie der Ort im Irischen heißt, von den Kelten als heilige Stätte verehrt. Der Ort galt ihnen als Wohnsitz des Fruchtbarkeitsgotts Crom Dubh. Um den 1. August wurde hier das Erntefest Lughnasa gefeiert, Männer und Frauen verbrachten die Nacht auf dem Berg, um ihre Fruchtbarkeit zu steigern. Im Zuge der Christianisierung soll der heilige Patrick den Berg erklommen und, nachdem er 40 Tage und Nächte gefastet hatte, von hier aus alle Dämonen aus Irland verbannt haben. Der hier verehrte Crom Dubh wurde von ihm als „schwarz" und „böse" verleumdet, entsprechend der christlichen Tradition, die heidnische Gottheiten verdammte und zu Dämonen machte, um den Triumph über sie zu zelebrieren. Schon bald nach Patricks Aufenthalt entwickelte sich der Berg zu einem wichtigen Wallfahrtsort. Am letzten Sonntag im Juli, dem „Reek Sunday", pilgern alljährlich um 30 000 Menschen auf den Beg, um Buße zu tun – viele von ihnen kommen barfuß oder legen den Weg auf Knien zurück. Auf dem Weg, der in seiner vollen Länge schon in dem kleinen Dorf Mussisk beginnt, gibt es drei Stationen, an denen bestimmte Rituale und Gebete vorgeschrieben sind.

Oben: Pilger an der St.-Patrick-Statue, der ersten Haltestation auf dem Pilgerweg zum Gipfel.

Links: Blick auf den Croagh Patrick, im Hintergrund die weite Landschaft des County Mayo.

STECKBRIEF

Höhe: 640 m und 764 m über dem Meeresspiegel
441 n. Chr.
Der hl. Patrick besteigt Croagh Patrick.
1905
Bau einer Kapelle auf dem Gipfel
1928
Statue des hl. Patrick am Fuß des Bergs

ENGLAND

Stonehenge

Oben: Schon die Aufrichtung der gewaltigen Steinblöcke und die Platzierung der Decksteine verdient Bewunderung.

BEGRÜNDET IN DER JUNGSTEINZEIT UND WAHRSCHEINLICH IN STÄNDIGER KULTISCHER BENUTZUNG BIS IN DIE BRONZEZEIT, IST DER ORT DER „HÄNGENDEN STEINE" BIS HEUTE EINE DER GROSSEN HEILIGEN STÄTTEN DER WELT.

STECKBRIEF

Frühphase, um 3100 v. Chr.
Anlage mit rundem Erdwall und Graben
2. Phase, um 2500–2000 v. Chr.
Auffällige Megalithstruktur
3. Phase, um 1700 v. Chr.
Zwei weitere Ringe mit Löchern außerhalb des Steinkreises entstehen.
seit 1918
Staatseigentum
1986
Ernennung zum UNESCO-Weltkulturerbe

Der vom altenglischen „stanhen gist" abgeleitete Name bedeutet so viel wie „hängende Steine". Stonehenge ist eine von mehreren Steinkreisen umgebene Grabanlage. Der äußere Steinkreis besteht aus einer Reihe von bis zu vier Meter hohen Pfeilersteinen, die durch waagerecht liegende Decksteine verbunden werden. Im Inneren stehen in Hufeisenform zehn Blöcke, die paarweise mit Decksteinen verbunden sind. Stonehenge wurde über einen Zeitraum von über 1500 Jahren errichtet.

Die Steine von Stonehenge sind nach den Positionen der Sonnenwende und der Tagnachtgleiche angeordnet, wodurch die wichtigen jahreszeitlichen Wendepunkte voraussagbar waren. Wahrscheinlich nutzten Priesterkönige dieses Wissen zum Wohl der landwirtschaftlich arbeitenden Bevölkerung: zur erfolgreichen Aussaat und Ernte.

Druiden, Weise und Priester der Kelten. Die Annahme, Stonehenge sei ein Tempel der Druiden gewesen, ist widerlegt, denn zur Zeit der Druiden stand das Monument bereits seit 2000 Jahren. Es scheint jedoch, dass sich diese sagenumwobenen Priester der Kelten die Kultstätte zu eigen machten. Druiden stellten in der keltischen Gesellschaft eine Art geistige Elite dar, sie waren Dichter, Ärzte, Astronomen, Philosophen, Magier und eben Priester.

Avebury

STECKBRIEF

2600 – um 2500 v. Chr.
Bau der Anlage
Ab dem 14. Jh.
Zerstörung auf Weisung der Kirche
1648
Entdeckung durch den Gelehrten John Aubrey
1920er-Jahre
Ausgrabungen durch Alexander Keiller
1930
Durch den National Trust werden zahlreiche Steine aufgerichtet.
1986
Ernennung zum UNESCO-Weltkulturerbe

DIE STEINKREISE VON AVEBURY IN WILTSHIRE GEHÖREN ZU DEN GRÖSSTEN UND ÄLTESTEN AUF DEN BRITISCHEN INSELN. IN IHRER BEDEUTUNG ALS HEILIGE KULTSTÄTTE SIND SIE EBENBÜRTIG MIT STONEHENGE.

Zusammen mit dem die Anlage umgebenden Wall umfasst Avebury eine Fläche von 15 Hektar. Die Anlage selbst besteht aus einem großen äußeren Kreis (etwa 2500 v. Chr. entstanden) mit einem Umfang von etwa 1200 und einem Durchmesser von 427 Meter. Auf dem sechs Meter hohen Erdwall befanden sich ehemals 98 aufrecht stehende Steinblöcke, von denen heute noch 27 erhalten sind. Im Inneren des Kreises befinden sich zwei kleinere Steinkreise.

Heiliger Fruchtbarkeitstempel. Der Gelehrte William Stuckeley beschreibt Avebury um 1720 als heilige Stätte von Druiden, als Heiligtum für Mond und Sonne, die durch die beiden Kreise symbolisiert wurden. Der Mond steht für das weibliche Geschlecht oder die Erdgöttin Tara, die Sonne für das männliche Prinzip, den Himmelsvater Taran. Im Zusammenhang mit Fruchtbarkeitsritualen und entsprechenden religiösen Auffassungen gilt der Kreis als Symbol für das weibliche, stehende Steine als Symbol für das männliche Prinzip. Insofern liegt die Deutung nahe, dass Avebury ein heiliger Fruchtbarkeitstempel war.

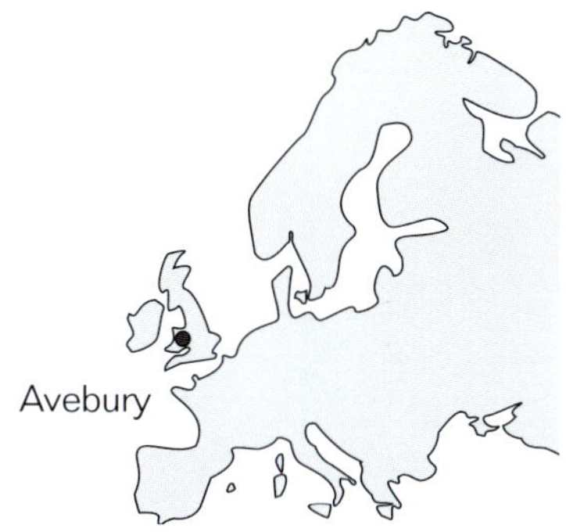

Unten: Das Dorf Avebury mit dem großen runden Erdwall und den rudimentär erhaltenen Steinkreisen.

ENGLAND

Glastonbury

WIE EIN URZEITLICHES TIER ERHEBT SICH 160 METER HOCH AUS DER EBENE VON SOMERSET EIN HÜGEL, DER GLASTONBURY TOR, UNWEIT DER RUINEN EINER ALTEN ABTEI – GLASTONBURY, EIN „HIMMLISCHER, HEILIGER ORT AUF ERDEN".

Der heimliche Jesus-Anhänger Josef von Arimathäa, Mitglied des Hohen Rates der Juden in Jerusalem, war bei der Kreuzigung Jesu anwesend und erbat nach dessen Tod den Leichnam des Gekreuzigten, um ihn in seinem Felsengrab beizusetzen. Während der Kreuzigung, als Jesus im Todeskampf lag, fing Josef das durch den Lanzenstich des römischen Soldaten aus seiner Brust sickernde Blut in einem Kelch auf. Der Leichnam Jesu wurde ihm verweigert, doch als der Tote nach drei Tagen aus dem Grab verschwunden war, wo er beigesetzt worden war, hatte man einen Verdächtigen: Man bezichtigte Josef des Leichenraubs und verurteilte ihn zu 40 Jahren Gefängnis. Der Sage nach brachte ihm Jesus den Kelch, in dem sein Blut aufgefangen worden war, ins Gefängnis, und dank dieses Kelches, auf den eine Taube jeden Tag Brot legte, überlebte Josef seine Kerkerhaft. Nach seiner Freilassung verließ er, so die Legende vom Heiligen Gral, sein Land und zog nach England, wo er den sagenhaften Kelch auf dem Tor von Glastonbury vergrub und über der Stelle eine Kirche errichtete.

Das Grab von König Artus. Ein anderes Geheimnis von Glastonbury kreist um die Frage, ob König Artus hier begraben liegt. Seit 1191 versicherten die Mönche

STECKBRIEF

Der Ort Glastonbury hat ca. 10 000 Einwohner

Lage:
Ehemalige Benediktinerabtei in Somersetshire, Südwestengland

601
Ältester sicherer Beleg für das Kloster in einer Urkunde

705
Neugründung des Klosters durch König Ine von Wessex

10. Jh.
Erste Blütezeit der Abtei

2. Hälfte 13. Jh.
Neue gotische Kirche (Länge: 200 m)

1539
Aufhebung des Klosters; Hinrichtung des letzten Abts, Richard Whyting, zusammen mit zwei Mönchen, auf dem Glastonbury Tor

Linke Seite: Ruine der Klosterkirche aus der 2. Hälfte des 13. Jahrhunderts.

von Glastonbury – wohl um den Wiederaufbau der 1184 durch Feuer zerstörten Kirche zu ermöglichen und größere Pilgerströme anzulocken –, unter den Ruinen der Abteikirche aus dem 7. Jahrhundert einen aus einem einzigen Baumstamm geschnitzten Sarg gefunden zu haben, mit der lateinischen Inschrift: Hic iacet sepultus inclitus rex Arturius in insula Avalonia (Hier liegt König Artus auf der Insel Avalon begraben). 1278 wurden die Gebeine beim Besuch von König Edward I. in das schwarze Marmorgrab vor dem Hauptaltar der Abtei überführt. Dort sollen sie bis zur Zerstörung des Klosters 1536 geblieben sein. Seitdem fehlt jede Spur von ihnen.

Heiliges Pilgerziel. Um wenige Orte auf der Welt ranken sich so viele Mythen, Legenden, spirituelle Aktivitäten, und kaum einer soll über so viele Kraftplätze wie Glastonbury verfügen. Seit Jahrhunderten zieht er die Menschen auf magische Weise an. Die Mystik des Orts macht ihn zu einem heiligen Ziel für christliche, konfessionell unabhängige und New-Age-Pilger.

Rechts: Der Glastonbury Tor mit der Ruine der mittelalterlichen Kirche St. Michael auf seiner Spitze.

Unten: Innenansicht der ehemaligen Klosterkirche mit gotischen Bauformen.

ENGLAND, LONDON

Westminster Abbey

DAS WICHTIGSTE HEILIGTUM ENGLANDS, KRÖNUNGSSTÄTTE, ZUGLEICH MAUSOLEUM FÜR VIELE KÖNIGE, HERAUSRAGENDE STAATSMÄNNER, FORSCHER UND KÜNSTLER, MITTELALTERLICHER PILGERORT UND ATTRAKTION FÜR TAUSENDE BESUCHER – ALL DAS IST LONDONS WESTMINSTER ABBEY.

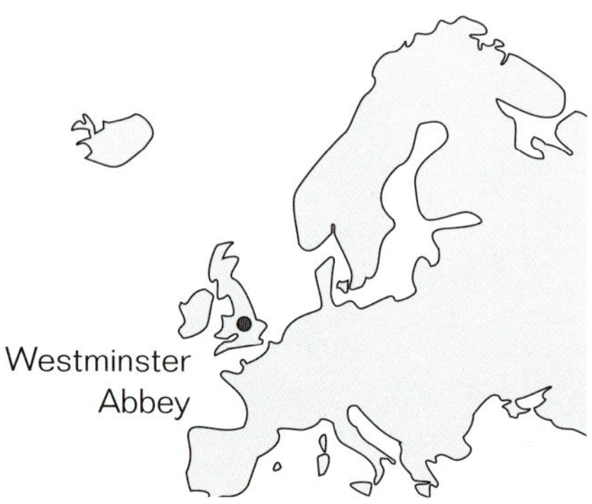

Schon im Mittelalter war Westminster Abbey das prominenteste und eines der reichsten englischen Klöster. Vermutlich im frühen 8. Jahrhundert vom angelsächsischen König Offa gegründet und durch die englische Reform des 10. Jahrhunderts zum Benediktinerkloster geworden, wurde Westminster Abbey von König Eduard dem Bekenner (1042–66) zur bedeutendsten Abtei Englands mit angeschlossener Königsresidenz ausgebaut. Die Kirche, die Eduard errichten ließ und in der er auch sein Grab fand, sollte zeitgleiche normannische Bauten wie Jumièges übertreffen. Zwei Jahrhunderte später wurde sie durch den heutigen Bau ersetzt, der zu den Höhepunkten der englischen Hochgotik gehört.

Die Sprache der Architektur ist französisch – dreischiffiges Querhaus, Umgangschor, radialer Kapellenkranz, steile Raumproportionen, Maßwerk der Fenster etc. –, aber mit starkem englischem Beiklang, der sich vor allem in Einzelformen ausdrückt, wie z. B. der Scheitelrippe in Querhaus und Langhaus, dem spitzigen Zuschnitt und der Profilierung der Bögen oder den mehrstöckigen Arkadengalerien der inneren Querhaus-Stirnwände. Die Fassade der Kirche mit dem großen Perpendicular-Fenster (15. Jahrhundert) wurde erst im 18. Jahrhundert

STECKBRIEF

Die Stiftskirche St. Peter ist Eigenkirche der britischen Monarchie, ihr Dekan wird direkt vom Monarchen berufen.

1065
Weihe der unter Eduard dem Bekenner gebauten Klosterkirche
1066
Krönung Wilhelm des Eroberers, seitdem traditioneller Krönungsort der englischen Könige
1246
Baubeginn der heutigen Kirche unter König Heinrich III.
1503–09
Bau der Kapelle Heinrichs VII.
1722–45
Errichtung der Haupttürme
1987
Ernennung zum UNESCO-Weltkulturerbe

Linke Seite: Die plastisch reich verzierte Zweiturm-Fassade von Westminster Abbey wurde erst im 18. Jahrhundert vollendet.

Rechts: Innenansicht mit Blick auf den Chorraum.

Unten: Grabmal mit Liegefigur der Königin Elizabeth I.: eines der zahlreichen Königsgrabmäler im Inneren der Kirche.

vollendet. Vom Kloster – seit Mitte des 16. Jahrhunderts weltliches Kollegienstift, nachdem es wie alle englischen Klöster 1540 aufgelöst wurde – sind der Kreuzgang erhalten und vor allem das schon damals für seine Schönheit gerühmte Kapitelhaus mit Mittelstütze und prachtvollen Maßwerkfenstern.

Neben den zahlreichen Königsgräbern besitzt die Kirche den Schrein des 1161 heiliggesprochenen Eduard, der im Mittelalter zahlreiche Pilger anzog. Im mittelalterlichen religiösen Denken war die Heiligkeit eines Ortes stark von der Heiligkeit der dort aufbewahrten Reliquien bestimmt. Heilige waren Mittlergestalten zwischen Himmel und Erde. Je näher man sich diesen annähern konnte, und sei es nur ihren Gebeinen, umso besser für die Wirkung ihrer Anrufung. Oft hatten Schreine Öffnungen, die wenigstens einen Blickkontakt auf die Gebeine ermöglichten.

DEUTSCHLAND

Externsteine

BIS ZU 40 METER HOHE BIZARRE FELSFORMATIONEN ERHEBEN SICH IN EINEM SONST VOLLKOMMEN STEINFREIEN GELÄNDE IM TEUTOBURGER WALD. SCHON SEIT PRÄHISTORISCHEN ZEITEN SIND DIE EXTERNSTEINE PILGERSTÄTTE UND HEILIGTUM.

Die bizarren Externsteine sind sowohl ein Naturschauspiel als auch ein geheimnisvolles Kulturdenkmal und werden bereits seit der Steinzeit als Kultstätte und Heiligtum geehrt. Im 12. Jahrhundert weihte der Bischof von Paderborn eine Grotte im westlichen Felsen zur Kirche. Oben in der felsigen Spitze gibt es ebenfalls eine Kammer, zu der man nur über eine geschwungene Brücke gelangen kann und die lange Zeit als Kapelle genutzt wurde. Links neben dem Eingang befindet sich Deutschlands älteste monumentale Freiplastik, eine Reliefdarstellung der Kreuzabnahme Jesu; auf ihr ist rechts Nikodemus zu sehen, der auf dem gebogenen Irminsul-Symbol lehnt, und unten ist die Weltschlange abgebildet, als Zeichen der tellurischen Kräfte der Externsteine. Im Johannesevangelium ist Nikodemus als Mitglied des Rats der Pharisäer erwähnt, der bei der Grablegung Jesu eine große Menge Myrrhe und Aloe zur Salbung des Toten brachte. New-Age-Anhängern gelten die Externsteine heute erneut als Heiligtum und Pilgerstätte: Hexen, Druiden, keltische Glaubensgemeinschaften und Esoteriker finden sich hier abermals ein.

Das Irminsul-Symbol. Der Laienarchäologe Wilhelm Teudt meinte, 1935 in den Externsteinen das säch-

STECKBRIEF

Als Kultort gelten lediglich die letzten 13 Steinsäulen.

Lage:
Kreis Lippe im Nordosten Nordrhein-Westfalens
Geologie:
Osning-Sandstein, stammt aus der Unteren Kreidezeit vor ca. 120 Mio. Jahren
Länge:
Mehrere 100 m (des gesamten Felsgrads)
1926:
Die Externsteine stehen unter Natur- und Kulturdenkmalschutz im 127 ha großen Naturschutzgebiet „Externsteine".

sische Heiligtum Irminsul gefunden zu haben. Irminsul gilt als Symbol des Widerstands der germanischen Religionen gegen die Christianisierung. Karl der Große soll die sächsische Kultstätte an den Externsteinen und damit Irminsul, im Jahr 722 während der Sachsenkriege zerstört haben. Aus diesem Grund finden sich hier heute wieder neonazistische Gruppen ein, die mit Sonnenwendfeiern und germanischen Göttern wie Wotan und Freya vorgestriges germanisches Glaubenstum beleben wollen.

Steinzeitliche Funde. In unmittelbarer Nähe der Felsen fand man Steinspitzen und Abschläge aus der Altsteinzeit, was belegt, dass hier bereits um 10 000 v. Chr. Menschen lebten. Die Frage nach der Funktion der Externsteine in vorchristlicher Zeit bleibt allerdings im Dunkeln. Die Theorien reichen vom germanisch-naturreligiösen Observatorium über Kultort germanischer Götter bis zur Orakelstätte, wie der Anthroposoph Rolf Speckner vermutet.

Oben und rechts: Die Felsformationen der Externsteine bei Horn sind Naturgebilde, die seit je besondere Aufmerksamkeit auf sich zogen. Im ersten Viertel des 12. Jahrhunderts plante der Paderborner Bischof Heinrich Werl hier eine Heiliggrab-Anlage, zu der auch nebenstehendes Felsrelief mit der Darstellung der Kreuzabnahme Jesu gehört: eine Ausnahmeerscheinung der romanischen Skulptur in Deutschland.

DEUTSCHLAND

Aachener Dom

ÜBER 1200 JAHRE IST ES HER, DASS KARL DER GROSSE AACHEN ZUM MITTELPUNKT SEINES REICHS MACHTE. SEINER VORSTELLUNG VON DER ZUSAMMENGEHÖRIGKEIT VON REICH UND KIRCHE, MACHT UND RELIGION SETZTE ER EIN BEDEUTENDES DENKMAL.

Kaiser Karl der Große (747–814) erkannte die Fähigkeit des untergegangenen Römischen Reichs, unterschiedliche Kulturen, Religionen und Völker zu vereinen und sie für seine Zwecke nutzbar zu machen. Vor allem wusste er um die einende Macht der Religion. Es ist darum nicht zufällig, dass er ganz in der Tradition römischer Herrscher auf den Ruinen einer römischen Therme die Marienkirche, seine Pfalzkapelle, errichten ließ, einen achtseitigen Bau, Kern des heutigen Doms und religiöser Mittelpunkt seines Frankenreichs. In Karls Verständnis vertrat der König den im Himmel thronenden Christus auf Erden. Von ihm hatte er seinen Auftrag zu herrschen.

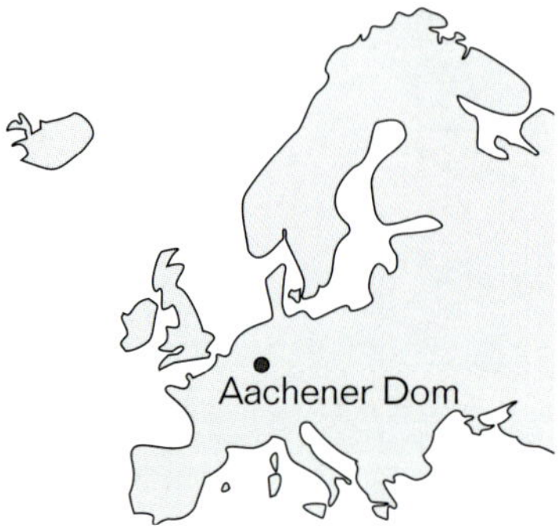

Der Bau seiner Kirche wiederum unterstrich seinen Wunsch, Erbe des Römischen Reichs zu sein. Als einende Kraft des Reichs wurde die Pfalzkapelle bald für Gläubige zum heiligen Ort. Der Strom der Pilger wurde so groß, dass das Gotteshaus im Laufe der Jahrhunderte weiter ausgebaut wurde.

Die Pfalzkapelle als Krönungsort. Die Römer hatten an dieser Stelle eine keltische Kultstätte vorgefunden, die dem Gott Granus geweiht war, dem Gott des Lichts, des Feuers, der heißen Quellen und des Heilens. Sie umbauten diese mit Thermen für ihre Grenzlegionäre

STECKBRIEF

2. Hälfte 8. Jh.
Bau der Pfalzkapelle unter Karl dem Großen
813–1531
Krönung von 32 dt. Königen
1215
Friedrich II. lässt Karls Gebeine im Karlsschrein beisetzen.
1664
Barocker Kuppelaufsatz auf der Pfalzkapelle
nach 1879
Umgestaltung im Sinne des Historismus
im 2. Weltkrieg
Kriegsschäden
bis 1966
Umfassende Restaurierung
1978
Ernennung zum UNESCO-Weltkulturerbe

Linke Seite: In der Mitte des aus mehreren Baukörpern zusammengesetzten Aachener Doms befindet sich das berühmte Oktogon, die Pfalzkapelle Karls des Großen.

Rechts: Im 14. Jahrhundert wurde die karolingische Apsis durch ein großes „Glashaus" ersetzt, bei dem die lichte Chorhalle der 100 Jahre älteren Ste-Chapelle in Paris Pate stand.

und nannten den Ort Aquisgrani, Quellen des Granus. Hier errichtete Karl seine Kaiserpfalz, und im Laufe der Jahrhunderte hat sich dicht um die Pfalzkapelle ein Kranz von Kapellen gelegt. Der Aachener Dom erinnert in seinem achtseitigen Grundriss daran, dass Jesus einen Tag nach dem Sabbat, dem achten Schöpfungstag, auferstand – in mittelalterlicher Theologie war die Acht die Zahl der Vollendung, die liegende Acht wurde zum Zeichen der Unendlichkeit. Acht große und acht kleine Türme zieren den Dom, auch hier wiederholt sich die Maßzahl des Gotteshauses.

Im Kreise gelehrter Freunde nannte sich Karl der Große gern König David. Er sah sich in der Nachfolge der Könige des Alten Testaments. 813 krönte Karl seinen Sohn, Ludwig den Frommen, mit eigener Hand im Rahmen eines feierlichen Gottesdiensts. Aber erst über hundert Jahre später, 936, begründete Otto I. mit seiner Krönung in Aachen die lange Tradition, die auf Karl den Großen, der in der Pfalzkapelle beigesetzt wurde, zurückging und der weitere 30 deutsche Könige folgten.

Unten links und rechts: Innenansicht des von spätantiken Dekorationsformen geprägten karolingischen Oktogons, im Obergeschoss der Thron Karls des Großen.

DEUTSCHLAND

Kölner Dom

DIE IM MITTELALTER GRÖSSTE STADT DES HEILIGEN RÖMISCHEN REICHS BRAUCHTE EINE NEUE KIRCHE, ALS 1164 DIE GEBEINE DER HEILIGEN DREI KÖNIGE VON MAILAND NACH KÖLN GESCHAFFT UND IN EINEN NEUEN, ÜBERAUS PRÄCHTIGEN SCHREIN GEBETTET WURDEN. DER NEUBAU DES DOMS SETZTE VERGLEICHBARE MASSSTÄBE.

Wie bedeutend der Kölner Reliquienschatz im Mittelalter war, geht schon aus der Tatsache hervor, dass sich jeder deutsche König nach seiner Wahl in Aachen zuerst nach Köln begeben musste, um am Dreikönigenschrein zu beten. Er ist nicht nur der größte aller erhaltenen mittelalterlichen Reliquienschreine, sondern auch in seiner ikonografischen und künstlerischen Gestaltung herausragend. Der Gesamtentwurf und die architektonische Gliederung ist Nikolaus von Verdun zu verdanken, dem bedeutendsten mittelalterlichen Goldschmied.

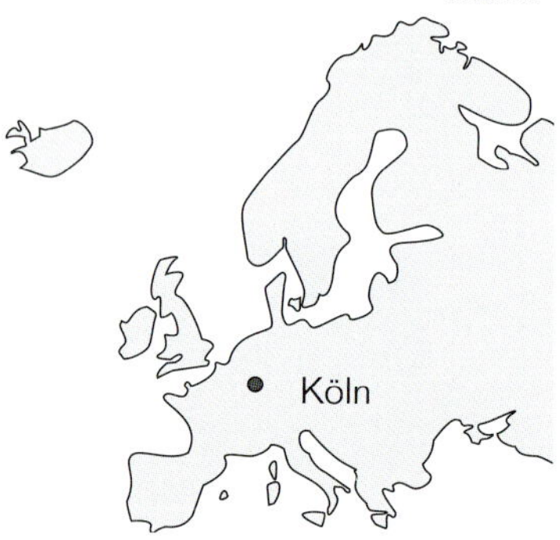

Höchste Ansprüche. Der Größe und Qualität des Schreins entsprachen die Ambitionen, die mit dem Neubau der Kathedrale verbunden waren, die den alten karolingischen Bau ersetzen sollte. Sie sollte auch an Dimensionen und künstlerischer Gestaltung alles Bekannte übertreffen. 1248 konnte endlich der Grundstein gelegt werden. Man errichtete einen fünfschiffigen Bau mit Querhaus, Umgangschor und Kapellenkranz. Das geplante Turmpaar im Westen war auf eine enorme Höhe hin angelegt. Die architektonischen Vorbilder für die Gesamtstruktur und die Detailformen waren ganz und gar französisch. Der Dombau geriet immer wieder ins Stocken: Erst 1322 konnte der Chor geweiht werden,

Linke Seite und rechts: Ansicht des Kölner Doms vom Rhein. Da die Bauten der Kölner Innenstadt relativ niedrig sind, behauptet der Dom bis heute unbestritten seine Vorrangstellung. Die unten aufgeführten Maße sind um ein weiteres zu ergänzen: Die Fassade der Kathedrale umfasst eine Fläche von 7000 m², das ist bis heute Weltrekord.

der Südturm erreichte 1410 das zweite Geschoss, und die Fertigstellung der Westfassade und anderer Bauteile erfolgte erst im 19. Jahrhundert – in romantischer Rückbesinnung auf das ferne Mittelalter und in nationaler Gesinnung.

Dreikönigswallfahrt. Der prachtvolle Reliquienschrein und der Neubau des Kölner Doms förderten die Verehrung der Heiligen Drei Könige. Ab dem 14. Jahrhundert bis 1794 stand die Wallfahrt nach Köln in Blüte. Unter den zahlreichen weiteren Ausstattungsstücken, die der Dom und die Domschatzkammer beherbergen – darunter das frühmittelalterliche Gero-Kreuz, Stephan Lochners Altar der Stadtpatrone und zahlreiche andere mehr –, behauptet er bis heute seine Vorrangstellung.

Unten: Die Anbetung der Heiligen Drei Könige an der Stirnseite des Dreikönigenschreins. Nachdem Erzbischof Rainald von Dassel die Reliquien der Heiligen Drei Könige 1164 nach Köln gebracht hatte, war der Dom nicht mehr nur Amtskirche der Kölner Erzbischöfe, sondern auch eine der bedeutendsten Wallfahrtskirchen Europas.

STECKBRIEF

Maße des Dreikönigenschreins:
Höhe: 153 cm
Breite: 110 cm
Länge: 220 cm
Er ist mit 1000 Edelsteinen und Perlen verziert, über 300 antike Gemmen und Kameen sind auf ihm montiert.

Maße des Doms:
Gesamtlänge: 144 m
Breite im Querschiff: 86 m
Höhe des Mittelschiffs: 43 m
Höhe der Türme: 157 m
Innenraum-Grundfläche: 6166 m²

ÖSTERREICH

Stift Melk

WAHRZEICHEN DER NIEDERÖSTERREICHISCHEN REGION WACHAU IST DAS BENEDIKTINERSTIFT MELK. DAS KLOSTER IST NOCH HEUTE IDEOLOGISCHES ZENTRUM DES BENEDIKTINERORDENS UND SEINE HANDSCHRIFTENBIBLIOTHEK EINE DER GRÖSSTEN UND WERTVOLLSTEN DER WELT.

Schon in römischer Zeit war Melk ein strategisch wichtiger Ort. Auf dem Fels hoch über der Donau wurde eine erste Festung gebaut, die später zum Sitz des Geschlechts der Babenberger wurde. Als „Medelike" kommt die Burg im Nibelungenlied vor: Hier machte Kriemhild auf ihrem Weg zu Hunnenkönig Attila Station; da man aber schnell weiterkommen wollte, „brachte man den Gästen den Willkommens- und Labetrunk in goldenen Gefäßen an die Straße".

1089 gründete Leopold II. hier ein Kloster mit Benediktinern aus dem hirsauisch reformierten Lambach in Oberösterreich, das schon bald zu einem kulturellen Zentrum mit bedeutendem Skriptorium wurde. Anfang des 15. Jahrhunderts führte Abt Nikolaus Seyringer in Melk die Consuetudines, d. h. die präzisierten Ordensregeln, von Subiaco ein und machte das Kloster damit zum Ausgangspunkt der vor allem in Österreich und Süddeutschland erfolgreichen Melker Reform.

Nach der Reformationszeit, die für alle Klöster eine Zeit des Niedergangs war, erlebte Melk im 17. Jahrhundert einen erneuten Aufschwung auf geistlichem und wissenschaftlichem Gebiet. Ausdruck dafür war auch der Neubau von Kirche und Klosteranlage ab Beginn des

Linke Seite: Von der barocken Prachtentfaltung der Residenzen sind auch einige der Klöster dieser Zeit stark beeinflusst. Die über der Donau liegende Klosterburg Melk ist ein Paradebeispiel.

Rechts: Der Kircheninnenraum lässt den barocken Willen zur Inszenierung eines Gesamtkunstwerks erkennen: Architektur, Skulptur und Malerei im Dienste der Religion.

18. Jahrhunderts, der von dem Architekten Jakob Prandtauer und seinem Nachfolger Joseph Munggenast geleitet wurde. Der Neubau im barocken Stil lässt erkennen, dass der Prachtbau am Ufer der Donau vor allem auch die weltliche Macht der Kirche demonstrieren sollte.

Ausgestattet mit einer Vielzahl von Fenstern, ist die zweitürmige Kirche, die sich über einem halbrunden Terrassenbau erhebt, das Schaustück des Stifts. Der Innenraum ist reich mit Marmor und Fresken von Johann Michael Rottmayr und Paul Troger ausgestattet, der auch die Decke der Bibliothek ausmalte. Die Bibliothek mit ihren über 85 000 kostbaren Bänden ist eine Sammlung aller wichtigen Schriften, die als Grundlage abendländischen Denkens betrachtet werden können.

Benediktinerregel. „Sich selbst verleugnen, um Christus zu folgen; den Leib in Zucht nehmen; sich Genüssen nicht hingeben; das Fasten lieben“ sind nur einige der in 72 Kapiteln enthaltenen Regeln für das Klosterleben, die Benedikt von Nursia für den 529 gegründeten Mönchsorden in Montecassino, Italien, verfasste. Die Mönchsregeln, die meist unter dem Schlagwort „ora et labora“, bete und arbeite, zusammengefasst wurden, fanden in Mitteleuropa große Verbreitung.

STECKBRIEF

480–542
Benedikt von Nursia gründet den Benediktinerorden in Montecassino.
996
Erstmalige urkundliche Erwähnung des Namens Ostarrîchi, Österreich
1089
Leopold II. stiftet die Burg Melk den Benediktinern.
1702–36
Bau der Stiftskirche und des barocken Benediktinerstifts
2000
Ernennung der Region Wachau zum UNESCO-Weltkulturerbe

POLEN

Marienkirche in Krakau

IN KRAKAU FÜHLTE SICH PAPST JOHANNES PAUL II. ZU HAUSE. SEINE MARIENVEREHRUNG HATTE EINE HEIMSTATT IN DER KRAKAUER MARIENKIRCHE MIT DEM MARIENALTAR DES VEIT STOSS, EINES DER BEDEUTENDSTEN KUNSTWERKE POLENS.

Der polnische Katholizismus ist für seine große Marienverehrung bekannt, wie durch den 2005 verstorbenen polnischen Papst einmal mehr und weltweit sichtbar wurde. Die „marianische Frömmigkeit“, schreibt Johannes Paul II., der von 1964 bis 1978 Erzbischof von Krakau war, „gehört fest zu meinem inneren Leben und meiner geistlichen Theologie. Ich muss hinzufügen, dass meine persönliche und innere geistliche Beziehung zur Mutter Christi seit meiner Jugendzeit auf die große Strömung der Marienverehrung zurückgeht, die ihre Geschichte und ihre zahlreichen Nebenströmungen in Polen hat.“

Der Papstbesuch von Johannes Paul II. in Polen im Jahr 1979 war ein bewegendes Ereignis für das ganze polnische Volk. Zum ersten Mal war ein Bischof aus einem slawischen Land zum Papst gewählt worden, der weltweit große Wirkung auf die ganze christliche Welt entfalten sollte. Als er 1980 in Rom Opfer eines Attentats wurde, dankte er sein Überleben der Gottesmutter von Fátima, da sich das Attentat am gleichen Jahrestag ereignet hatte wie einst die erste Marienerscheinung im fernen Portugal. Hier sollen heilige und Heil stiftende Zusammenhänge bestanden haben.

STECKBRIEF

1222
Romanischer Ursprungsbau, der 1241 zerstört wurde
1355–1408
Bau der heutigen Basilika
1477–89
Marienaltar des Veit Stoß, mit 11 x 13 m der größte gotische Altar Europas und zugleich der bedeutendste der Spätgotik

Linke Seite: Hochaltar der Marienkirche von Veit Stoß, 1477–89, Höhe 725 cm, Breite 534 cm.

Rechts: Eine Menschenmenge begrüßt Papst Johannes Paul II. bei seinem Besuch in Krakau.

Die Marienkirche und ihr Hochaltar. Krakaus Marienkirche war die Kirche des berühmtesten Polen der letzten 50 Jahre, für den gleich nach seinem Tod der Seligsprechungsprozess eröffnet wurde. Sie entstand 1355–1408: eine dreischiffige gotische Basilika mit einer Zweiturm-Westfassade und einem Sterngewölbe im Innenraum.

Den lang gestreckten Chorraum beherrscht das berühmteste Kunstwerk der Stadt: der Marienaltar von Veit Stoß mit etwa 200 aus Lindenholz geschnitzten, bemalten und vergoldeten Figuren. Die Figuren der Mittelszene, die den Tod Mariens darstellt, sind überlebensgroß. Darüber befindet sich die Darstellung der Himmelfahrt, und auf den Altarflügeln schildern Reliefs das Leben Christi und der Gottesmutter. Die gestalterische Arbeit des Künstlers ist darauf angelegt, dass der Altar aus einer gewissen Entfernung betrachtet wird. In der Nahsicht erscheinen die Figuren seltsam verkürzt.

An der Fassade der Kirche befinden sich Gedenk- und Grabsteine, darunter eine Würdigung des polnischen Papstes Johannes Paul II.

Unten: Marktplatz in Krakau mit der Pfarrkirche Mariae Himmelfahrt (Marienkirche) an der Nordostecke.

POLEN, TSCHENSTOCHAU

Kloster Jasna Góra

DAS BAROCKE KLOSTER JASNA GÓRA IN TSCHENSTOCHAU IST DER DRITTGRÖSSTE KATHOLISCHE PILGERORT DER WELT. HIER WIRD DIE IKONE DER SCHWARZEN MADONNA VON TSCHENSTOCHAU VEREHRT.

Das Kloster Jasna Góra, „Heller Berg" in Tschenstochau ist das nationale Heiligtum Polens. Der Überlieferung nach wurde die hier verehrte Ikone vom Evangelisten Lukas auf eine Tischplatte gemalt, die von Jesus gefertigt worden war. Entdeckt wurde sie von der heiligen Helene, der Mutter des römischen Kaisers Konstantin (um 280–337), die Reliquien aus dem Heiligen Land sammelte. In der Folge gelangte die Ikone nach Konstantinopel, wo sie der Legende nach 500 Jahre blieb. Im Jahr 803 soll die Ikone das Hochzeitsgeschenk des byzantinischen Kaisers an eine griechische Prinzessin gewesen sein, die einen ruthinischen Prinzen heiratete. Ungefähr 600 Jahre lang blieb sie daraufhin im königlichen Palast zu Belz in der Ukraine, unweit der polnischen Grenze.

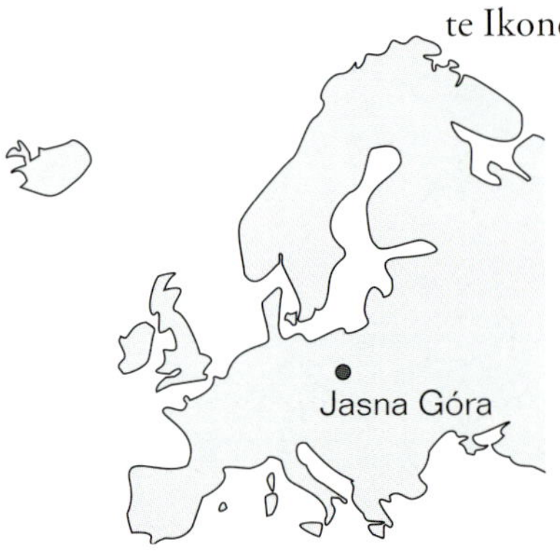

Nach Polen soll die Ikone 1382 gekommen sein, als das polnische Heer vor den Tartaren floh. Die Kapelle der Ikone in Belz war der Legende nach während der Brandschatzung von einer mysteriösen Wolke eingehüllt worden, um es den Polen zu ermöglichen, sie unbemerkt zu entfernen. In Tschenstochau gründete man 1386 ein Kloster des Paulinerordens, um die Ikone dort zu beherbergen. Schon bald ließ König Władysław II. Jagiełło (1348–1434) um die Kapelle eine Kathedrale errichten.

STECKBRIEF

1386
Gründung des Klosters Jasna Góra
1430
Überfall auf das Kloster und schwere Beschädigung des Marienbilds
1650
Georg Ossoliński stiftet den Altar aus Elfenbein und Silber, auf dem die Ikone steht.
1950
Ende der Restaurierungsarbeiten
1983
Lech Walesa stiftet seinen Friedensnobelpreis der Schwarzen Madonna.
Größe der Ikone:
122,2 x 82,2 x 3,5 cm

Linke Seite: Gottesdienst im Freien, um der großen Zahl der Besucher gerecht werden.

Rechts: Die Schwarze Madonna, „die Königin von Polen", ist durch ein Silberverdeck geschützt, das zu besonderen Anlässen abgenommen wird.

Die Königin von Polen. Eine Reihe von Wundern werden der Madonna zugeschrieben: Als 1655 schwedische Truppen im Begriff standen, Tschenstochau anzugreifen, beteten Soldaten der weit unterlegenen polnischen Armee vor der Schwarzen Madonna – und der Feind zog sich zurück. König Johann II. Kasimir (1609–72) ernannte die Muttergottes von Tschenstochau daraufhin 1656 zur „Königin von Polen" und machte die Stadt zum spirituellen Zentrum des Landes. 1920 bereiteten russische Truppen den Angriff auf Warschau vor und zogen sich an der Weichsel zusammen. Am 15. September zeigte sich die Madonna in den Wolken über der Stadt – und es geschah, was als „Wunder an der Weichsel" in die Geschichte einging: Die Russen wurden geschlagen.

Unter der Besetzung durch Nazideutschland hatte Hitler Wallfahrten nach Jasna Góra verboten, viele begaben sich jedoch heimlich an den heiligen Ort. Nach der Befreiung versammelten sich 1945 mehr als eine halbe Million Gläubige am Schrein der Madonna, am 8. September 1946 waren es anderthalb Millionen. Heute besucht ein ununterbrochener Strom von Pilgern den heiligen Ort.

Unten links und rechts: Die Gläubigen streben dem Hauptziel ihrer Wallfahrt, der Schwarzen Madonna, entgegen.

RUSSLAND

Kloster Sergijew Possad

DAS DREIEINIGKEITSKLOSTER IST DAS BERÜHMTESTE KLOSTER RUSSLANDS UND DAS GEISTLICHE ZENTRUM DER RUSSISCH-ORTHODOXEN CHRISTEN. IM 14. JAHRHUNDERT VOM HEILIGEN SERGIUS VON RADONESCH GEGRÜNDET, WAR ES PRÄGEND FÜR DIE ENTWICKLUNG DES RUSSISCH-ORTHODOXEN MÖNCHTUMS.

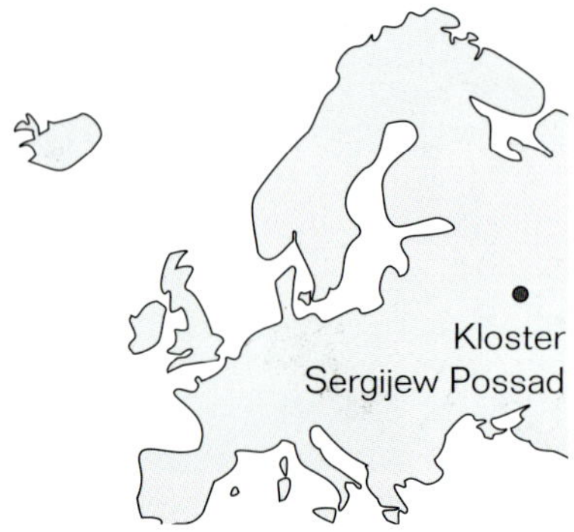

Etwa 70 Kilometer von Moskau entfernt, gründete der heilige Sergius von Radonesch (1319–92) das größte Heiligtum der russisch-orthodoxen Kirche. Das Kloster entwickelte sich um eine einfache Holzkirche in einer abgelegenen Gegend. Sergius wurde 1355 zum Abt des Klosters geweiht und 1422 zum Schutzpatron Russlands ernannt. Im selben Jahr wurde über seinem Grab die Dreieinigkeitskathedrale erbaut, die mit wunderschönen Fresken ausgestattet ist. Seitdem war es in Russland Tradition, dass Mitglieder der Zarenfamilie und andere Würdenträger in der Kirche getauft und getraut wurden, viele suchten hier Zuflucht. Das Kloster musste in seiner langen Geschichte immer wieder verteidigt werden, die Tartaren schleiften es im 14. Jahrhundert, Litauer, Schweden und Polen griffen es an und mehrfach wurde es geplündert. Zu seiner Sicherheit wurden Wehrmauern und acht Wehrtürme erbaut, was dem Kloster Festungscharakter verlieh. Durch seine exponierte Lage und die Zuwendungen der Krone wurde es vor allem im 19. Jahrhundert zum reichsten Großgrundbesitz Russlands. Ein Dorf (posad) bildete sich außerhalb seiner Mauern, aus dem die Stadt Sergijew Possad wurde, Siedlung des Sergeij, in sowjetischer Zeit in Sagorsk umbenannt.

STECKBRIEF

1340
Gründung des Klosters durch Sergius von Radonesch
1392
Tod des hl. Sergius, „Prior und Meister aller in der Rus existierenden Klöster"
1422–23
Bau der Dreieinigkeits-kathedrale
1559–85
Bau der Mariä-Himmelfahrts-Kathedrale
1608–10
Belagerung durch polnische Truppen
1814
Einrichtung der theologischen Akademie im Zarenpalast
1920
Auflösung des Klosters, Umwandlung in ein Museum
1993
Ernennung zum UNESCO-Weltkulturerbe

Unten: Die Architektur der im 16. Jahrhundert erbauten Entschlafens-Kathedrale orientiert sich an der Mariä-Entschlafens-Kathedrale im Moskauer Kreml.

Linke Seite: Der durch Mauern und Türme geschützte Klosterkomplex macht einen wehrhaften Eindruck.

Rechts: Die Kuppeln der Mariä-Himmelfahrts-Kathedrale mit orientalisch anmutendem Sterndekor.

Kloster höchsten Rangs. Zarin Elisabeth I. machte das Kloster 1744 zur Lawra, was ursprünglich Gasse oder Flur bedeutet und den Zellengang der Mönche meint; in der orthodoxen Kirche ist es eine Ehrenbezeichnung für ein Kloster höchsten Ranges. Seitdem fanden alljährliche Pilgergänge der Kaiserfamilie zum Kloster statt. Elisabeth ist auch der Bau des Glockenturms zu danken, der mit seinen 88 Metern bis heute der höchste in Russland erbaute Kirchturm geblieben ist. Vor dem Turm befindet sich ein Brunnen mit heiligem Wasser, dem der Glaube heilende Wirkung nachsagt. Millionen Pilger kommen immer wieder hierher, um von diesem Wasser zu trinken.

Nach der russischen Revolution wurde die Lawra verstaatlicht und geschlossen, ihre Gebäude wurden zu Museen, die die prächtigsten orthodoxen Kunstschätze der Welt beherbergen. 1945 jedoch gab Stalin das Kloster der orthodoxen Kirche zurück, und am 16. April 1946 zelebrierte man in der Dreieinigkeitskirche abermals den Gottesdienst. Seit 1989 hat die russisch-orthodoxe Kirche wieder an Bedeutung gewonnen.

FRANKREICH

Carnac

IN CARNAC IN DER BRETAGNE STEHT DIE GRÖSSTE UND GEHEIMNISVOLLSTE ANSAMMLUNG ENDLOSER MEGALITHALLEEN. BIS HEUTE SIND SIE MAGISCHE ZEUGEN FÜR DAS HEILIGTUM EINES UNTERGEGANGENEN VOLKS.

In der Nähe von Carnac an der französischen Nordatlantikküste stehen als prähistorisches Monument weit über 3000 Steinkolosse. Die Menhire – bretonisch langer Stein, „ar-men-hir“ – wurden aus Granit geschlagen und stehen einzeln, in Alleen oder formieren sich in Kreisen. Als sicher kann gelten, dass weder Römer noch Gallier oder Kelten die Steine aufstellten. Es war ein unbekanntes Volk, das gegen Ende der Jungsteinzeit mit unglaublichem Aufwand das heilige Monument in der Sehnsucht errichtete, den Tod zu überwinden und ewiges Leben zu erlangen.

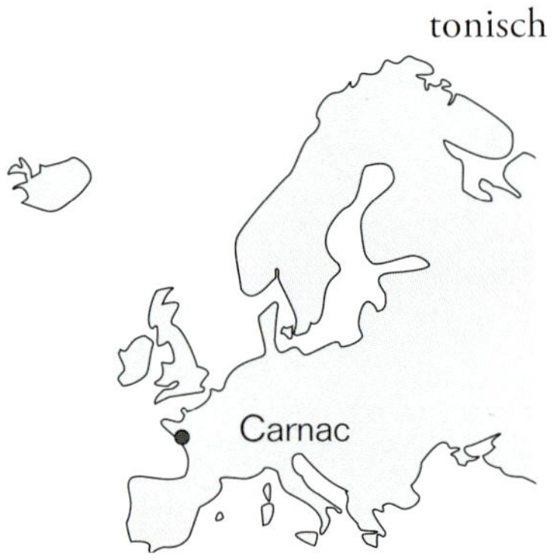

Die heilige Magie der Steine zog und zieht die Menschen über die Jahrhunderte hinweg immer wieder an. So wird im 13. Jahrhundert erwähnt, einige Menhire würden sich an bestimmten Feiertagen drehen; manche Steine sollen Weh- und Klagelaute vernehmen lassen, legt man sein Ohr an den Stein. Immer bleibt mit den Menhiren die Vorstellung von einst lebenden Wesen verbunden, die mit magischen Kräften ausgestattet waren und die Steine selbst zu Trägern übernatürlicher Kräfte machten.

Fruchtbarkeitssymbole. Bis in die Neuzeit hinein wurden die Steine von den Bretonen als Kultobjekte verehrt. In früheren Epochen dienten sie religiösen Zwecken und wurden von allen Kulturen, die in ihren Bann

STECKBRIEF

Weit über 3000 Steine von bis zu 4 m Höhe; Reihen von über 3 km Länge (ursprünglich von 8 km). Die Menhire stammen aus der Zeit zwischen dem 3. Jahrtausend bis 1800 v. Chr.

Linke Seite: In Reihen von über drei Kilometern stehen diese bis vier Meter hohen prähistorischen Steinkolosse.

Rechts: Viele Forscher halten Carnac für einen riesigen Friedhof, denn Ganggräber mit ornamentierten Steinen finden sich an vielen Stellen. Andererseits sind die Gräber jünger als die Menhire.

gerieten, „verwendet“: Die römischen Armeen sahen sie auf ihren Zügen und meißelten Götterbilder in sie ein; Christen „christianisierten“ sie im Mittelalter und fügten Kreuze und christliche Symbole hinzu. Manche Steine wurden für den Bau von Kirchen eingesetzt. Im Laufe der christlichen Geschichte wurden allerdings auch Steine von Priestern zerstört, beschädigt oder vergraben, um das Heidenwerk unschädlich zu machen. Unbeteiligt ließen sie niemanden.

Auch den Besucher der Gegenwart berühren sie – aus ganz unterschiedlichen Gründen. Sie reichen vom Respekt vor den Erbauern bis zur Gläubigkeit an die Fruchtbarkeit fördernde Kraft der Steine: Paare, die sich Kinder wünschen, vereinen sich darum nachts im magischen Bannkreis der heiligen Menhire, umtanzen die Steine oder salben sie mit Öl. Vom Menhir von Saint-Cado glaubt man, er verhelfe Frauen zur Fruchtbarkeit.

Unten: Über 3000 Menhire sind geheimnisvolle Zeugen eines verschwunden Volks, das sie hier vor über 5000 Jahren aufzustellen begann.

FRANKREICH

Benediktinerkloster Cluny

VON CLUNY GING EINE TIEFGREIFENDE VERÄNDERUNG DES MITTELALTERLICHEN KLOSTERWESENS AUS. DURCH DIE REFORM ZAHLREICHER ANDERER KLÖSTER STIEG DAS BENEDIKTINISCHE MUSTERKLOSTER IN BURGUND ZUM ZWEITEN GEISTLICHEN MACHTZENTRUM NACH ROM AUF.

Herzog Wilhelm von Aquitanien (reg. 886–918) stiftete Cluny im Jahr 910, befreite es von Anfang an von allen Abgaben und untersagte jegliche Einmischung weltlicher Personen in die Belange des Klosters. Wilhelm übertrug das Kloster mit allem Besitz dem heiligen Petrus und unterstellte es dem Schutz von dessen Stellvertreter auf Erden, dem Papst. Dies sollte die Zukunft Clunys nachhaltig prägen. Förderlich für seine Entwicklung waren außerdem die langen Amtsperioden seiner Äbte: Odo, Majolus, Odilo, Hugo von Semur und Petrus Venerabilis, die fünf berühmtesten, brachten es zusammen auf 193 Amtsjahre. Diese Kontinuität und auch das Geschick dieser Äbte machten Cluny groß und mächtig.

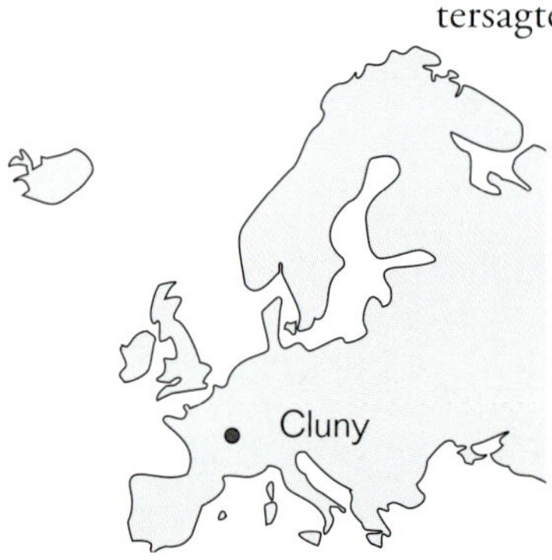

Um 1000 erkannte Odilo die allererste Aufgabe der Mönche darin, für das Seelenheil der Gläubigen Sorge zu tragen: Durch die Gebete der Mönche und ihre Fürbitte für die Verstorbenen sollte die Christenheit vor der ewigen Verdammnis gerettet werden. Gebetsgedenken und Totenfürbitte wurden in Cluny systematisch zu einer bis dahin unbekannten Intensität gesteigert. Papst Urban II. nannte das Kloster 1098 „das Licht der Welt". Dem cluniazensischen Modell war großer Erfolg beschie-

STECKBRIEF

910
Gründung von Cluny
1088–1131
Bau der dritten Abteikirche
15.–18. Jh.
Zahlreiche Klosterneubauten
1790
Schließung des Klosters
bis 1823
Systematische Zerstörung der Kirche, Nutzung als Steinbruch

Oben: Klostermodell mit der Kirche „Cluny III" im heutigen Klostermuseum.

Rechts: Von „Cluny III" steht nur noch das südliche Querhaus mit Turm.

Linke Seite: Museumsstücke: eine romanische Altarplatte und die acht Kapitelle der Chorumgangspfeiler.

den. Über lange Zeit kam es zu einem nicht abreißenden Strom von Schenkungen, zahlreichen Übertritten anderer Klöster zur Reform von Cluny und Konversionen zum Mönchtum. Die Cluniacensis ecclesia erwarb sich den Status einer christlichen Elite.

Das größte Gotteshaus der Welt. Eine Besonderheit von Cluny war seine Verwaltung. Normalerweise waren Klöster selbstständig und mit anderen nur informell bzw. durch den Orden verbunden, aber als immer mehr Klöster in der Tradition von Cluny entstanden, wurden Priore eingesetzt, die dem Abt von Cluny unterstanden. So entwickelte sich ein weitverzweigter Klosterverband. 1016 erhielt Cluny seine Vollmachten direkt vom Papst, wodurch sich immer mehr Benediktinerklöster Cluny unterstellten. Um 1088 begann man in Cluny mit dem Bau der dritten Abteikirche, von der nach dem Abriss infolge der Französischen Revolution heute nur noch ein kleiner Teil übrig geblieben ist. Mit vier Seitenschiffen, zwei Querhäusern, fünf Radialkapellen, zahlreichen Türmen und einer Länge von 187 Meter war „Cluny III" jahrhundertelang das größte christliche Gotteshaus der Welt.

FRANKREICH

Zisterzienserkloster Fontenay

IN EINEM WALDREICHEN TAL IN BURGUND LIEGT DAS KLOSTER FONTENAY AUS DEM 12. JAHRHUNDERT, DAS WOHL BESTERHALTENE MITTELALTERLICHE ZISTERZIENSER-KLOSTER DER WELT, GEGRÜNDET VON DER WICHTIGSTEN PERSÖNLICHKEIT DIESES ORDENS, DEM HEILIGEN BERNHARD VON CLAIRVAUX.

Das Kloster Fontenay wurde 1118 von Bernard von Clairvaux auf dem Land in Burgund gegründet, das er von seinem Onkel geschenkt bekommen hatte. Um 1130 siedelten sich erste Zisterziensermönche im Kloster an. 1139 floh der Bischof des englischen Norwich nach Fontenay, um der Verfolgung zu entgehen. Als Dank stiftete er dem Kloster die Mittel, um den Bau der Abteikirche voranzutreiben, die 1147 von Papst Eugenius III. geweiht wurde. Um das Jahr 1200 war das Kloster so weit ausgebaut, dass hier 300 Mönche lebten, 1259 wurde es zur königlichen Abtei ernannt. Die Religionskriege des 16. Jahrhunderts zerstörten große Teile, und 1790, ein Jahr nach Beginn der Französischen Revolution, verließen es die letzten acht Mönche. 1791 wurde das säkularisierte Kloster verkauft und in eine Papiermühle umgewandelt. Tatsächlich rettete diese industrielle Nutzung die Klosteranlage vor der völligen Zerstörung.

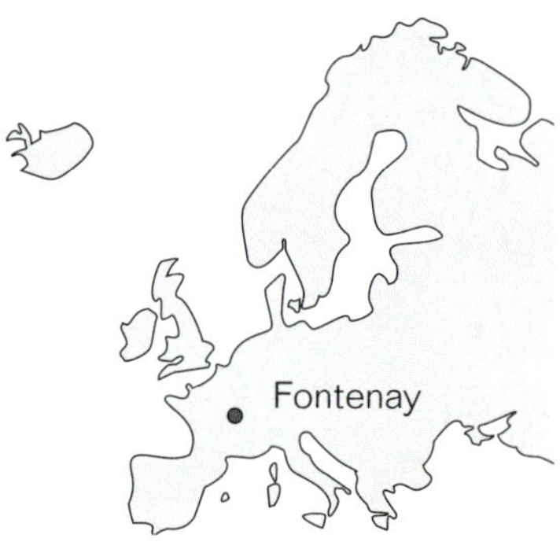

Bernhard von Clairvaux. 1113 trat Bernhard von Clairvaux (1090–1153) in das 1098 gegründete Kloster Citaux südlich von Dijon (Burgund) ein, von dem sich der Name Zisterzienser herleitet. Schon wenige Jahre später wurde er von dort ausgesandt, um das ebenfalls burgundische Kloster Fontenay zu gründen, dessen erster Abt

Linke Seite: Die Klosteranlage von Osten: links der Ostflügel der Klausur, rechts die Kirche mit Querhauskapellen und Chor.

STECKBRIEF

1118
Klostergründung
1130–47
Bau der Abteikirche
1174
Heiligsprechung Bernhards durch Papst Alexander III.
1906
Edouard Aynard erwirbt die Kosteranlage und beginnt mit der Restauration, sie dauert bis in die 1990er-Jahre.
1981
Ernennung zum UNESCO-Weltkulturerbe
20. August
Gedenktag des hl. Bernhard

er wurde. Die Zisterzienser verstanden sich als Reformorden der Benediktiner, klösterliches Leben und Bauart der Klöster wurden ebenso erneuert wie die Benediktinerregel des heiligen Benedikt von Nursia: Sie wurde strenger und asketischer ausgelegt. Oft wird Bernhard von Clairvaux fälschlich als Gründer des Zisterzienserordens genannt, dies waren aber Robert von Molesme, Alberich von Citaux und Stephan Harding. Bernhard aber ist die herausragende Gestalt des Ordens und ihr bedeutendster Ordensheiliger; darüber hinaus zählt er zu den einflussreichsten Persönlichkeiten des 12. Jahrhunderts.

Die Abteikirche von Fontenay ist die älteste erhaltene Zisterzienserkirche in Frankreich. Schönster Teil des Klosters ist der schlichte, aber wunderschöne Kreuzgang. Bernhard lehnte jede Art von Dekoration in Kirchen ab, da sie von Gebet und innerer Einkehr der Gläubigen ablenke.

Unten links: Innenraum der Klosterkirche: Musterbeispiel karger Zisterzienserästhetik.

Unten rechts: Der Kapitelsaal, ein schlichter Versammlungsraum von großer Schönheit.

FRANKREICH

Abtei Sainte-Foy in Conques

DIE RELIQUIEN DER HEILIGEN FIDES IN DER ABTEI VON SAINTE-FOY AUS DEM 10. JAHRHUNDERT MACHTEN CONQUES IM SÜDWESTEN FRANKREICHS ZU EINER DER WICHTIGSTEN STATIONEN AUF DEM PILGERWEG NACH SANTIAGO DE COMPOSTELA.

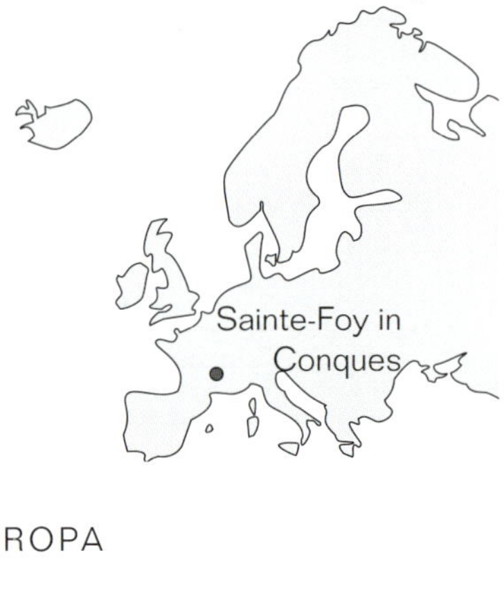

Ungefähr um dieselbe Zeit, in der der Eremit Dadon wahrscheinlich mit einer Spende Karls des Großen die erste Kirche dort baute, wo später die frühromanische Abtei der jungfräulichen, zwölfjährigen Märtyrerin Fides errichtet wurde, fand man in Compostela die Gebeine des heiligen Jakobus. Ströme von Pilgern zogen über die Via Podensis, die französische Pilgerstrecke, nach Spanien. Die Orte, die an dieser Route lagen, erlangten bald selbst erhabenen Status und vor allem durch die Gaben frommer Pilger Reichtümer. Im Kloster Agen befanden sich zum selben Zeitpunkt die Gebeine der um 303 unter Kaiser Diokletian gefolterten und enthaupteten Märtyrerin Fides – Sainte Foy auf Französisch. Ihre Reliquien machten Agen zur wichtigen Pilgerstation. Arosnidus, ein Mönch aus Conques lebte zehn Jahre bei den Glaubensbrüdern in Agen, bis er sich den Reliquien ausreichend nähern konnte, um sie zu entwenden und nach Conques zu bringen, wo sie seit Ende des 9. Jahrhunderts in einer goldenen Reliquienstatue aufbewahrt werden. Tatsächlich lenkte der fromme Diebstahl den Pilgerstrom von Agen nach Conques um, und die Abtei von Sainte-Foy wurde zum heiligen Ort. Pilger und Könige stifteten dem Heiligenschrein Edelsteine, die in

STECKBRIEF

819
Gründung der Abtei
896
Reliquien der hl. Fides von Agen nach hier verbracht
1120
Vollendung der gegenwärtigen Kirche
1537
Säkularisierung des Klosters
1875
Wiederentdeckung des Klosterschatzes
1950
Ende der Restaurierungsarbeiten
1998
Ernennung des franz. Pilgerwegs zum UNESCO-Weltkulturerbe
6. Oktober
Feiertag der hl. Fides

Linke Seite: Das Tympanon des Kirchenportals mit der Darstellung des Jüngsten Gerichts ist eine der bedeutendsten Schöpfungen romanischer Skulptur.

Rechts: Die Fides-Statue zog einst große Pilgerscharen an; sie gehört zu den wertvollsten frühmittelalterlichen Reliquienschreinen.

die Statue eingearbeitet wurden. Unter Abt Odolric wurde schließlich der Bau der neuen Kirche von Sainte-Foy begonnen und 1120 vollendet. Mit dem Ende der großen Pilgerzüge und den Glaubenskriegen im 16. Jahrhundert jedoch verlor Conques an Bedeutung, und sein langsamer Niedergang begann. Die Französische Revolution führte 1789 zur endgültigen Auflösung des Klosters.

Das Jüngste Gericht. Besonders sehenswert an diesem heiligen Ort ist das große Tympanon des Jüngsten Gerichts über dem Haupteingang der Klosterkirche, das zwischen 1107 und 1125 unter Abt Bonifacius gefertigt wurde. Das Relief ist lebendige Geschichtserzählung nicht nur biblischer Figuren, hier wurden auch bestimmte Äbte, Könige und Bischöfe verewigt – viele von ihnen unter den Verdammten. In der Mitte thront Christus, während unterhalb der Erzengel Michael und der Teufel die Seelen wiegen – rechts werden die Sünder in die Hölle gestoßen, während die Geläuterten links von Engeln willkommen geheißen werden. Der mönchische Dieb Arosnidus steht unten links in der Ecke: Sein Diebstahl wurde noch in Stein gemeißelt für gut befunden.

Unten: Conques, Dorf und Klosterkirche in ländlicher Umgebung.

FRANKREICH

Mont-Saint-Michel

DER MONT-SAINT-MICHEL IST EINE KLEINE FELSENINSEL VOR DER NORDKÜSTE FRANKREICHS IM WATTENMEER DER NORMANDIE BEI AVRANCHES. WIE EINE GLUCKE THRONT DAS EHEMALIGE BENEDIKTINERKLOSTER AUF DER SPITZE DER INSEL.

Im 6. Jahrhundert wurde der kleine Mont Tombe, wie die Insel mit einem Durchmesser von ca. einem Kilometer hieß, mit zwei Oratorien bebaut und von einigen Eremiten bewohnt. Sie wurden von einem Priester des Festlands versorgt. Diese frühe monastische Niederlassung ging dem Bau der ersten Klosteranlage im 8. Jahrhundert voraus. Der Legende nach erschien im Jahr 708 der Erzengel Michael dem Bischof von Avranches, Aubert, und wies ihn an, auf dem felsigen Eiland eine Kirche zu errichten. Dieser ignorierte den Befehl zunächst, worauf ihm der Engel mit dem Finger ein Loch in den Schädel brannte. Derart von höherem Walten überzeugt, ließ er die Bauarbeiten beginnen, und am 16. Oktober 709 wurde das neue Michaelsheiligtum geweiht, das Reliquien vom italienischen Monte Gargano erhielt sowie seinen Namen: Mont-Saint-Michel. Der Weg zur Insel lag damals bei Flut unter Wasser, und nur während der Ebbe gelangte man auf die Insel. Da die Flut sehr schnell stieg, forderte sie zu Zeiten großer Pilgerströme zahlreiche Todesopfer, ein Umstand, der den herausfordernden Charakter des Wallfahrtsorts noch steigerte.

Bedeutung weit über die Grenzen hinaus. 933 nahmen die Normannen die Halbinsel von Cherbourg

STECKBRIEF

708
Baubeginn des Klosters
1023
Baubeginn der romanischen Kirche
1204
Anbau eines gotischen Kreuzgangs und Refektoriums
1789
Franz. Revolution und Umwandlung in ein Gefängnis
1836
Victor Hugo setzt sich dafür ein, die Insel als architektonische Kostbarkeit zu ehren.
1863
Schließung des Klosters, Insel wird historisches Monument
1979
Ernennung zum UNESCO-Weltkulturerbe

Linke Seite: Ansicht des Klosterberges von der südlichen Landseite aus. Das Michaelheiligtum gehört zu den meistbesuchten Orten im Norden Frankreichs.

Rechts: Während das romanische Langhaus erhalten geblieben ist, wurde der 1421 eingestürzte Chor 1446–1521 neu in gotischen Formen errichtet.

ein und legten Mont-Saint-Michel auf die neue Grenze zu England. Mit den reichen Schenkungen Herzog Richards II. konnte 1023, unter Abt Hildebert, der Bau einer neuen, nun ost-westlich ausgerichteten romanischen Kirche begonnen werden, die der italienische Architekt Guglielmo di Volpiano auf dem Gipfel des Hügels errichtete. Um die außergewöhnliche Architektur zu stützen, wurden unterirdische Krypten und Kapellen angelegt.

Im 12. Jahrhundert ließ Robert de Thorigny, Graf der Normandie, die Hauptfassade der Kirche bauen, und 1204 wurden, gefördert von König Philipp II. von Frankreich, ein gotischer Kreuzgang und ein Refektorium angebaut. Das Kloster beeinflusste zahlreiche weitere Klöster, so z. B. St. Michael's Mount im englischen Cornwall. Einfluss und Bedeutung des Klosters ließen jedoch mit der Reformation nach, und zur Zeit der Französischen Revolution waren kaum noch Mönche im Kloster. Die Abtei wurde geschlossen und in ein Gefängnis umgewandelt. An die Stelle der ehemals so zahlreichen Pilger sind heute Touristen getreten.

Unten: Der Kreuzgang wurde 1228 vollendet. Seine Arkaden sind in zwei gegeneinander verschobenen Schichten angeordnet.

FRANKREICH, CHARTRES

Kathedrale Notre-Dame

MEHRERE KIRCHEN BEFANDEN SICH SCHON AN DEMSELBEN ORT UND BRANNTEN NIEDER, AN DEM 1094 EINE DER PRÄCHTIGSTEN GOTISCHEN KATHEDRALEN DER WELT ERRICHTET WURDE: DIE KATHEDRALE NOTRE-DAME IN CHARTRES.

Chartres liegt nur 90 Kilometer von Paris entfernt am Fluss Eure. In der Mitte des Orts erhebt sich ein Hügel, auf dem sich höchstwahrscheinlich schon in vorchristlicher Zeit ein kultisches Zentrum befand. Zahlreiche Legenden wurden erfunden, um die Bedeutung des Orts zu unterstützen. Sicher ist, dass hier seit dem 9. Jahrhundert fast permanent an Vorgängerbauten der Kathedrale gebaut wurde. In ihrer heutigen Gestalt stammt sie im Wesentlichen aus dem 12. und 13. Jahrhundert. Nur Teile der Westfassade überstanden den Stadtbrand von 1194; die Katastrophe wurde als Aufforderung Marias begriffen, ihr eine noch größere und prächtigere Kirche zu errichten, um der Hauptreliquie, die Tunika, die Maria bei der Geburt Christi getragen haben soll, einen würdigen Aufbewahrungsort zu verschaffen.

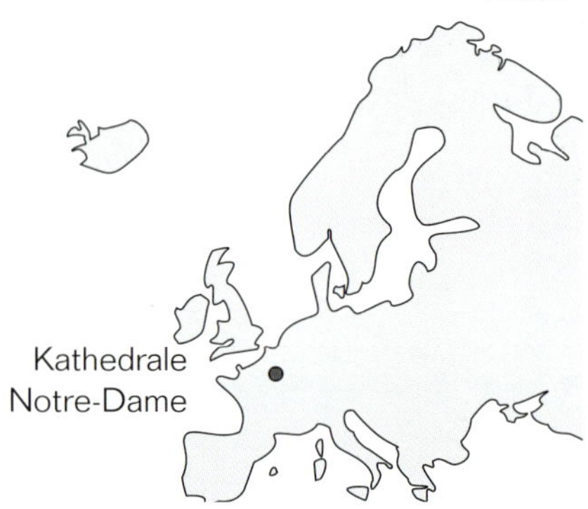

Das Wunder der Marienstatue. Um den Brand von 1194 rankt sich eine Legende, die das Heilswirken der Gottesmutter bekräftigte: Der Ort ging in Flammen auf, und alle Löschversuche scheiterten. Nach Tagen waren Dorf und Kirche weitgehend zerstört. Doch in der Krypta fand man unter den Trümmern den Mantel Mariens, den der Enkel Karls des Großen Chartres 876 gestiftet hatte – er war unversehrt.

Linke Seite: Die mächtige Kathedrale überragt die umstehenden Häuser der Stadt. Wer sich der Stadt nähert, kann schon von Ferne den grandiosen Anblick des Gotteshauses bewundern.

Rechts: Die Fensterrosen der Kirche gehören zum Schönsten und Kostbarsten, was die an Schönheiten reiche gotische Architektur dem Betrachter zu bieten hat.

STECKBRIEF

Größte Krypta Frankreichs; unter der Kathedrale
Tunika der Jungfrau Maria in der Vendome-Kapelle;
172 Kirchenfenster mit einer Gesamtfläche von 2600 m²

Länge:
130,2 m

Höhe des Kirchenschiffs:
37,5 m

Höhe der Türme:
103 und 112 m

Bauzeit:
1194–1220

1979
Ernennung zum UNESCO-Weltkulturerbe

Chartres als Musterkathedrale. Die ungewöhnliche Größe und klare Formensprache der Kathedrale machte Chartres zum Modell für mehrere Nachfolgebauten. Die Glasfenster tauchen den Innenraum in ein mystisches blaues Licht. Zusammen mit denen der Kathedrale von Bourges bilden die Chartreser Scheiben das bedeutendste Ensemble dieser Kunstgattung.

Auch die Bauplastik Chartres ist bemerkenswert: Mit den drei dicht gestellten Westportalen setzte Frankreichs gotische Monumentalplastik ein. Chartres ist neben Notre-Dame in Paris die berühmteste Kirche Frankreichs. Einer der Gründe für ihre große Attraktivität liegt – neben dem kunsthistorischen Rang dieses Bauwerks – darin, dass viele Besucher die Kathedrale noch heute als heiligen Kraftort großer Spiritualität erfahren.

Oben: Das kräftige Strebewerk an den Außenmauern ermöglicht die Öffnung der Wände für großflächige Fenster.

Unten rechts: Innenansicht der Kathedrale nach Osten.

FRANKREICH

Lourdes

1858 ERSCHEINT DER 14-JÄHRIGEN BERNADETTE SOUBIROUS ÜBER EINEM BLÜHENDEN ROSENBUSCH DIE MADONNA. AUSSER EINEM ZEICHEN IHRER LIEBE – EINER QUELLE MIT HEILKRAFT – HINTERLÄSST SIE WEDER GROSSE WORTE NOCH MAHNUNGEN.

Seit 1830 häufen sich Berichte von Marienerscheinungen. Maria erscheint ihren Kindern, so sieht es die katholische Kirche, denn sie sind vom rechten Weg des Glaubens abgekommen. Am 13. Februar 1858 erscheint Maria in Lourdes und mahnt mit einem einzigen Wort: „Buße!" Aber die Madonna setzt auch ein Zeichen ihrer Heilkraft: An der Stelle, an der sie erscheint, bricht eine Quelle auf, die Lourdes zu einem Ort von Heilungswundern macht. Die Quelle von Lourdes ist weltbekannt, die Dankbriefe, hinterlassen von Geheilten, sind unzählig. Maria erscheint hier insgesamt 18-mal, so häufig, wie nie zuvor in der Geschichte der Marienerscheinungen und nie mehr danach. Bei der vierten Erscheinung versichert sie Bernadette Soubirous: „Mach mir die Freude und komme vierzehn Tage lang täglich zu mir, ich verspreche dir, dich glücklich zu machen, doch nicht in dieser Welt, in der anderen." Im Laufe der Erscheinungen teilt Maria dem Mädchen eine Reihe von Geheimnissen mit, die diese aber mit ins Grab nimmt, denn sie muss versprechen, sie niemals preiszugeben.

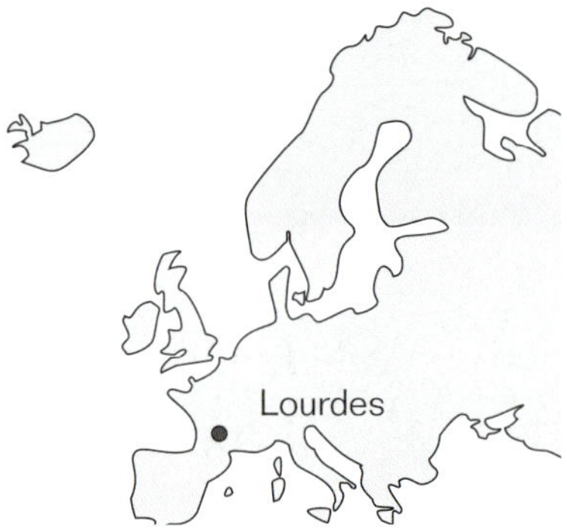

Bernadette Soubirous. Im Alter von 36 Jahren stirbt Bernadette Soubirous am 7. April 1879 und wird in der Kapelle des heiligen Joseph in Nevers beigesetzt.

STECKBRIEF

11. Februar
Gedenktag Unserer Lieben Frau in Lourdes

Heilungen
80 % der geheilten Personen sind Frauen; Mehr als 7000 medizinisch auffällige Heilungen sind bislang dokumentiert, davon etwa 2000 von Ärzten, die sie als unerklärlich einstuften. 68 davon hat die katholische Kirche nach eingehender Prüfung als Wunderheilungen anerkannt. Die letzte Heilung war die von Jean-Pierre Bély im Jahr 1987, er war an multipler Sklerose erkrankt.

Linke Seite: Die im Pyrenäenvorland südlich von Tarbes gelegene Kleinstadt wird in regelmäßigen Schüben von Pilgern übervölkert.

Rechts: Eine Marienstatue in einer Grotte erinnert an das Wunder der Marienerscheinungen im 19. Jahrhundert, das den Ort weltweit bekannt machen sollte.

Im Jahr 1908 wird der Sarg geöffnet. Bernadettes Leichnam ist unverändert, er sieht aus, als wäre sie erst kürzlich gestorben, die Adern des Unterarmes schimmern bläulich und treten leicht hervor, die Fingernägel sind unversehrt und rosig. Ihr Gesicht ist gebräunt. 1919 öffnet man den Sarg abermals, noch immer zeigt der Leib keine Spuren von Verfall, er hat fast das gleiche Aussehen wie 1908. Ihr Körper wird mit einer Wachsschicht überzogen und in einem Schrein in der Kapelle der Schwestern von Nevers ausgestellt. 1933 wird Bernadette von Papst Pius XI. heiliggesprochen.

Lourdes wird in den folgenden Jahren zu einem der heiligsten Wallfahrtsorte der katholischen Kirche. Millionen Menschen pilgern hierher in der Hoffnung, in den heiligen Quellen Linderung von ihren Krankheiten zu finden. Die erste Heilung erfolgte im Jahr 1858, als Catherine Latapie Chourat ihren gelähmten Arm geheilt aus dem Wasser zog.

Unten: Für viele der Kranken, die die Strapazen der Anreise nach Lourdes auf sich nehmen, ist das geweihte Wasser und die heilende Gottesmutter die letzte Hoffnung.

SPANIEN

Santiago de Compostela

FINISTERRE, ENDE DER WELT, NANNTEN DIE RÖMER DIE NORDWESTKÜSTE GALIZIENS IN SPANIEN. HIER ERRICHTETE MAN ÜBER DEM VERMEINTLICHEN GRAB DES HEILIGEN JAKOBUS EINE KIRCHE, ZIEL EINER DER BEDEUTENDSTEN PILGERWEGE DER WELT.

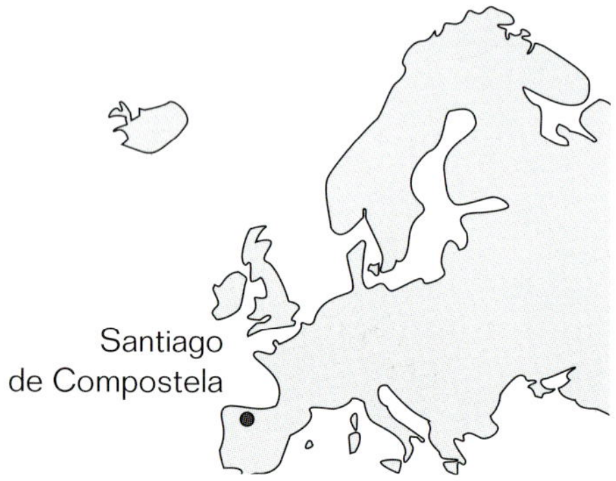

Seit über tausend Jahren pilgern Millionen Christen aus allen Teilen Europas über den Jakobsweg zur Kathedrale von Santiago de Compostela, unter deren Altar das Grab des Apostels Jakobus liegen soll. Die Legende besagt, Jakobus sei nach erfolgloser Missionarstätigkeit in Spanien nach Jerusalem zurückgekehrt, wo er aber unter Herodes als Christ eingekerkert und enthauptet wurde. Seine Jünger legten seinen Leichnam in ein Boot, und mit der Hilfe von Engeln wurde er zurück nach Spanien gebracht und hier beigesetzt. Von dieser Translation ist in lateinischen Texten schon seit dem 7. Jahrhundert die Rede. Die näher ausgeführte Legende findet sich im berühmten Pilgerführer des „Liber Sancti Jacobi" aus der Mitte des 12. Jahrhunderts. Um das Jahr 800, so die Jakobus-Legende weiter, machte ein grelles Licht auf das vergessene Grab aufmerksam und führte zu dessen Wiederentdeckung. Karl der Große wird als erster Santiago-Pilger genannt. Mit seinem Namen ist auch die frühe Zeit der Zurückdrängung der Mauren verbunden. Auch Jakobus wurde auf einem weißen Rappen zum Führer der himmlischen Heerscharen gegen die Mauren stilisiert.

Der Jakobsweg. Die Legende des Jakobus wurde immer wieder angezweifelt. Das änderte aber nichts da-

STECKBRIEF

899
Weihe einer Basilika über dem Grab des hl. Jakobus
997
Zerstörung der Basilika durch die Sarazenen
1077
Neubau der zerstörten Kirche
1211
Weihe der neu erbauten Basilika
1738
Barocke Fassade der Kathedrale
1985
Ernennung zum UNESCO-Weltkulturerbe

Oben links und rechts: Am Pórtico de la Gloria, ein Werk des Meisters Mateo aus romanischer Zeit, ist das Ziel des langen Pilgerweges erreicht.

Mehrere Portale der Kirche sind skulptural verziert, nicht nur zur Erbauung, sondern auch zur moralischen Belehrung des Betrachters.

ran, dass nach Rom und Jerusalem Santiago (wie Jakobus auf Spanisch heißt) zum drittheiligsten Pilgerort der Katholiken wurde. Der Weg dorthin, der Camino de Santiago, ist heute in aller Munde und wird wie kaum ein anderer Pilgerweg von Menschen aus aller Welt und aller Religionen tatsächlich zu Fuß begangen. Mit Stock, Hut und Jakobsmuschel, dem Zeichen des Heiligen, wandern die Pilger von Ronces Valles an der französischen Grenze, hoch oben in den Pyrenäen, die etwa 800 Kilometer bis Santiago de Compostela.

Immer wenn der Tag des Apostels, der 25. Juli, auf einen Sonntag fällt, findet ein Heiliges Jahr statt. Dann treten die Pilger nach langen Entbehrungen durch den Pórtico de la Gloria, das eindrucksvolle romanische Portal, in die Kathedrale ein und sind nach dem Pilgergottesdienst Zeugen, wie der Botafumeiro, der riesige Weihrauchkessel, von acht Männern an einem 30 Meter langen Seil unter dem Applaus der Pilger bis hoch in das Gewölbe des Querschiffs der Kathedrale geschleudert wird – in Santiago wird das Heilige mit allen Sinnen erlebt.

Linke Seite: Die Kathedrale von Santiago de Compostela mit dem Palast Roxoi im Vordergrund.

Rechts: Die Fassade der Kirche wurde 1738 im Stil des spanischen Barock erneuert. Bis zu den Turmspitzen reicht die plastische Gestaltung.

SPANIEN

Kloster Montserrat

„LA MORENETA" NENNEN DIE SPANIER DIE HÖLZERNE STATUE DER HEILIGEN SCHWARZEN MADONNA DES KLOSTERS VON MONTSERRAT, DAS IN ÜBER 1000 METER HÖHE IN WILD ZERKLÜFTETEN BERGEN IN DER NÄHE BARCELONAS LIEGT.

Schon seit dem 13. Jahrhundert ist das Kloster Montserrat Anziehungspunkt für Pilger aus aller Welt. Heute sind es jährlich bis zu 3 Millionen Besucher, die den Weg in die zerklüfteten Berge finden. Sie kommen hierher, um die kleine – auf das Ende des 12. Jahrhunderts datierte – romanische Statue der Schwarzen Madonna zu sehen, unter ihr hindurchzugehen und vor ihr zu beten. Ihre schwarze Färbung stammt von den nachgedunkelten verschiedenen Farbfassungen, die sie im Laufe der Zeit erhielt. Katholischem Glauben nach soll die Marienfigur im Jahr 50 n. Chr. vom Evangelisten Lukas geschnitzt worden sein. In den Jahren der maurischen Herrschaft auf der Iberischen Halbinsel versteckte man sie in der Santa Cova, der heiligen Grotte, wo sie erst im Jahr 880 wiedergefunden wurde. Einer Legende aus dem 13. Jahrhundert nach wurde sie damals von Schäfern entdeckt, die ein helles Licht sahen und Sphärenklänge hörten, denen sie folgten und die sie schließlich bis zu der Höhle und damit zu der Statue führten. Der Bischof von Manresa, einer Stadt auf der anderen Seite der Berge, wollte die Statue in seine Stadt bringen lassen, aber sie erwies sich als zu schwer für jede Art von Transport, ja, sie konnte nicht einmal angehoben werden. Die katholische Kirche

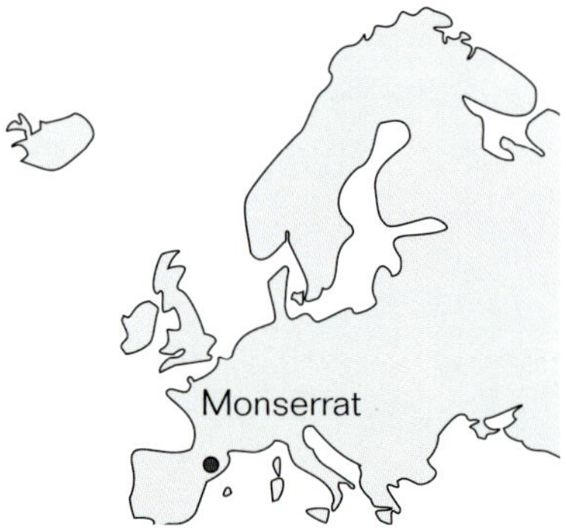

STECKBRIEF

1015
Erste Kirchenerwähnung zur Zeit Olibas, Abt von Ripoll und Bischof von Vic
1592
Weihe der großen Basilika von Montserrat
Ende 18. Jh.
In den Napoleonischen Kriegen fast vollkommen zerstört
1881
Papst Leo XIII. erklärt die Schwarze Madonna von Montserrat zur Schutzheiligen von Katalonien.

Linke Seite: Die Felsen sind eine ideale Rückzugslandschaft für Einsiedler. Tatsächlich sollen im Frühmittelalter zunächst eremitische Lebensformen den Anfang des Klosters gebildet haben.

Rechts: Um die Schwarze Madonna von Montserrat ranken sich Legenden, die bis ins 1. Jh. n. Chr. zurückgehen. Dabei ist sie eine Schöpfung des späten 12. Jahrhunderts.

interpretierte dies als den ausdrücklichen Wunsch der Jungfrau Maria, in Montserrat zu bleiben und hier verehrt zu werden.

Pilger aus aller Welt. Im 9. Jahrhundert gab es auf dem Montserrat vier Kapellen, von denen nur noch eine existiert: San Acisclo. Für 899 ist auch die Existenz eines Benediktinerklosters Santa Cecília dort bezeugt. Dieses war zunächst eine Tochtersiedlung der Benediktinerabtei Ripoll. Doch die Klostergeschichte steht für die meisten Besucher nicht im Vordergrund. Heilig ist ihnen der Ort wegen der Schwarzen Madonna. Man sagt ihr viele Wunder nach, die sich hier in den Bergen ereignet haben sollen. In der Neuen Welt, in Mexiko, Chile und Peru, wurden der Schwarzen Madonna viele Missionskirchen geweiht. Heilige und Päpste machten sich auf die Pilgerreise nach Montserrat, unter ihnen der heilige Ignatius von Loyola, der hier seine „Geistlichen Übungen" schrieb. Im 18. Jahrhundert wurde das Kloster ausgebaut, die Zahl der Pilger überstieg sein Fassungsvermögen. Heute leben hier noch etwa 80 Mönche und ehren die Jungfrau in der Basilika.

Unten: Vom Kloster (720 m) aus gibt es mehrere Wege zum höchsten Gipfel des Sandsteingebirges, dem Sant Jeroni mit 1236 Metern.

PORTUGAL

Fátima

1917, IM ERSTEN WELTKRIEG, ERSCHEINT DIE MADONNA IN NORDPORTUGAL DREI HIRTENKINDERN. IN DEN FOLGENDEN MONATEN WIEDERHOLT SICH DIE ERSCHEINUNG JEWEILS AM 13. DES MONATS. FÁTIMA IST HEUTE DER HEILIGSTE WALLFAHRTSORT PORTUGALS.

Am 13. Mai 1917 erscheint die Muttergottes drei Hirtenkindern in der Nähe des kleinen nordportugiesischen Orts Fátima über einer Steineiche. Erst sehen sie einen Blitz und dann die Madonna, die in noch hellerem Licht erstrahlt. Den Worten der Kinder nach trägt sie ein Kleid aus reinstem Weiß, einen Rosenkranz mit weißen Perlen in den Händen, und ein mit Gold verzierter Mantel bedeckt Kopf und Körper. Lúcia dos Santos, mit zehn Jahren das älteste der drei Kinder, sagt später: „Sie war kaum größer als einen Meter und etwa achtzehn Jahre alt.“

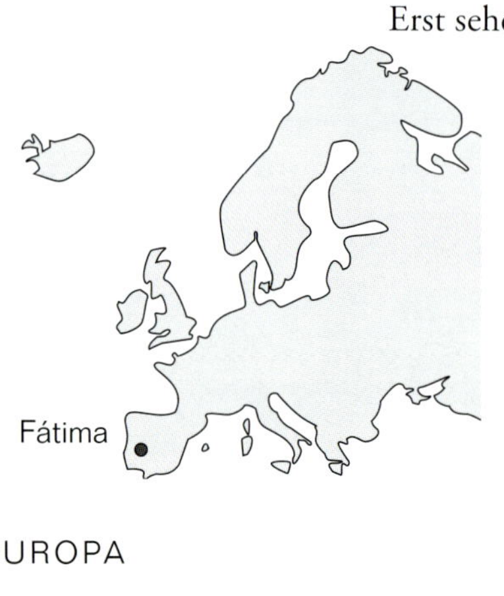

Die Muttergottes spricht nur mit Lúcia, die neunjährige Jacinta Marto hört sie sprechen, ihr siebenjähriger Bruder Francisco dagegen nicht. Die Dame befiehlt den Kindern, immer am 13. des Monats an dieselbe Stelle der Cova da Iria in der Nähe des Dorfs zu kommen, immer um dieselbe Stunde. Die Botschaft Mariens lautet immer gleich: „Betet, betet, betet, tut Buße, bittet um Verzeihung für eure Sünden.“ Jeden Monat hatten sich an der Stelle der Erscheinungen mehr Menschen eingefunden, um Zeugen des heiligen Akts zu werden, und am 13. Oktober wurden über 70 000 Menschen Zeugen, wie die Sonne, hoch am Himmel stehend, begann, sich wie ein gewaltiges Sonnenrad zu drehen.

STECKBRIEF

Fátima liegt 135 km nördlich von Lissabon und hat etwa 9500 Einwohner. Jährlich kommen mehr als 4 Mio. Pilger nach Fátima.

Dreifaltigkeitskirche: 12 315 m² Fläche, ca. 8650 Steh- und Sitzplätze. Es gibt insgesamt 13 Tore, weil die Erscheinungen jeweils am 13. des Monats stattfanden; jedes Tor wiegt 3500 kg.

Linke Seite und rechts: Fátima ist bei Großereignissen, etwa einem Papstbesuch, regelmäßig übervölkert, obwohl die Kirche und der Vorplatz gewaltige Dimensionen haben. Johannes Paul II. war dreimal in Fátima. Er hatte eine besondere Beziehung zu diesem Wallfahrtsort.

Lúcia dos Santos erhielt 1927 die göttliche Erlaubnis, die beiden ersten sogenannten „Geheimnisse“ zu veröffentlichen, in denen der Zweite Weltkrieg sowie der Aufstieg und Fall des russischen Kommunismus vorausgesagt wurden. Das dritte Geheimnis schrieb sie erst 1942 auf, und 2000 wurde es öffentlich gemacht. Es enthält die Vision von der Ermordung des Papstes und anderer kirchlicher Würdenträger unter einem Kreuz. – Bemerkenswert ist in diesem Zusammenhang, dass Papst Johannes Paul II. für sein Überleben des am 13. Mai 1981 auf ihn verübten Attentats der Gottesmutter, die am gleichen Jahrestag in Fátima erschienenen war, dankte.

Die Dreifaltigkeitskirche. Am 13. Oktober 2007, zum neunzigsten Jahrestag des Sonnenwunders, wurde in der „Arena des Glaubens“, wie der Wallfahrtsort offziell in kirchlichen Kreisen heißt, die Dreifaltigkeitskirche, eine der größten Kirchen der Welt, eingeweiht. Entworfen wurde sie von dem griechischen Architekten Alexandros Tombazis. Mit einem Durchmesser von 125 Meter bietet sie mehr als 8000 Gläubigen Platz. Fátima ist heute einer der meistbesuchten Wallfahrtsorte der Welt.

Unten: In die Krone der Madonna von Fátima ist die Kugel eingefasst, die im Körper des Papstes Johannes Paul II. steckte – als Dank an die Gottesmutter für sein Überleben.

ITALIEN

Assisi

IN EINER HÖHE VON 400 METERN LIEGT IN DEN UMBRISCHEN BERGEN DAS MALERISCHE ASSISI, GEBURTSORT DES HEILIGEN FRANZ VON ASSISI, GRÜNDER DES FRANZISKANERORDENS, EINER DER BELIEBTESTEN HEILIGEN IN DER GESCHICHTE DER KATHOLISCHEN KIRCHE UND SCHUTZPATRON ITALIENS.

Der heilige Franz, eigentlich Giovanni Bernardone, wurde als Sohn eines reichen Kaufmanns geboren. Nach einem Bekehrungserlebnis im Alter von 24 Jahren, bei dem er während einer Messe die Worte des Mathäusevangeliums vernahm, er solle in die Welt gehen, allem Besitz entsagen und Gutes tun, zog Franz, Armut predigend, durch Italien. 1209/10 gründete er mit zwölf Aposteln den Orden der Minoriten (Minderbrüder). 1212 trat Klara dem Orden bei, die ebenfalls in völliger Armut und bestimmt von Nächstenliebe leben wollte. Beide gründeten die Schwesterngemeinschaft der Klarissen in San Damiano außerhalb Assisis. Klara von Assisi wurde nach ihrem Tod heiliggesprochen. Auf der Basis des Evangeliums entwarf Franz die Franziskanerregel, die 1223 von Papst Honorius III. angenommen wurde. Allerdings wurde die radikale Armut, die Franz forderte, zugunsten einer gemilderten Form übernommen. Als Eremit in den Bergen erlebte er 1224 eine Vision, und an seinem Körper zeigte sich zum ersten Mal das Phänomen der Stigmata: die fünf Wundmale Christi. Doch demonstrierte Franz sie nie öffentlich, erst nach seinem Tod im Jahr 1226 wurden sie erkannt. Mit dem Leben des populären Heiligen sind viele Legenden verbunden.

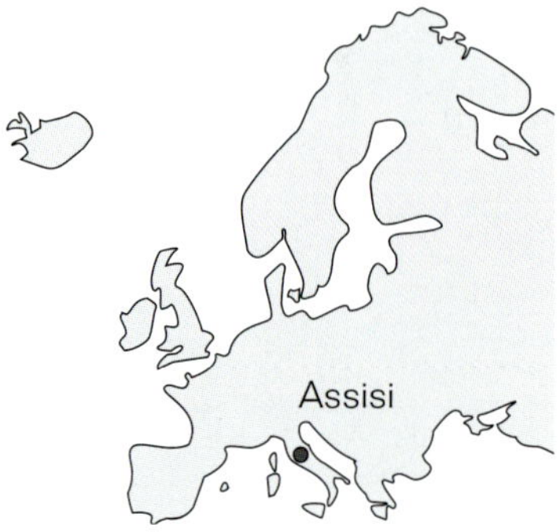

Linke Seite: San Francesco in Assisi. In die Unterkirche wurden 1230 die sterblichen Überreste des heiligen Franz überführt.

Seinem Armutsideal hätte eher eine weniger pompöse letzte Ruhestätte entsprochen.

Heilige Pilgerstätte. Seit Jahrhunderten ist Assisi mit seinen etwa 3000 Einwohnern eine der wichtigsten Pilgerstätte Italiens. Die Basilica di San Francesco, in der sich die Gebeine des Heiligen befinden, ist Hauptanziehungspunkt für Millionen gläubiger Pilger und Kunstlieberhaber pro Jahr, denn die Lebensgeschichte des Heiligen, die in den Fresken von Giotto und anderen Künstlern dargestellt ist, macht sie zu einer der schönsten Kirchen Italiens. Am 16. Juli 1228 wurde Franz heiliggesprochen, und schon am nächsten Tag legte Papst Gregor IX. den Grundstein für die Kirche. 1230 wurde Franz' Leichnam in die Kirche überführt. In aller Schnelle und unter strengen Sicherheitsvorkehrungen wurde er beigesetzt, denn man wollte einen Relquienraub verhindern. Das vollkommen intakte Skelett wurde erst 1818 unter dem Hauptaltar gefunden. 1997 erschütterte ein Erdbeben Assisi, die Decke der Basilika stürzte ein und tötete vier Menschen. Die berühmten Fresken wurden dabei beschädigt, sind aber seit 1999 wieder in altem Glanz zu sehen.

STECKBRIEF

1181
Geburtsjahr von Giovanni Bernardone, Rufname Francesco

1204
Krieg gegen Perugia, Gefangenschaft

1214–15
Reisen in Italien, Frankreich, Spanien

1219
Teilnahme am 5. Kreuzzug, Franz kommt nach Ägypten.

1226
Franz stirbt am 3.10.1226.

2000
Ernennung zum UNESCO-Weltkulturerbe

Rechts und oben: Die Oberkirche enthält die berühmten Fresken mit Szenen aus dem Heiligenleben, darunter die dramatische Familienszene, in der Franz seinem Vater seine Kleidung übergibt und sich von diesem lossagt.

ITALIEN, FLORENZ

Santa Maria Novella

DIE KIRCHE WAR EINST DIE PREDIGERKIRCHE DER DOMINIKANER. MAHNUNG, TROST UND HEIL ERFUHREN DIE MENSCHEN HIER IN DER BELEHRUNG DURCH DAS WORT UND DURCH DIE REICHE BILDAUSSTATTUNG BEDEUTENDER KÜNSTLER.

Die Florentiner Kirche Santa Maria Novella wird heute vor allem um ihrer bedeutenden Kunst willen aufgesucht: Ihre Renaissance-Fassade des großen Gelehrten und Kunst- und Architekturtheoretikers Leon Battista Alberti gilt als Inkunabel der Weltarchitektur und das berühmte Trinitätsfresko des Masaccio als eines der Initialwerke der Renaissancemalerei. Doch die Kirche ist ein Bau des Mittelalters, in seiner Weitläufigkeit und kahlen Flächigkeit ein Exempel für die Spielart der Gotik in Italien, und war einst die Wirkungsstätte der wortgewaltigen Dominikaner, die hier vor großem Publikum predigten.

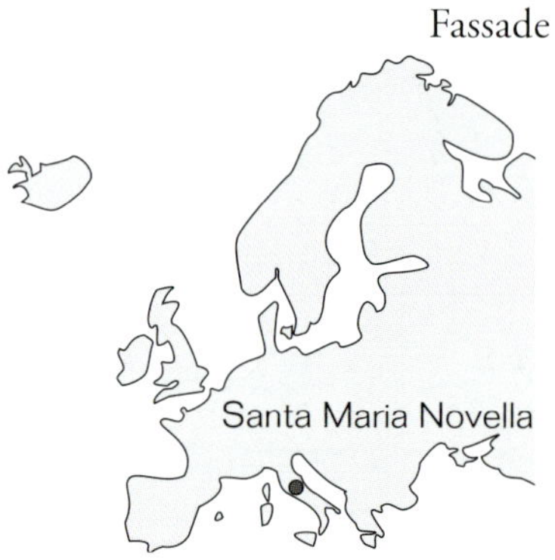

Der Intellektualismus der Dominikaner. Anders als die Franziskaner waren die Dominikaner von Anfang an ein Klerikerorden. Ihr Ordensgründer, der heilige Dominikus (1170–1221), war einst als Wanderprediger viel unterwegs, um gegen die Häretiker, insbesondere die in Südfrankreich verbreiteten Katharer, zu predigen. 1215 gründete er in Toulouse mit einem Kreis von Helfern den ersten Klerikerkonvent. Da er wusste, wie wichtig Bildung und rhetorische Begabung für Prediger waren, schickte er seine Tolosaner Brüder zum Studium sowie einer weiteren Konventsgründung nach Paris und

Linke Seite: Das Fresko „Triumph der Kirche“ in der Spanischen Kapelle von Andrea Bonaiuti (da Firenze) ist eine Selbstdarstellung der Dominikaner: Sie sind es, die den Menschen den Weg zum Seelenheil weisen können.

Rechts: Eine Inkunabel der Weltarchitektur: Leon Battista Albertis 1458 begonnene Renaissance-Fassade für die mittelalterliche Kirche.

wählte für eine eigene Neugründung die Universitätsstadt Bologna. Die rechte Glaubensauslegung fand zu seiner Zeit immer mehr an den bedeutenden Theologieschulen statt; deswegen hatten seine Predigerbrüder nicht nur bestens ausgebildet, sondern auch vor Ort der intellektuellen Debatten zu sein. Die Florentiner Dominikaner kamen 1221 aus Bologna, um hier eine Neugründung vorzunehmen.

Der Weg zum Heil. Der Anspruch, den die Dominikaner mit ihrem Wirken verbanden, wird sehr anschaulich in dem Fresko „Triumph der Kirche“ dargestellt, das der Maler Andrea Bonaiuti um 1367 in der sogenannten Spanischen Kapelle malte, die einst Kapitelsaal des Klosters war. Es zeigt den Weg des Heils auf, den die Menschen auf Erden zum himmlischen Paradies nehmen können, wenn sie sich nur der Führung der Dominikaner überlassen, die an verschiedenen Stellen des Bildes als predigende und Weg weisende Hauptgestalten im Einsatz sind.

Unten: Santa Maria Novella gehört zu den größten Bettelordenskirchen. Die weitläufige Halle diente der Predigt vor zahlreichem Publikum.

STECKBRIEF

Länge der Kirche:
Etwa 100 m
1246
Frühe Bauarbeiten
1360
Vollendung durch den Dominikaner Jacopo Talenti
1365–67
Fresken der Spanischen Kapelle von Andrea Bonaiuti (Andrea da Firenze)
1425–28
Trinitätsfresko von Masaccio
ab 1458
Umgestaltung der Fassade durch Alberti
15. Jh.
Weitere Fresken durch Domenico Ghirlandaio und Filippino Lippi
1982
Ernennung der Stadt Florenz zum UNESCO-Weltkulturerbe

ITALIEN, ROM

Vatikan und Petersdom

„DU BIST DER FELS, AUF DEN ICH MEINE KIRCHE BAUEN WILL!", SPRACH JESUS ZU PETRUS. HEUTE STEHT AN DESSEN GRABESSTELLE DER PETERSDOM, EINER DER HEILIGSTEN ORTE DER KATHOLIKEN.

In der orthodoxen, der römisch-katholischen und anglikanischen Kirche wird Petrus als Heiliger und erster Bischof von Rom verehrt. Für die römisch-katholische Kirche ist das in den Worten Jesu zum Ausdruck kommende „petrinische Prinzip" zudem grundlegend für den Anspruch auf Vorherrschaft des Papstes über die Gesamtkirche.

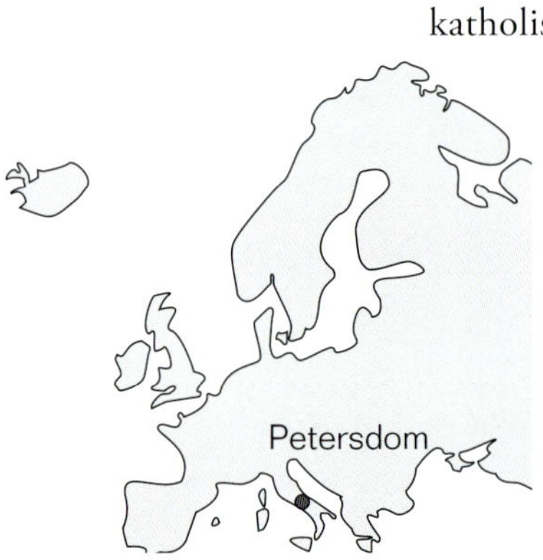

Innerhalb der Stadt Rom liegt der Vatikan als kleinster Staat der Welt. Oberhaupt ist der Papst als absoluter Monarch. Inmitten dieses Staates thront als bedeutendstes Bauwerk die zweitgrößte Kirche der Welt, der Petersdom. Der Staat, den die Päpste regieren, hat nur ca. 550 Staatsbürger, aber ihre Staatsbürgerschaft gilt stets auf Zeit und ist gebunden an eine Funktion oder ein Amt. In der Vatikanstadt arbeiten außerdem rund 3000 Menschen als Personal, Beamte oder Angestellte. Geschützt wird der Staat von der bewaffneten päpstlichen Armee, der Schweizer Garde. Man nennt sie die kleinste Armee der Welt. Die Päpste residierten indes nicht immer auf dem mons vaticanus auf dem rechten Tiberufer, wo schon Kaiser Nero seinen Zirkus hatte. Ab 1378 erlebte die päpstliche Geschichte einen ihrer Tiefpunkte durch die zeitweilige Spaltung (Großes Schisma) innerhalb der Lateinischen Kirche, die bis 1417 dauerte.

STECKBRIEF

Staatsform:
Absolute Wahlmonarchie
Fläche: 0,42 km²
324
Bau der ersten Peterskirche
1473–83
Bau der Sixtinischen Kapelle
bis 1541
Ausgestaltung der Sixtina durch Michelangelo
1506–90
Neubau von St. Peter
1656-67
Anlage des Petersplatzes durch Bernini
1929
Lateranverträge: Beilegung des seit 1870 dauernden Konflikts zwischen Italien und dem Vatikan; Gründung des Vatikanstaats
1984
Ernennung zum UNESCO-Weltkulturerbe

In dieser Zeit gab es zwei Päpste, von denen der eine in Avignon, der andere in Rom residierte.

Ort der Märtyrer. 132 Meter hoch ragt das Kuppelkreuz des Petersdoms, Zentrum der katholischen Welt, in den römischen Himmel. Die berühmtesten Baumeister der Renaissance – allen voran Michelangelo – haben diesen gewaltigen Dom geschaffen. In der alten Tradition, ehemalige Bauten als Steinbruch zu verwenden, holten sie die Steine aus dem Kolosseum und dem Forum Romanum, die Marmorplatten aus römischen Tempelruinen. Mitte des 16. Jahrhunderts gestaltete Gianlorenzo Bernini die Kolonnaden rund um den ägyptischen Obelisken. Im katholischen Sinn steht der Obelisk auf blutgetränktem Boden: Zu Zeiten Neros wurden hier Märtyrer geschaffen, denn man folterte und richtete religiös anders Denkende hin. Die frühen Christen in Rom gehörten dazu. Petrus war einer von ihnen – „der Fels", auf dem in 2000 Jahren das größte Imperium des Glaubens der Welt entstand.

Ganz oben: Der von imposanten Kolonnaden eingefasste Petersplatz vor dem Petersdom und dem Wohntrakt des Papstes.

Oben rechts: Der Petersdom mit der Kuppel Michelangelos und der Fassade Carlo Madernas. Der Neubau zog sich über ein Jahrhundert hin.

Rechts: Innenansicht mit Blick auf den Baldachin von Gianlorenzo Bernini, 1624–33, im Hintergrund die Kathedra Petri.

ITALIEN

Santa Casa von Loreto

DAS HEILIGE HAUS VON LORETO IST SEIT DEM MITTELALTER EINE DER MEISTBESUCHTEN WALLFAHRTSSTÄTTEN ZUR VEREHRUNG MARIENS AUF DER WELT. VIER MILLIONEN GLÄUBIGE PILGERN JÄHRLICH HIERHER.

Nach dem Neuen Testament wurde Jesus von seiner Mutter Maria und seinem Vater Josef in der kleinen Stadt Nazareth im Geburtshaus Marias aufgezogen. Drei Jahrhunderte nach Jesu Tod errichtete der zum christlichen Glauben konvertierte römische Kaiser Konstantin (um 280–337) über diesem Haus eine Basilika, eines der größten Heiligtümer der katholischen Kirche.

Durch die Kreuzzüge geriet das heilige Haus in Gefahr, darum wurde es nach katholischer Legende 1291 von Engelshand ins heutige Kroatien geschafft – in Nazareth verblieb eine leere Stelle, und in Kroatien erschien ein Haus auf freiem Feld. Der Dorfpriester, den Hirten an die Stelle brachten, erlebte eine Marienerscheinung, in der ihm eröffnet wurde, es handle sich um ihr früheres nazarenisches Haus. Am 20. Dezember 1294 wurde das Gebäude erneut von Engeln bewegt, weil muslimische Krieger ins Land einfielen. Es gelangte kurz nach Recanti in Italien, wurde aber bald zu seinem gegenwärtigen Standort in Loreto verbracht. Als Santa Casa di Loreto wird es seitdem als eines der größten Heiligtümer des katholischen Glaubens verehrt und jährlich von Millionen Pilgern aufgesucht. Zahllose Heilungen und Wunder werden von hier berichtet.

STECKBRIEF

1469
Bau einer Basilika über der Santa Casa von Loreto
1507
Bau einer Marmoreinfassung um die Santa Casa innerhalb der Basilika
1510
Ernennung zum heiligen Pilgerort
1910
Die Muttergottes von Loreto wird Patronin der Piloten wegen des Engelsflugs von Nazareth hierher.
10. Dezember
Tag der Muttergottes von Loreto

Linke Seite: Da Loreto im Laufe des 14. Jahrhunderts zu einer der bedeutendsten Marienwallfahrten Italiens geworden war, wurde 1469 mit dem Bau der neuen Basilika begonnen.

Streit um die Echtheit. Um die Echtheit der Santa Casa wird seit langer Zeit gestritten; einige Wissenschaftler zeigten, dass die Baumaterialien mit denen in Nazareth identisch sind, auch hat das Haus keine erkennbaren Fundamente. Andererseits gibt es in Nazareth keine Dokumente über die Existenz des Hauses und keine Berichte über sein Verschwinden. Erst im 16. Jahrhundert wird davon berichtet, nachdem Informationen aus Italien kamen. Aber auch in Italien gibt es keine Urkunden über die Existenz des Hauses, die vor dem 16. Jahrhundert datiert wären. Die wohl einfachste Erklärung, die von vielen Katholiken angenommen wurde, ist: Pilger haben Reste des besagten Hauses aus Nazareth mit nach Loreto gebracht, die nun hier als Reliquien angebetet werden. Der Altar an der Ostwand der Santa Casa hat heute die lateinische Inschrift „Hic Verbum Caro Factum Est“ (Hier wurde das Wort zu Fleisch). Das marmorne Gehäuse mit reicher Skulptur erhielt die Santa Casa in der Renaissance.

Rechts und oben: Ab 1513 übernahm Andrea Sansovino die Bauleitung in Loreto. Er konzentrierte seine Arbeit auf die skulpturale Gestaltung der Marmorverkleidung des Santa Casa und schuf mit anderen Künstlern zahlreiche Figuren und Reliefs aus dem Marienleben.

GRIECHENLAND

Knossos

KNOSSOS WAR DAS RELIGIÖSE UND POLITISCHE ZENTRUM DER MINOISCHEN KULTUR KRETAS IN DER BRONZEZEIT, REICH DES KÖNIGS MINOS UND HEILIGE STÄTTE DES STIERKULTS. DIE SAGE UM DEN MINOTAUROS LÄSST DEN STIER – EIN GÖTTERATTRIBUT – AUCH ALS DÄMON ERSCHEINEN.

Die ersten Zeichen menschlicher Besiedlung von Knossos gehen auf 7000 v. Chr. zurück. Während verschiedener Phasen wuchs Knossos im 19. bis 16. Jahrhundert v. Chr. zu monumentaler Größe an und war Verwaltungs-, vor allem aber religiöses Zentrum des Minoischen Reichs. Im 2. Jahrtausend entstand die gigantische Palastanlage mit Wasserleitungen, Bädern und über 800 Räumen. In Knossos und seiner unmittelbaren Umgebung lebten ca. 80 000 Menschen. Kreta verfügte über die stärkste Flotte des Mittelmeers.

Anfang des 17. Jahrhunderts v. Chr. begrub ein Vulkanausbruch die Stadt unter einer meterhohen Ascheschicht. Da man bei den Ausgrabungen keine Skelette fand, ist davon auszugehen, dass die Menschen noch Zeit hatten, zu fliehen. Durch den Ausbruch verdunkelte sich der Himmel über einen längeren Zeitraum, was Klimaveränderungen nach sich zog. In den folgenden Jahrhunderten beschleunigten weitere Katastrophen wie Erdbeben und Flutwellen den Niedergang der kretischen Kultur. Um 1450 v. Chr. war Kreta so geschwächt, dass es den andrängenden Mykenern keinen ausreichenden Widerstand entgegensetzen konnte – die minoische Ära neigte sich ihrem Ende.

STECKBRIEF

Der Palast von Knossos hatte bis fünf Stockwerke und uber 800 Räume; eine umbaute Fläche von 21 000 m² auf einer Fläche von 2,2 ha. sind nachweisbar.

7000 v.Chr.
Erste menschliche Siedlungen
1628 v. Chr.
Zerstörung durch einen Vulkanausbruch auf der Kykladeninsel Santorini
1878
Entdeckung von Knossos durch den griechischen Hobbyarchäologen Minos Kalokairinos
1886
Heinrich Schliemann besucht die Grabungsstätte.

Linke Seite: Erhaltener Teil der alten Palastanlage aus minoischer Zeit.

Unten: Kopfplastik eines Stiers aus dem Archäologischen Museum von Heraklion, Kreta, 1700–1400 v. Chr., Marmor und Gold.

Rechts: Zeichnerische Rekonstruktion des Thronsaals, wie er vermutlich ca. 1900 v. Chr. ausgesehen hat, mit vollständiger farblicher Ausmalung.

Der Minotauros. Knossos war die heilige Stätte des Stierkults. Der Mythologie nach verliebte sich Zeus in Europa, die Tochter des phönizischen Königs Agenor. Um nicht von Hera, seiner Frau, erwischt zu werden, verwandelte er sich in einen Stier und entführte Europa nach Kreta. Zeus und Europa hatten drei Kinder: Minos, Rhadamanthys und Sarpedon.

Aber auch das belastende Stiererbe der Familie zeugte sich fort: Minos, der sich zu einem grausamen Herrscher der Insel entwickelte, zog den Zorn des Zeus auf sich, indem er ein Geschenk des Poseidon, einen weißen, zum Zeusopfer bestimmten Stier, unterschlug. Die Strafe des Zeus bestand darin, dass er Pasiphae, Minos' Gattin, zum sexuellen Begehr gegenüber dem Stier verführte – und sie gebar den Minotauros, ein Wesen mit Menschenkörper und Stierkopf, das Menschenopfer verlangte. Jährlich forderte Minos von den Athenern sieben Jungfrauen und sieben junge Männer als Tribut für seinen in Attika umgekommenen Sohn, um sie dem Minotauros zum Fraß zu geben. Er hielt ihn in dem sagenhaften, von Ikarus und Dädalus erbauten Labyrinth versteckt.

Erst der mutige Athener Theseus, der mit dem berühmten Ariadne-Faden ins Innere des Labyrinths und über denselben auch wieder hinausfand, konnte den Miniotauros töten und dem Opfer-Schrecken ein Ende bereiten.

Unten: Modellzeichnung der weitläufigen antiken Anlage mit geradezu moderner Anmutung.

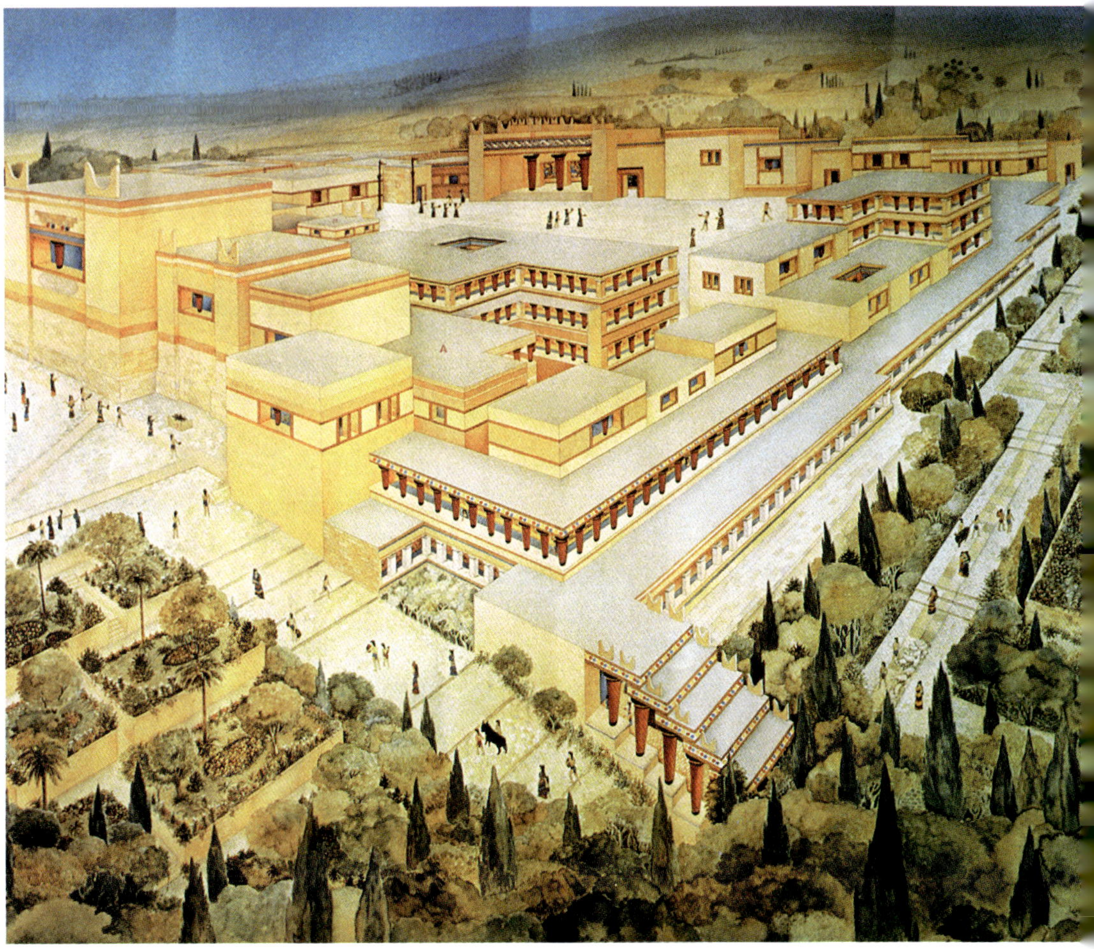

GRIECHENLAND

Delphi

INMITTEN EINER ATEMBERAUBEND SCHÖNEN LANDSCHAFT LIEGT DAS ORAKEL DES GOTTES APOLLON, DAS BEDEUTENDSTE HEILIGTUM DES ALTEN GRIECHENLAND, UMGEBEN VON WEITEREN ANLAGEN UND TEMPELN.

Für die Griechen war Delphi tatsächlich das Zentrum der Welt. Der Mythologie nach ließ Zeus zwei Adler von entgegengesetzten Punkten der Erde aus fliegen, sie trafen sich über Delphi, ihre Schnäbel verhakten sich, und sie fielen zu Boden. Der Ort wurde mit dem Omphalos markiert, wörtlich dem „Nabel“, einem phallischen Stein, unter dem das Grab des Dionysios liegen soll. Die Kastalische Quelle, der heilgste Ort des Orakels, wurde ursprünglich von dem gefiederten Drachen Python bewacht, dem Sohn der vorhellenischen Erdgöttin Gaia. Der Name Delphi leitet sich vom griechischen δελφός (delphos) her, Gebärmutter, Geburtsstätte der Welt.

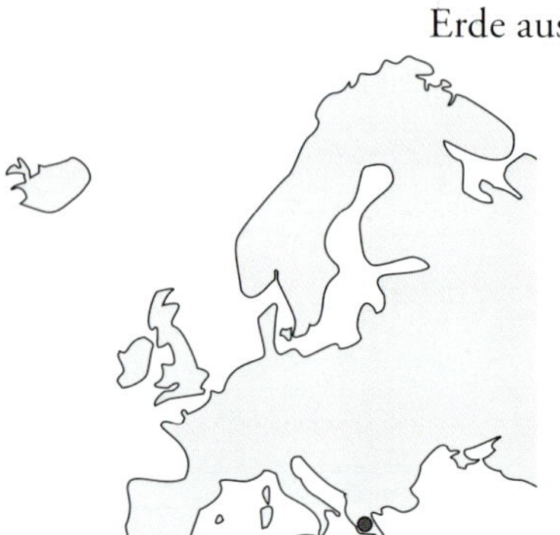

Das heilige Orakel. Grabungen haben gezeigt, dass der Ort bereits im 15. Jahrhundert v. Chr. bewohnt war, aber nach dem Dichter Homer war es Apollon selbst, der das Orakel nach Delphi brachte. Als Wallfahrtsort zog Delphi Menschen aus der gesamten griechischen Welt an. Sie suchten das Orakel auf, um sich in wichtigen Belangen des Lebens beraten zu lassen. Nach der Opfergabe beantwortete die Pythia, eine speziell für diese Position ausgebildete Seherin und das Medium Apollons, die Fragen in kryptisch verschlungenen Sätzen. Sie tat dies im adyton, einem kleinen Raum im Tempel des Apollon, zu

Linke Seite: Ruinen des Apollon-Tempels in Delphi. Die griechischen Götter waren den Menschen nahe, mischten sich in deren Leben ein, waren großzügig und zornig und gaben ihnen die Vertikalrichtung des Strebens und Übens vor, damit sie lernten, über sich hinauszuwachsen.

dem nur sie Zugang hatte. Ihre Anwort wurde von einem Priester übersetzt.

Die Pythischen Spiele. Der Apollon-Tempel, wie er heute zu sehen ist, stammt aus dem 4. Jahrhundert v. Chr. Vor ihm standen hier zwei frühere Tempel, der erste brannte 548 nieder und den zweiten zerstörte ein Erdbeben. Ebenfalls im 4. Jahrhundert v. Chr. wurde ein Theater angelegt, das 5000 Besuchern Platz bot. Ab 586 v. Chr. fanden hier alle vier Jahre die Pythischen Spiele statt, nach den Olympischen Spielen die wichtigsten Griechenlands. Es gab ursprünglich nur einen Wettkampf, den Gesang zur Kithara, ein Saiteninstrument. Später kamen auch sportliche Wettkämpfe hinzu.

393 n. Chr. wurde das heilige Apollon-Orakel vom byzantinischen Kaiser Theodosius I. geschlossen, denn der christliche Glaube war Staatsreligion geworden, und Orakel wurden als heidnische Unart verboten. Der christliche Gott kennt keine Götter neben sich; seine Dreifaltigkeit ist nur ein abstrakter Rest der einstigen Vielheit. – das monotheistische Prinzip sollte künftig über Europa regieren.

STECKBRIEF

seit dem 8. Jh. v. Chr.
Verehrung Apollons
330 v. Chr.
Fertigstellung des wiedererrichteten Apollon-Tempels
191 v. Chr.
Eroberung durch die Römer
393
Schließung des Orakels durch Kaiser Theodosius I.
1893
Entdeckung durch franz. Archäologen
1987
Ernennung zum UNESCO-Weltkulturerbe

In jedem Juni findet das Delphi-Festival statt, mit Aufführungen antiker greichischer Dramen und Werken, die durch die klassichen Dramen angeregt wurden.

Rechts: Rundtempel der Athenae. Griechenlands Ruinen, insbesondere seine Säulen, auch die als Torsi erhaltenen Skulpturen haben Architekten und Künstler immer wieder zu Imaginationen einer Vervollständigung angeregt: eine dauerhafte Kraftquelle der Inspiration.

GRIECHENLAND, ATHEN

Akropolis, Parthenon

DER PARTHENON-TEMPEL IN ATHEN, KULTSTÄTTE DER SCHUTZGÖTTIN ATHENE, IST DAS BERÜHMTESTE GEBÄUDE DES ANTIKEN GRIECHENLAND. IN SEINER LANGEN GESCHICHTE WAR ER TEMPEL, SCHATZKAMMER, FESTUNG, KIRCHE UND MOSCHEE.

Seit fast 2500 Jahren steht der Parthenon auf dem höchsten Punkt der Athener Akropolis und bewacht die Stadt. Gebaut wurde er als Dank an die Göttin für die Rettung Athens während der Persischen Kriege. Der volle Name des Heiligtums lautet: Tempel der Jungfrau Athene. Tatsächlich leitet sich der heutige Kurzname vom griechischen parthenos, Jungfrau, ab.

Unter den Architekten Iktinos und Kallikrates und dem berühmten Bildhauer Phidias (480–30 v. Chr.) begann der Bau des Tempels 447 v. Chr. an der Stelle, an der ein älterer, von den Persern zerstörter Tempel gestanden hatte. Der Bau des Parthenons ist der Initiative des Perikles (495–29 v. Chr.) zu verdanken, des einflussreichsten Athener Politikers der Zeit. Zweck des Gebäudes war es, in der Cella, dem inneren Heiligtum, die kolossale Statue der Jungfrau Athene, das Meisterwerk des Phidias, zu beherbergen. Gefertigt war die heilige Statue aus Elfenbein und Gold. Leider ist das Standbild nicht mehr vorhanden, aber von Reliefs, Vasen und Münzen weiß man, wie es ausgesehen hat. Als wichtigster Tempel des antiken Griechenlands diente der Parthenon fast 1000 Jahre als Heiligtum. Im 5. Jahrhundert – Athen war zu dieser Zeit zu einer Provinzstadt des Römischen Reichs herabgesunken – wurde die berühmte

STECKBRIEF

Dorischer Tempel mit ionischen Friesen, 17 x 8 dorische Säulen. Die höchsten Kosten für den Bau entstanden durch den Transport der Steine vom 16 km entfernt gelegenen Berg Pentelicus.

Länge: 69,5 m
Breite: 30,9 m
Höhe: 10,4 m
1837
Erste Ausgrabungen
1987
Ernennung zum UNESCO-Weltkulturerbe

Linke Seite: Die Akropolis mit dem großen Parthenon-Tempel. Die im Wesentlichen im 5. Jahrhundert entstandene Tempelanlage ist das bedeutendste Ensemble griechischer Baukunst.

Rechts: Die berühmten Frauen-Statuen der Korenhalle des Erechtheion auf der Akropolis, die „ewigen" Kult am Grabe des Königs vollziehen, verkörpern klassische Schönheit.

Statue nach Konstantinopel geschafft, wo sie wahrscheinlich infolge der Plünderung der Stadt durch die Kreuzritter beim 4. Kreuzzug 1202–04 zerstört wurde.

Wechselvolle Geschichte. Zu Beginn des 13. Jahrhunderts wurde aus dem Parthenon eine Kirche der Jungfrau Maria. Die Wände der Cella wurden für den Bau einer Apsis abgetragen, die meisten Skulpturen entfernt und die, die heidnische Götter zeigten, wurden zerstört. 1456 fiel Athen an die Osmanen, und aus dem Parthenon wurde eine Moschee. Ein Minarett wurde angebaut, aber sonst wurden keine Schäden zugefügt, es war nie muslimische Art, Tempel willentlich zu zerstören. In Reiseberichten aus dem 17. Jahrhundert wird der Tempel als fast komplett intakt beschrieben.

Die schwersten Schäden erlitt er durch die venetianischen Angriffe auf Athen. Die Osmanen hatten den Parthenon als Waffenlager genutzt, eine einschlagende Kugel führte zur Explosion und beschädigte das Gebäude schwer. Nach dieser Zerstörung blieb der Tempel Ruine. Ab 1801 wurden Kunstgegenstände und Skulpturen nach England ins British Museum geschafft, wo sie bis heute aufbewahrt werden.

Unten: Innenansicht des Parthenon-Tempels, an dem seit 1975 Restaurierungsarbeiten stattfinden.

GRIECHENLAND

Athos-Klöster

HÁGION ÓROS, HEILIGER BERG, SO NENNT MAN DIE ÖSTLICHSTE LANDZUNGE DER HALBINSEL CHALKIDIKI. HIER LEBEN IN 20 KLÖSTERN HEUTE NOCH 1500 MÖNCHE. EINST WAREN ES TAUSENDE. ATHOS IST EINE WELT DER MÄNNER.

STECKBRIEF

963
Gründung des ersten Klosters Megisti Lavra

972
Athos erhält eigene Verfassung, der Status als autonome Mönchsrepublik ist seit 1912 festgeschrieben.

1453
Untergang von Byzanz

1988
Ernennung zum UNESCO-Weltkulturerbe

Die Halbinsel Chalkidiki wird auf ihrer gesamten Länge von einem Gebirgsrücken durchzogen, der sich am Ende zu einem 2033 Meter hohen Gipfel erhebt, dem eigentlichen Berg Athos. Die erste Mönchssiedlung Megisti Lavra wurde hier 963 gegründet, die meisten anderen Klöster zwischen dem 10. und 15. Jahrhundert. Die Gemeinschaft wuchs schnell, und schon um das Jahr 1100 soll es bereits 45 Klöster gegeben haben. In der Blütezeit lebten hier 40 000 Mönche. An diesem heiligen Ort, wo nach strenger byzantinischer Tradition bis heute keine Frauen zugelassen sind, kümmern sich die Mönche seit Jahrhunderten selbst um ihre Gesetze und deren Einhaltung. Nur für allgemeine Belange gibt es einen staatlichen Gouverneur; Athos ist eine unabhängige Mönchsrepublik. Der Gouverneur repäsentiert den griechischen Staat, der wiederum für die Unabhängigkeit der Republik verantwortlich ist. Durch Tributzahlungen an die osmanischen Herrscher konnten die Mönche sogar während der türkischen Herrschaft zwischen 1453 und 1912 ihre Eigenständigkeit bewahren.

Oben: Die aus dem 16. Jahrhundert stammende Klosterburg Stavronikita überragt das Ägäische Meer auf einem Sporn an der Nordostküste des Athos-Bergs.

Metéora-Klöster

NICHT WEIT VOM ATHOS ENTFERNT, IM ZENTRALEN GRIECHENLAND, FINDEN SICH DIE AUF FELSSPITZEN GELEGENEN 24 KLOSTERBURGEN DER METÉORA ALS ZEUGEN UNGEBROCHENEN GRIECHISCH-ORTHODOXEN GLAUBENS.

Die einzigartigen Sandsteinfelsen der Metéora entstanden vor 60 Millionen Jahren. Ab dem 10. Jahrhundert baute man auf diesen „himmlischen Säulen“, wie die Asketen sie damals nannten, die ersten Klöster – als Schutzburgen vor feindlichen Angriffen. Am Ende des 15. Jahrhunderts waren es 24 Klöster, die in den folgenden fast 200 Jahren ihre Blüte erlebten. Noch heute sind die postbyzantinischen Malereien Zeugnisse dieser Blütezeit. Die Mönche erreichten die heiligen Stätten in ihren schwindelnden Höhen entweder über mehrere zusammengebundene Leitern, oder sie wurden wie die Güter in Netzen und an Seilen nach oben gezogen. Die Mühen, die der Bau dieser Klöster abverlangt haben muss, sind kaum vorzustellen. Pilger wurden einst in Netzen in das 375 Meter hoch gelegene Kloster Varlaám gezogen. Seit 1920 erleichtern Stufen in den Felsen den Aufstieg. Im Zweiten Weltkrieg wurden viele der Klöster bombardiert und geplündert. Heute sind noch sechs Klöster aktiv, die von wenigen Mönchen und Nonnen bewohnt werden.

STECKBRIEF

10. Jh.
Erste Niederlassung von Einsiedlern
1370
Gründung des Klosters Megálo Metéoro
seit 1972
Regelmäßige Erhaltungsmaßnahmen
1988
Ernennung zum UNESCO-Weltkulturerbe

Oben: Das Metéora-Kloster Varlaám. „Metéora“ bedeutet so viel wie „hoch schwebend“ – eine überaus zutreffende Bezeichnung.

Links: Das Metéora-Kloster Agios Nikólaos Anapvsás, eine Gründung aus dem 14. Jahrhundert.

BULGARIEN

Kloster Rila

DAS KLOSTER RILA, GRÖSSTER KLOSTERKOMPLEX IN BULGARIEN UND EINE DER IMPOSANTESTEN SAKRALEN STÄTTEN DER BALKANHALBINSEL, BESTEHT SEIT ÜBER 1000 JAHREN. IN SEINER HEUTIGEN GESTALT IST ES ZEUGNIS UND SYMBOL FÜR DIE „BULGARISCHE RENAISSANCE" DES 19. JAHRHUNDERTS.

In einem Hochtal inmitten bewaldeter Hügel gelegen, wirkt die Anlage auf den ersten Blick wie eine mittelalterliche Festung. Tatsächlich stammt das Kloster aus dem Mittelalter, es wurde im 10. Jahrhundert durch den Mönch Iwan Rilski gegründet, aber von den alten Gemäuern (oder Holzbauten) aus dieser frühen Zeit ist nichts mehr erhalten geblieben. Nur der älteste Teil des Klosters, der beherrschende Chreljos-Turm aus dem Jahr 1335, ist noch mittelalterlich, alles Übrige stammt aus dem 19. Jahrhundert. Mit den Privilegien, die das Kloster durch Zar Iwan Schischmann 1378 erhielt, war eine Phase der kulturellen Blüte verbunden, die sich sowohl auf die Klosterarchitektur wie auf andere im Kloster geförderte Künste auswirkte.

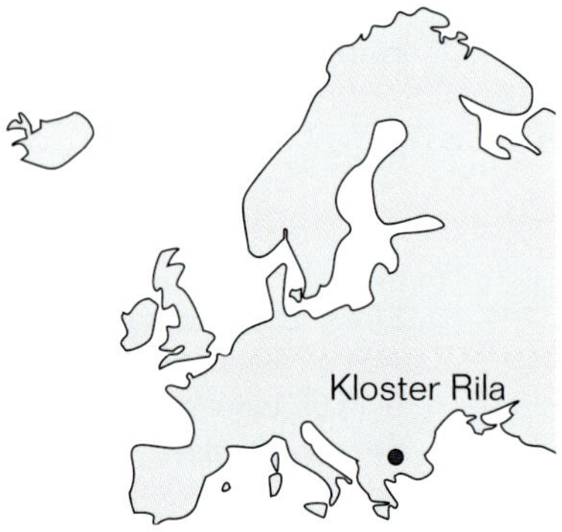

Der Fall Konstantinopels im Jahr 1453 stellt für die byzantinische Klosterarchitektur insgesamt eine strenge historische Zäsur dar. Mit ihr beginnt für die meisten orthodoxen Klöster eine Phase des Niedergangs; so auch für das Kloster Rila. Im 16. Jahrhundert wanderten viele Mönche nach Russland aus. 1833 brannte das Kloster nieder. Zu dieser Zeit jedoch war das bulgarische Nationalbewusstsein wieder so stark, dass die Hauptklosterkirche bald neu errichtet wurde, ebenso die bildprägenden

STECKBRIEF

10 Jh.
Gründung des Klosters (einer Einsiedelei) durch den Mönch Iwan Rilski
1335–45
Bau eines Festungsturms und Kirchenbau
1833
Zerstörung des Klosters durch eine Feuersbrunst
1834–50
Wiederaufbau der Klosteranlage; Wandmalereien in der Kirche
1961
Nationale Gedenkstätte
1983
Ernennung zum UNESCO-Weltkulturerbe

Linke Seite: Blick auf den Klosterkomplex mit der Himmelfahrtskirche. Die heutige Gestalt des Klosters geht im Wesentlichen auf den Wiederaufbau im 19. Jahrhundert zurück.

Rechts: Arkade des Vorbaus und Portal der Himmelfahrtskirche. Die strenge Ästhetik des Schichtmauerwerks bildet einen starken Kontrast zu den freskierten Wänden innen.

Gebäuderiegel des Klosterhofs. Vorbild waren Bauten der Mönchsrepublik Athos, insbesondere das Katholikon des (bulgarischen) Klosters Zograph und das des Klosters Esphigmenon, beide von Anfang des 19. Jahrhunderts. Der Wiederaufbau des bulgarischen Rila-Klosters steht so für die Rückbesinnung auf die eigene orthodoxe und nationale Identität. Seit dieser Zeit zog Rila wieder jährlich Tausende Pilger an, und das spirituelle Leben erwachte neu. Die Kirche, ein Fünfkuppelbau mit zwei Seitenkapellen, beeindruckte die Gläubigen mit herrlichen Fresken und einer monumentalen Ikonostase. Die Ikonen, ausgeführt von den bedeutendsten bulgarischen Malern, gaben dem Raum wieder den heiligen Glanz, den er einst besessen hatte.

Unten links und rechts: Wandmalereien des 19. Jahrhunderts im Vorbau der Kirche; besonders eindrucksvoll die Aktivitäten der Höllenbewohner in den dramatischen Szenen des Jüngsten Gerichts.

TÜRKEI, ISTANBUL

Hagia Sophia

DIE KIRCHE DER HEILIGEN WEISHEIT, HAGIA SOPHIA (Άγια Σοφία), IN ISTANBUL WAR EHEMALS EINE BYZANTINISCHE KIRCHE, DANACH OSMANISCHE MOSCHEE UND IST HEUTE MUSEUM.

Von der Hagia Sophia, die im 4. Jahrhundert vom ersten christlichen Kaiser Konstantin, dem Gründer der Stadt Konstantinopel, erbaut wurde, ist nichts geblieben. Sie war eine der prächtigsten Kirchen einer ganzen Reihe von Gotteshäusern, die er in verschiedenen Städten errichten ließ. Nach der Zerstörung der ersten Kirche bauten sein Sohn Konstantius und Kaiser Theodosius sie wieder auf. Bei den Nika-Aufständen 532 wurde sie und die halbe Stadt erneut niedergebrannt. Als Nika bezeichnete man die Wagenrennen, die auf dem Hippodrom vor der Kirche stattfanden, immer wieder kam es dabei zu gewalttätigen Auseinandersetzungen zwischen den Anhängern der verschiedenen Teams. Kaiser Justinian I. ließ sie 532–37 als Hauptwerk byzantinischer Architektur, reich ausgestattet mit Mosaiken und Marmorsäulen, abermals aufbauen. Er soll nach der Fertigstellung gesagt haben: „Salomon, ich habe dich übertroffen".

Über 900 Jahre war die Hagia Sophia Sitz des orthodoxen Patriarchen Konstantinopels, Ort kirchlicher Konzile und kaiserlicher Zeremonien. Anfang des 13. Jahrhunderts jedoch wurde die heilige Stätte von den Kreuzfahrern geplündert und teilweise zerstört, der Patriarch durch einen römischen Bischof ersetzt. Dieser Zwi-

STECKBRIEF

532–37
Neugestaltung der Kirche durch die Architekten Isidoros von Milet und Anthemios von Tralleis
558
Ein Erdbeben bringt die Kuppel zum Einsturz.
563
Abermaliger Einsturz der Kuppel
989 und 1346
Weitere Schäden an der Kuppel durch Erdbeben
1204
Zerstörung und Plünderung durch Kreuzritter
1054
Großes morgenländisches Schisma
29. Mai 1453
Sultan Mehmet wandelt die Kirche in eine Moschee um.
1934
Säkularisierung durch Kemal Atatürk
1985
Ernennung zum UNESCO-Weltkulturerbe

Linke Seite: Die Hagia Sophia, im Hintergrund der Bosporus und die Stadt. Ebenso eindrucksvoll wie das Gebäude selbst ist seine Lage.

Rechts: Innenansicht der Hagia Sophia. Der Gesamteindruck ist seit der Errichtung in den Jahren 532–37 weitgehend unverändert.

schenfall festigte die Spaltung der römisch-katholischen und der griechisch-orthodoxen Kirchen, die schon mit dem großen morgenländischen Schisma von 1054 begonnen hatte. Viele der damals geraubten Kirchenschätze der Hagia Sophia können heute in Sankt Markus in Venedig bewundert werden. Bis 1453 jedoch, dem triumphalen Einzug von Sultan Mehmet in die Stadt, blieb sie eine funktionierende Kirche – dann wurde sie in eine Moschee umgewandelt. Zunächst wurden außer einem hölzernen Minarett und dem Bau der Gebetsecke, mihrab, kaum Veränderungen vorgenommen. Im Laufe der Zeit jedoch wurden alle Mosaike mit menschlichen Porträts mit Gips verspachtelt, da der Islam menschliche Abbildungen ablehnt. Verschiedene Sultane bauten in den folgenden Jahrhunderten Gebäude an oder gestalteten die Kirche weiter um. Unter dem türkischen Präsidenten Kemal Atatürk wurde die Moschee säkularisiert und in das Ayasofya-Museum umgewandelt.

Unten: Mosaikschmuck im Inneren: Maria mit dem Kind, flankiert von Kaiser Johannes II. Komnenos und Kaiserin Irene, 1118.

In Afrika, auch der schwarze Kontinent genannt, spannen die praktizierten Religionen einen weiten Bogen von animistischen Glaubensvorstellungen seiner Ureinwohner über den Islam, das Judentum bis zu verschiedenen Formen des Christentums, die hier einige ihrer heiligen Objekte bewahren. In Afrika liegt nicht nur die Wiege der Menschheit, auch die Ursprünge menschlichen Glaubens und religiöser Praxis sind hier in den Tiefen der fernen Vergangenheit verborgen.

AFRIKA

TUNESIEN

Kairouan

NACH MEKKA, MEDINA UND JERUSALEM IST DIE TUNESISCHE STADT KAIROUAN DIE VIERTE HEILIGE STÄTTE DES ISLAM. IM 7. JAHRHUNDERT EROBERTEN DIE ARABER NORDAFRIKA. MIT SICH FÜHRTEN SIE DAS IHNEN HEILIGE WORT GOTTES.

Als die Araber im 7. Jahrhundert in Afrika eindrangen, stieß Heerführer Oqba ibn Nafi (622–83) seinen Speer in den Boden und gründete die erste arabische Stadt Afrikas, Zentrum islamischer Lehre und Kunst. Mit ihrer Großen Moschee wurde Kairouan zur heiligen Stadt des Maghreb. Diese erste Moschee wurde zum Vorbild für die Moscheen Nordafrikas, ja, sogar für die Spaniens. Am Ende des 7. Jahrhunderts, also zwei oder drei Generationen nach der Entstehung des Islam, waren die grundlegenden Funktionen und die Typologie der Versammlungsmoschee fest etabliert. Kairouan bedeutet „Heerlager", und tatsächlich hat diese Stadt eine kriegerische Geschichte. Kairouan wurde von Berbern bedroht, kam in die Schusslinie rivalisierender Dynastien und geriet später in Glaubenskämpfe zwischen Schiiten und Sunniten. Die Mauern der heiligen Stadt wurden siebenmal geschleift und siebenmal wieder aufgebaut. Die Sidi Oqba-Moschee, benannt nach dem Gründer der Stadt, wurde dreimal zerstört und dreimal neu errichtet. In ihrer heutigen Gestalt stammt sie aus dem 9. Jahrhundert, der Blütezeit Kairouans unter den Aghlabiden.

Die Zaouia Sidi Sahab (Barbier-Moschee) aus dem 17. Jahrhundert ist die wichtigste Pilgerstätte Kairouans,

Linke Seite: Innenansicht der Großen Moschee mit „Säulenwald"; der Gebetsraum ist vollständig mit Teppichen ausgelegt.

Rechts: Islamischer Pilger vor einer Wand mit Fayencen in der Barbier-Moschee.

hier liegt das Grab von Abu Zam'a, einem Mitstreiter Mohammeds. Stets trug er drei Barthaare des Propheten bei sich, und es ist diese Reliquie, die Kairouan zur heiligen Pilgerstätte macht.

Rückkehr in die Stadt. Die Gassen der Altstadt sind verwinkelt, und die Zeit scheint stillzustehen. Hier sind noch heute die Viertel nach den Zünften, nach Clan- und Familienzugehörigkeiten aufgeteilt. Mehr als 120 Mausoleen und Moscheen stehen in dieser Altstadt Kairouans. Alle Größen sind vertreten, alle Arten des baulichen Schmucks. Drei Reisen nach Kairouan entsprechen für den gläubigen Muslim einer Pilgerreise nach Mekka. Hinter dem blauen Eingang zum Bir-Barouta-Brunnen aus dem 17. Jahrhundert empfängt einen ein Dromedar, das das Schöpfrad betätigt. Von hier wurde die Wasserversorgung organisiert. Der religiösen Legende nach soll Bir Barouta unterirdisch mit der heiligen Zemzem-Quelle Mekkas verbunden sein. Wer von diesem Wasser trinkt, kehrt in die heilige Stadt in der Wüste zurück.

STECKBRIEF

670
Gründung, der Legende nach
672
Baubeginn der Großen Moschee
1052
Errichtung der Stadtmauer
1618
Fünfte Vergrößerung und Umbau der Großen Moschee
1988
Ernennung zum UNESCO-Weltkulturerbe

Rechts: Eine der zahlreichen, mit mehreren Kuppeln versehenen Moscheen Kairouans.

ÄGYPTEN

Abu Mena

DER LEGENDE NACH WAR MENAS EIN RÖMISCHER LEGIONÄR, BEVOR ER SICH ALS CHRISTLICHER EINSIEDLER IN DIE WÜSTE ZURÜCKZOG UND ALS MÄRTYRER STARB. MENAS' GRUFTKIRCHE UND DAS BAPTISTERIUM WURDEN ZUM BEDEUTENDSTEN CHRISTLICHEN WALLFAHRTSORT ÄGYPTENS.

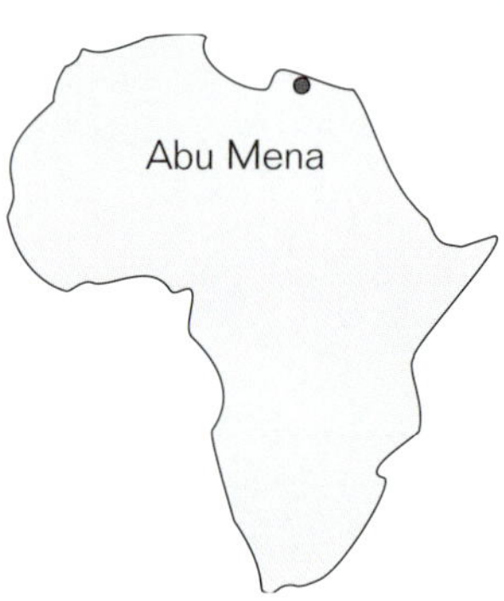

Verehrt wird der heilige Menas als Patron der Kaufleute, und man ruft ihn an zur Wiedererlangung verlorener Dinge. Während der Christenverfolgung unter Kaiser Diokletian (243–313) wurde er gefoltert und enthauptet, seine Reliquien setzte man an einem Ort nahe Alexandria in der Wüste Ägyptens bei. 380 erklärte Kaiser Theodosius (349–95) das Christentum zur römischen Staatsreligion. Abu Menas zog Tausende an, die sich hier dem neuen Glauben anschlossen. Die Stadt blühte auf, wurde reich und entwickelte sich zum größten christlichen Pilgerzentrum Nordafrikas. Wegen der Menge der Pilger, die den heiligen Ort aufsuchten, nannte man die Stadt des Menas das „Lourdes des christlichen Altertums". An dieser heiligen Stätte ereigneten sich zahlreiche Heilungen, sogar Tote sollen hier zum Leben erweckt worden sein. Täglich sammelten sich Tausende Gläubige auf dem Pilgerplatz. Lahme, Blinde, Aussätzige füllten die vielen Herbergen der damals prächtigen Stadt. Bis zum 11. Jahrhundert kamen die Gläubigen aus der gesamten bekannten christlichen Welt und nahmen heilendes Öl mit sich zurück nach Hause. Mit dem Erstarken und schließlichen Siegeszug des Islam geriet der Ort danach zunehmend in Vergessenheit.

STECKBRIEF

296
Märtyrertod des Menas
5./6. Jh.
Bau des Baptisteriums
7.–9. Jh.
Bau der dreischiffigen Basilika
um 850
Bau der Gruftkirche
um 1300
Aufgabe von Abu Mena
1905
Ausgrabungen durch Carl Maria Kaufmann
1979
Ernennung zum UNESCO-Weltkulturerbe

Linke Seite und rechts: Antike Ruinen in Abu Mena. Herzstück der Anlage war die etwa 120 Meter lange Enfilade der liturgischen Räume, bestehend aus dem oktogonalen Taufraum, dem sich im Osten anschließenden Tetrakonchos über dem Märtyrergrab aus justinianischer Zeit (528–565) und der großen Querhausbasilika über kreuzförmigem Grundriss aus der Zeit um 500.

Erneut vom Verschwinden bedroht. Die Stadt wurde geplündert, niedergebrannt, vom Sand bedeckt und fast 1000 Jahre später von einem Frankfurter Archäologen wieder ausgegraben. Für die Kopten, die ägyptische Christen, ist die Stadt in der Wüste heute abermals wichtigster Wallfahrtsort, und koptische Mönche gründeten hier ein neues Kloster. Indes ist sie erneut vom Untergang bedroht, denn der Nil wird von der ägyptischen Regierung kanalisiert, und die ehemalige Wüste wird bereits von zahllosen Kanälen durchzogen – das Nilwasser soll Arbeitsplätze schaffen. Für Abu Mena bedeutet das vielleicht den endgültigen Untergang: Durch den steigenden Grundwasserspiegel werden die Mauern zerstört, viele der unterirdischen Gebäude sind verschüttet, vielerorts droht Einsturzgefahr. Das Weltkulturerbe Abu Mena steht auf der Roten Liste. Zu retten wäre es nur durch ein Ende der Kanalisierung.

Unten links und rechts: Neben bescheidenen Steintrümmern lassen sich auch reich skulptierte Kapitelle finden. Ägyptens Christen, die Kopten, für die Abu Mena im 20. Jahrhundert wieder zum Wallfahrtsort geworden ist, müssen heute erneut um den Verlust dieser heiligen Stätte fürchten.

ÄGYPTEN

Pyramiden von Gizeh

DIE PYRAMIDEN VON GIZEH SIND WELTWEIT DIE BEKANNTESTEN PYRAMIDEN. DIE BAUWERKE SIND HEUTE DIE EINZIGEN ERHALTENEN WELTWUNDER DER ANTIKE. ALS GRÄBER DER GOTTKÖNIGE WURDEN SIE VOR ÜBER 4000 JAHREN ALS HEILIGE STÄTTEN GEACHTET.

In der Gegend von Gizeh befinden sich insgesamt neun Pyramiden und die berühmte Sphinx, ein Löwe mit Menschenkopf in liegender Haltung. Die Sphinx verkörperte anfangs das Gottkönigtum der Pharaonen der 4. Dynastie (2639–2504 v. Chr.), späterem Verständnis nach stellte sie den Sonnengott Harmachis dar.

Es waren die Pharaonen Cheops, Chephren und Mykerinos, die sich um 2585–2520 v. Chr. die prachtvollsten Pyramiden als Bauten für ihre Gräber errichten ließen. In über 30 Jahren bauten 30 000 Arbeiter mit mehr als 2,3 Millionen Steinquadern den Giganten der Cheops-Pyramide, die noch heute als Symbol vergangener Heiligkeit in der Wüste steht. Die Gänge in ihrem Inneren sind mit großen Gesteinsblöcken verschlossen. Grabräuber konnten sie indes nie abhalten, schon in antiker Zeit wurden Pyramidengräber geplündert. Oft blieb nichts weiter zurück als ein leerer Granitsarkophag. Südwestlich der Cheops-Pyramide liegt das Grabmal für Chephren und wiederum südwestlich davon die kleinste der drei Pyramiden, die Mykerinos-Pyramide, die den Namen „Göttlich ist die Pyramide des Mykerinos" trägt. Die Außenwände der Pyramiden waren mit Kalksteinplatten belegt, von denen heute nur noch Reste zeugen.

STECKBRIEF

Sphinx
Bauzeit: um 2590 v. Chr.
Höhe: 73,5 m
Länge: 20 m
Breite: 6 m

Cheops-Pyramide
Bauzeit: um 2585 v. Chr.
Höhe: 138 m
(ursprünglich 146,5 m)
Seitenlänge: 230,33 m
Volumen: 2 583 283 m³
Neigungswinkel: 51° 50'

Chephren-Pyramide
Bauzeit: um 2550 v. Chr.
Höhe: 143 m
(ursprünglich 143,5 m)
Seitenlänge: 215 m
Volumen: 2 211 096 m³
Neigungswinkel: 53° 10'

Mykerinos-Pyramide
Bauzeit: um 2520 v. Chr.
Höhe: 62 m
(ursprünglich 65,55 m)
Seitenlänge: 102 m
Volumen: 241 155 m³
Neigungswinkel: 51° 20'

Linke Seite: Das Ensemble der drei Pyramiden von Gizeh: Cheops-, Chephren- und Mykerinos-Pyramide. Die Pyramiden waren einst mit weißen Kalksteinplatten verkleidet, die vor Jahrhunderten entfernt wurden.

Rechts: Die Große Galerie in der Cheops-Pyramide gilt als Wunder der Bautechnik, die konstruktionsmäßig gelungene Abdeckung eines breiten Korridors unter Berücksichtigung der gewaltigen Massen, die darüber lasten.

Kultstätten für Verstorbene. Die ältesten Pyramiden stammen bereits aus der Zeit um 2680–2600 v. Chr. Es handelt sich dabei um die Stufenpyramide am Grabbezirk des Djoser, dem ältesten Monumentalbau der Welt (um 2680 v. Chr.) in Saqqara, sowie die so genannte Knickpyramide und die Rote Pyramide, die beide unter Pharao Snofru bei Meidum errichtet wurden. Diese frühen Pyramiden gelten als Vorbilder für alle folgenden ägyptischen Pyramiden.

Die Pyramiden orientierten sich an den Himmelsrichtungen: im Norden liegt der Eingang zu den Gräbern, im Osten der Kulttempel für den Verstorbenen. Die Grabkammern legte man ursprünglich unterirdisch an, später wurden sie jedoch im Mauerwerk verborgen.

Unten: Die Sphinx, ein Mischwesen aus Löwe und Mensch, kann als gewaltiges Herrscherbild verstanden werden und demonstriert auf eindrucksvolle Weise das Gottkönigtum der Pharaonen zur Zeit der frühen 4. Dynastie (2639–2504 v. Chr.). Später, im Neuen Reich (1550–1070) verkörperte die Sphinx den Sonnengott Harmachis.

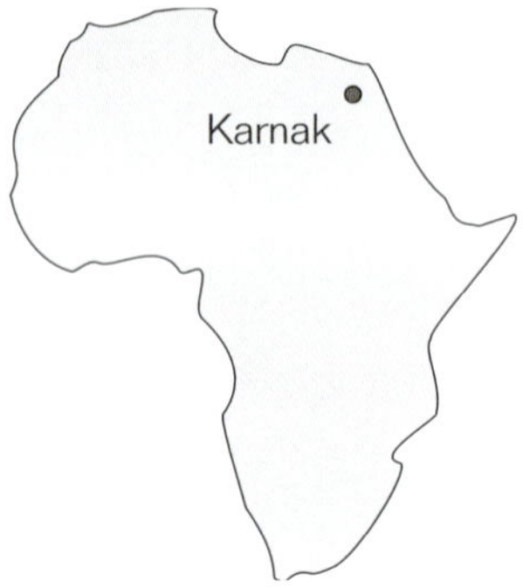

ÄGYPTEN

Karnak

DIE DEM GOTT AMUN GEWEIHTE TEMPELANLAGE VON KARNAK, DIE IM VERLAUF DES NEUEN REICHS ZU EINER RIESIGEN TEMPELSTADT ANWUCHS, WAR ZU IHRER ZEIT DER GRÖSSTE SAKRALBAU-KOMPLEX DER WELT UND ÄGYPTENS WICHTIGSTES HEILIGTUM.

STECKBRIEF

Begonnen unter Sesostris I. in der 12. Dynastie: **1956–1911 v. Chr.**
Wichtige Bauphase unter Thutmosis III. in der 18. Dynastie: **um 1450 v. Chr.**
Mittleres Reich: **2019–1794 v. Chr.**
Neues Reich: **1550–1070 v. Chr.**
1979 Ernennung zum UNESCO-Weltkulturerbe

Der Name „Amun" bedeutet „Herr des unsichtbaren, alles belebenden Lichthauchs", – Stadtgott des ägyptischen Theben, der zum obersten Gott der Götter geworden war, ohne die anderen zu verdrängen. Stein gewordener Ausdruck seiner Verehrung ist sein gewaltiges Heiligtum in Karnak. Pharao um Pharao, Dynastie um Dynastie hatten das zentrale Heiligtum des Amun erweitert. 70 000 Priester gehörten zum Tempel, seinen Außenstellen und Landgütern, an ihrer Spitze der Hohepriester mit drei weiteren „Gottesdienern", die den König als obersten Kultherrn unterstützten. 134 mit Reliefs und Hieroglyphen verzierte Säulen trugen damals das Dach des Tempels mit seinen wunderschönen Wand- und Deckengemälden. Hinter der Säulenreihe der inneren Kammer befand sich das zentrale Heiligtum. Zur Gesamtanlage gehörten auch der Tempel der Mut im Norden und der Tempel des Chons im Süden. Über eine prächtige Prozessionsstraße war die Anlage mit dem 2,5 Kilometer entfernten Luxor verbunden, und eine weitere Prozessionsstraße führte bis zur Anlegestelle am Nil. Die Kombination verschiedener Stile in dem riesigen Bauwerk rührt daher, das jeder Herrscher dem zentralen Bau über die Jahrhunderte weitere Bauwerke hinzufügte.

Oben: Luftansicht auf die Ruinen der weitläufigen Tempelanlage von Karnak.

Luxor

DIE TEMPELANLAGE VON LUXOR GALT ALS URHÜGELSTÄTTE UND SÜDLICHE RESIDENZ DES GOTTES AMUN-RE. SIE DIENTE DER ERNEUERUNG UND REGENERATION DES GOTTES, ABER AUCH ZUR STÄRKUNG DER GÖTTLICHKEIT DES KÖNIGS.

Der Bau der Tempelanlage von Luxor wurde unter den thutmosidischen Herrschern der 18. Dynastie begonnen. Deren Haupttempel wurde unter der Regierung von Amenophis III. um 1380 v. Chr. durch einen gewaltigen Neubau ersetzt und später vor allem von Tutanchamun und Ramses II. mit Erweiterungen fortgeführt. Die Anlage besitzt neben prächtigen Reliefs gewaltige Statuen von Ramses II. Der Tempel in Luxor wurde für die großen Feiern in Theben zu Ehren des Gottes angelegt. Mit einer von Hunderten von Sphinxen gesäumten Prozessionsstraße war der Tempel mit dem Heiligtum von Karnak verbunden. Während des Opetfestes, dem größten Fest der alten Ägypter, das dem steigenden Wasserstand des Nils gewidmet war, wurde in einer riesigen Prozession die Statue des Amun in einer Barke von Karnak nach Luxor getragen. Am Tempel von Luxor wurden die Götter von Tänzern und Musikanten erwartet, und in tagelangen Zeremonien feierte man im großen Tempel von Luxor Riten, die die Macht des Gottkönigs festigen sollten. Die jährlich zu erneuernde Vergöttlichung des lebenden Königs und seiner Kraft wurde im sogenannten Erscheinungssaal hinter der großen Säulenhalle vollzogen. Alles war hier groß und prächtig.

STECKBRIEF

Bauherren:
Amenophis III.:
1402–1364 v. Chr.
Amenophis IV.:
1364–1347 v. Chr.
Tutanchamun:
um 1347–1339 v. Chr.
Ramses II.:
um 1298–1213 v. Chr.
1836
Einer der Obelisken des Tempels von Luxor wird nach Paris transportiert, wo er heute noch auf der Place de la Concorde steht.
1995
Entdeckung des Mausoleums der Söhne von Ramses II.
1979
Ernennung zum UNESCO-Weltkulturerbe

Oben: Eine der zahlreichen königlichen Reliefdarstellungen im Luxortempel.

Links: Kolossale Sitzfigur Ramses' II. im Luxortempel, um 1220 v. Chr., Höhe etwa 7 m. Die thronende Figur des Herrschers besaß den Eigennamen Ra-en-hekau, „Sonne der Fremdherrscher".

SINAI/ÄGYPTEN

Katharinenkloster

UNTERHALB DES MOSESBERGS IM SINAI LIEGT DAS KATHARINENKLOSTER, EINES DER BERÜHMTESTEN UNTER DEN ORIENTALISCHEN WÜSTENKLÖSTERN. ES BEWAHRT DAS GEDENKEN AN DEN BRENNENDEN DORNBUSCH UND IST HORT WUNDERBARER FRÜHBYZANTINISCHER IKONEN, DIE HIER ENTSTANDEN.

Das Kloster wurde zwischen 548 und 565 gegründet, die Klosterkirche und Teile des vorgelagerten Turms datieren der Inschrift der Dachbalken nach noch ins 6. Jahrhundert. Sie nennen das Kaiserpaar Justinian und Theodora sowie einen örtlichen Architekten aus Akkaba. Die übrigen Klosterbauten wurden bis in die Neuzeit hinein ständig erneuert. Bestimmend für das Erscheinungsbild des Klosters ist der hohe Mauerkranz, der zum Schutz gegen vagabundierende Räuberbanden und arabische Plünderungen des 7. Jahrhunderts errichtet wurde. Durch seine isolierte Lage gehört das Katharinenkloster zu den wenigen, die nie zerstört wurden.

Gesteigerte Heiligkeit des Orts. Die Lage des Klosters erinnert daran, dass Moses auf dem Berg Sinai die Gesetzestafeln Gottes erhalten haben soll (Exodus 19 ff.). Eine Steigerung erfuhr die Heiligkeit des heiligen Orts dadurch, dass hinter der Apsis der Klosterkirche der brennende Dornbusch verehrt wurde, in dem sich Gott dem Moses offenbarte (Exodus 3,5). Später kam noch die Namen gebende Verehrung von Reliquien der heiligen Katharina von Alexandrien hinzu, einer Märtyrerin aus dem 3. oder 4. Jahrhundert.

STECKBRIEF

4. Jh.
Mönche besiedeln den Ort, es existiert eine Marienkapelle.
548–65
Gründung und Bau der bis heute existierenden Klosteranlage
um 610
„Die Leiter des göttlichen Aufstiegs" des Johannes Klimakos entsteht.
8.–9. Jh.
Zeit des byzantinischen Bilderstreits, die der Bildschatz des Klosters heil übersteht
1844
Entdeckung des „Codex Sinaiticus", die älteste, fast vollständig erhaltene Bibelhandschrift, durch Konstantin von Tischendorf
2002
Ernennung zum UNESCO-Weltkulturerbe

Linke Seite: Das Katharinenkloster aus dem 6. Jahrhundert erhielt eine hohe Mauer als Schutz gegen plündernde Banden.

Rechts: Die Christusikone aus dem 6./7. Jahrhundert zeigt das Bildnis eines Mannes mittleren Alters, dessen „Echtheit" durch subtile malerische Mittel beglaubigt wird.

Klosterschätze. Außerordentlich wertvoll ist die Klosterbibliothek, die als die älteste erhaltene christliche Bibliothek überhaupt gilt. Unter den zahlreichen Handschriften befindet sich auch die berühmte Abhandlung „Die Leiter des göttlichen Aufstiegs", eines der einflussreichsten Werke orthodoxer Spiritualität. Ihr Autor mit Namen Johannes Klimakos war wohl einer der Einsiedler, die in der Umgebung des Klosters lebten und nur bei Gefahr den Schutz der Mauern aufsuchten.

Zum Klosterschatz zählen des Weiteren zahlreiche Ikonen (über 2000), darunter einige aus frühbyzantinischer Zeit, die den Bilderstreit des 8. und 9. Jahrhunderts unbeschadet überstanden haben – eine echte Rarität. Zu den berühmtesten dieser alten Ikonen aus dem 6. und 7. Jahrhundert zählt nebenstehende Christusikone.

Links und oben: Zur reichen Ausstattung des Kircheninneren gehören bedeutende Mosaiken aus justinianischer Zeit.

MALI

Timbuktu

TIMBUKTU IST DIE SAGENHAFTE STADT IN DER WÜSTE MALIS. AN DIESEM VOM SAND REGIERTEN ORT LIEGEN DREI GROSSE MOSCHEEN AUS DEM 14., 15. UND 16. JAHRHUNDERT SOWIE FRIEDHÖFE UND MAUSOLEEN AUS BRAUNEM LEHM.

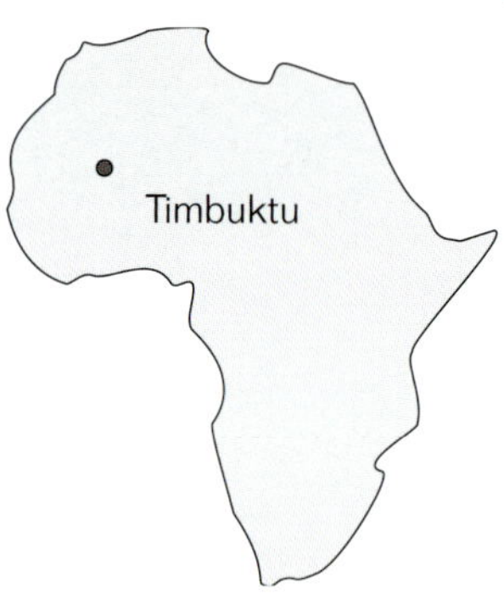

Timbuktu ist, aus der Ferne betrachtet, eine unregelmäßige Ansammlung von braunen Lehmquadern, die sich vor dem immerwährenden Sand ducken. Drei Moscheen weichen in ihrem Erscheinungsbild von den Quadern ab, da sie lang gestreckte, weichere Formen haben. Als Timbuktu im 13. Jahrhundert unter den Einfluss des Mali-Reichs geriet, wurde die Islamisierung der Stadt abgeschlossen. Aber es dauerte weit über 100 Jahre, bis sie zur Pilgerstätte wurde. Als Erste wurden im 14. und 15. Jahrhundert die Moscheen Djingerber und Sankoré aus Lehm gebaut. Dies ist eine mühsame Bauweise, denn nach jeder Regenzeit muss der Lehmputz erneuert werden. Die Minarette der Moscheen haben ein Skelett aus Holzpfählen, um das weiche Baumaterial zu stabilisieren. Im 15. Jahrhundert war die Sankoré-Moschee das Universitätszentrum, ein Zusammenschluss verschiedener Koranschulen. Als heiliger Ort verehrt, kamen Koranstudenten aus der gesamten islamischen Welt, um hier im Innenhof der Moschee zu studieren und zu beten. Sidi Yahia ist die jüngste Moschee aus dem 16. Jahrhundert, sie wurde im Gegensatz zu den beiden anderen gemauert. Heute beherbergt sie eine moderne Koranschule für die Kinder der Stadt. Im

STECKBRIEF

Einwohnerzahl heute
ca. 35 000
um 1000
Erste Erwähnung in arabischen Chroniken
1327
Bau der Großen Moschee
14.–16. Jh.
Religiöses und wirtschaftliches Zentrum
1828
Der Franzose René Caillé verbringt elf Tage in Timbuktu.
1894
Franzosen erobern die Stadt.
1988
Ernennung zum UNESCO-Weltkulturerbe

Links: Der Marktplatz ist einer der Brennpunkte des sozialen Lebens, das in der islamischen Welt zunehmend unter die Aufsicht der Religion gerät, auch in Afrika.

Linke Seite: Die im 15. Jahrhundert erbaute Sankoré-Moschee wurde auch als Universität bzw. höhere Bildungsstätte genutzt.

15. und 16. Jahrhundert erlebte Timbuktu seinen kulturellen und spirituellen Höhepunkt, es soll bis 180 Koranschulen gegeben haben.

Unzugänglich für Ungläubige. Timbuktu war für Europa mehr eine Luftspiegelung als eine wirkliche Stadt, sie erscheint wie aus Sand gebaut, fragil, und Nahrungsmittel müssen Hunderte Kilometer über den Niger herbeigeschafft werden. Im 19. Jahrhundert war Timbuktu unzugänglich für Ungläubige, und erst 1826 erreichte der britische Offizier Alexander Gordon Laing als erster Europäer Timbuktu: Er lebte in der Stadt, wurde aber auf der Rückreise nach Marokko von einem religiösen Fanatiker erschlagen. Dem deutschen Afrikaforscher Heinrich Barth gelang es, mithilfe der arabischen Tuareg nach Timbuktu zu kommen. Er sprach perfekt arabisch und verbrachte unter dem Namen Abd El Kerim die Jahre 1853/54 in der Stadt und studierte das Leben ihrer Einwohner. Als er entdeckt wurde, musste er fliehen. Heute kann die Stadt frei besucht werden, aber vom ehemaligen Glanz ist nur noch wenig zu spüren: Die historische Innenstadt – von Ausnahmen abgesehen – ist als Folge des Bürgerkriegs mit den Tuareg (1990–96) verarmt und verödet.

Unten: Blick über die erdfarbenen Gebäude der Stadt. Viele afrikanische Lehmhäuser verfügen über ein ausgeklügeltes Klima-System.

ÄTHIOPIEN

Axum

DER HEILIGSTE ORT ÄTHIOPIENS IST DIE KIRCHE DER HEILIGEN MARIA VON ZION AUS DEM 17. JAHRHUNDERT IN DER HEILIGEN STADT AXUM. IN EINER RELIQUIENKAPELLE DANEBEN WIRD, WIE ES HEISST, DIE BERÜHMTE BUNDESLADE AUFBEWAHRT.

Axum lag an den Karavanenstraßen nach Arabien, Nubien und Ägypten und trieb regen Handel mit den Häfen des Roten Meeres und des Indischen Ozeans sowie mit Rom, Griechenland und Konstantinopel. Hier erstand das älteste christliche Königreich der Welt, das größte außerhalb des Römischen Reichs, mit Axum als der heiligsten Stadt des äthiopisch-orthodoxen Glaubens. Obwohl die heutige Kirche der heiligen Maria relativ jung ist, sind ihre Fundamente beeindruckend alt. Der heilige Ezana, im 4. Jahrhundert König von Äthiopien, wurde in seiner Jugend von zwei syrischen Mönchen zum christlichen Glauben bekehrt und führte als König das Christentum am Hof ein. Einen seiner syrischen Lehrer, Frumentius, machte er noch vor seinem Tod zum Haupt der äthiopischen Kirche. Er ließ die Kirche für die heilige Maria bauen, die hunderte Jahre stand, bis sie im 16. Jahrhundert von Muslimen zerstört wurde. Anfang des 17. Jahrhunderts ließ Kaiser Fasilidas (1632–67) auf den Ruinen der alten die neue, heute noch dort stehende Kirche bauen. Die Kirche der heiligen Maria von Zion ist nicht nur Symbol für die Stärke des äthiopischen-orthodoxen Glaubens, sondern auch für Äthiopien als Nation. Hier wurden alle Kaiser gekrönt, und bis in die 1930er-

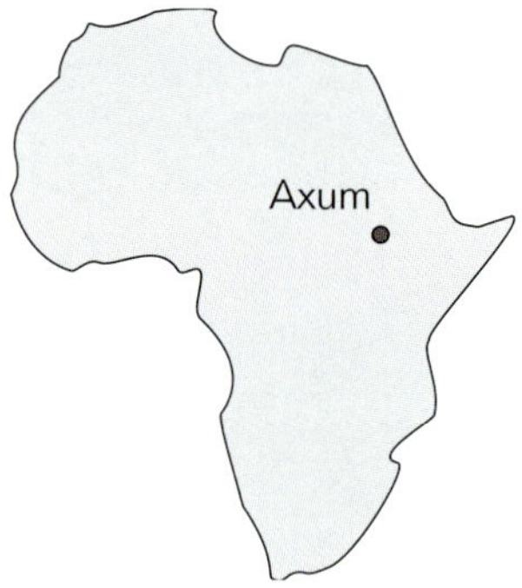

Linke Seite: St. Maria von Zion ist die älteste und wichtigste Kirche der Äthiopisch-orthodoxen Kirche, vermutlich wurde sie im 4. Jahrhundert erbaut.

Rechts: Wandmalereien in der Kirche. Die Heilgendarstellungen, wohl aus dem 17. Jahrhundert, sind stark stilisiert und kräftig in den Farben.

Jahre gewährte die Kirche Kriminellen Zuflucht vor dem Gesetz. Haile Selassie, der letzte Herrscher der Salomoniden in Äthiopien, ließ neben der alten die neue Kirche der heiligen Maria errichten, dazu eine Reliquienkapelle, um der angeblich seit den Zeiten König Salomons aufbewahrten Bundeslade einen würdigen Platz zu geben.

Abspaltung von der Großkirche. Im späten 5. Jahrhundert wurde der christliche Glaube durch Missionare aus dem Oströmischen Reich, die geflohen waren, auch unter der Bevölkerung des Landes verbreitet. Diese Missionare waren sogenannte Monophysiten, d.h., sie hielten an der altchristlichen Glaubenslehre fest, Christus hätte nur eine göttliche Natur und keine zwei: eine göttliche und eine menschliche. Die monophysitische Lehre war auf dem Konzil von Chalcedon 451 in Bithynien, Kleinasien, zugunsten der Zweinaturenlehre verboten und als Häresie, Gotteslästerung, verurteilt worden. Diese Trennung der Glaubensauffassung ist der Grund, weshalb sich die koptischen, äthiopischen, armenischen und syrisch-jakobitischen Kirchen aus der Großkirche lösten. Bis heute ist die monophysitische Lehre fester Teil des äthiopisch-orthodoxen Glaubens.

STECKBRIEF

4. Jh.
Ursprungsbau der Marienkirche
Mitte des 16. Jhs.
Zerstörung durch die Truppen Ahmed Gragn
1635
Neubau der Kirche durch Kaiser Fasilidas
1955–64
Bau der neuen Kirche durch Kaiser Haile Selassie
1980
Ernennung zum UNESCO-Weltkulturerbe

Links: Ein Diakon mit einem Sistrum (alte nordafrikanische Handrassel) nahe der Reliquienkapelle. Die äthiopische Bundeslade darf nur vom Wächter derselben unverhüllt betrachtet werden.

ÄTHIOPIEN

Lalibela

VOR ÜBER 800 JAHREN SCHLUGEN UNBEKANNTE STEINMETZE MEHRSTÖCKIGE KIRCHEN IN ROTES LAVAGESTEIN – DIE HEILIGEN FELSENKIRCHEN VON LALIBELA IN ÄTHIOPIEN AM HORN VON AFRIKA.

Bis heute ist Lalibela in den Bergen Äthiopiens in einer Höhe von 2600 Metern Ziel frommer orthodoxer Pilger, die hier ein zweites Jerusalem verehren. Die Felsenkirchen sind in solcher Meisterschaft ausgeführt, dass der Legende nach Engel am Bau beteiligt gewesen sein sollen – Menschen hätten Derartiges allein nicht schaffen können. Insgesamt entstanden vom 12. bis zum 13. Jahrhundert elf aus roter Basaltlava gemeißelte Kirchen, die meisten davon mehrgeschossig. Man unterscheidet zwischen sogenannten Monolithen, Kirchen, die aus einem einzigen Block gearbeitet sind, Semimonolithen, bei denen nur die Fassade aus einem Stein gehauen wurde, und den Höhlenkirchen, die in eine Höhle gebaut wurden. In der nördlichen Gruppe der Gebäude befinden sich Bet Medhane Alem, die größte monolithische Kirche der Welt, und Bet Maryam, die älteste. Bet bedeutet auf Deutsch „Haus". In Bet Golgotha, das Haus Golgathas, befindet sich das Grab Kaiser Lalibelas. Das Gotteshaus, das heute als Bet Gabriel-Rufael bekannt ist, war vermutlich ehemals der Königspalast.

Heilige Orte einer labyrinthischen Stadt. Als 1187 Jerusalem von den Arabern unter Saladin erobert wurde, verfügte der Legende nach der heilige Kaiser Ge-

STECKBRIEF

5. Jh.
Ausbreitung des christlichen Glaubens in Äthiopien
9. Jh.
Vordringen des Islams und Zerfall des Reichs von Aksum
12./13. Jh.
Unter König Lalibela, der Blütezeit der Zagwe-Dynastie in Äthiopien, in einem Zeitraum von ca. 120 Jahren, Errichtung von elf monolithischen Felskirchen des „neuen Jerusalems"
1978
Ernennung zum UNESCO-Weltkulturerbe

Linke Seite: Die unter dem Felsen freigelegte Bet Abba Libanos; wie bei den anderen Kirchen auch, handelt es sich eher um ein skulpturales als um ein architektonisches Werk.

Rechts: Orthodoxer Priester beim Trommeln in einer der Felsenkirchen; im Hintergrund ein Leinwand-Gemälde christlich-didaktischen Inhalts.

bra Maskal Lalibela, Jerusalem am Horn von Afrika „aus einem einzigen Stein" neu erstehen zu lassen. Bis heute ist nicht klar, wie diese begnadeten Handwerker des 13. Jahrhunderts dazu in der Lage waren, denn die Kunst dieser Behandlung von Stein, das Wissen, welcher Stein der geeignetste ist, um mit einfachen Meißeln einen gewaltigen Monolithen zu schlagen, hat sich mit den Jahrhunderten verloren. Was an der Fertigkeit jener mittelalterlichen Steinmetze besonders beeindruckt: Auch alle Inneneinrichtungen, Wandgestaltungen und -dekorationen sind von Hand herausgemeißelt worden. So wurden in den Fels Gesimse, Fenster, Treppen gehauen, bevor er ausgehöhlt wurde, um in seinem Inneren Säulen, Bögen und Nischen entstehen zu lassen. Untereinander sind die einzelnen Gotteshäuser durch Gänge und Treppen verbunden, um zu den vielen im Berg liegenden heiligen Orten dieser geheimnisvollen, labyrinthischen Stadt des äthiopisch-orthodoxen Glaubens zu gelangen.

Unten links und rechts: Luft- und Seitenansicht der Bet Giyorgis (St.-Georg-Kirche), eine der eindrucksvollsten der elf Kirchen Lalibelas.

BOTSWANA

Tsodilo-Hügel

DIE SAN, AUCH BUSCHLEUTE GENANNT, WAREN DIE ERSTEN BEWOHNER IM SÜDLICHEN AFRIKA, IHR STAMMBAUM REICHT WEIT IN DIE MENSCHHEITSGESCHICHTE ZURÜCK. DIE TSODILO-HÜGEL MIT IHREN ZAHLLOSEN HÖHLEN UND FELSZEICHNUNGEN GELTEN IHNEN BIS HEUTE ALS HEILIGE STÄTTEN.

Im Umkreis von mehreren hundert Kilometern sind die vier Tsodilo-Hügel mit ihrem höchsten Gipfel von 1489 Meter in der Kalahari-Wüste die höchste Erhebung Botswanas. Berühmt ist der Ort in der Nähe des Okawango-Flussdeltas wegen seiner etwa 4500 Felsmalereien, die ihm den Namen „Louvre der Wüste" verliehen. Auf nur zehn Quadratkilometern findet sich hier das größte Vorkommen von Felsmalereien der Welt. Die wunderschönen Bilder vermitteln einen Eindruck menschlichen Daseins der Frühzeit und vor allem auch von den Veränderungen der Umwelt über einen Zeitraum von 10 000 Jahren. Für das kleinwüchsige Volk der San sind die Tsodilo-Hügel heilige Stätten, sie verehren sie als Ort der heiligen Geister ihrer Ahnen. Die Welt der Ahnen spielt in Afrika eine große Rolle. Die San sind Anhänger einer animistischen Religion, sie befragen Orakel aus Tonscherben, fürchten Geister, die sie krank machen, und suchen Heilung in Trancetänzen. Ihre Schamanen sind meist alte Frauen, die spirituelle Fähigkeiten besitzen. In der Schöpfungs-Mythologie der San ist der größte der vier Felsen der „Mann", der nächstkleinere die „Frau", der kleinste das „Kind". Der vierte Felsen wiederum ist die erste Frau des Mannes, die er für eine jüngere verlassen hat.

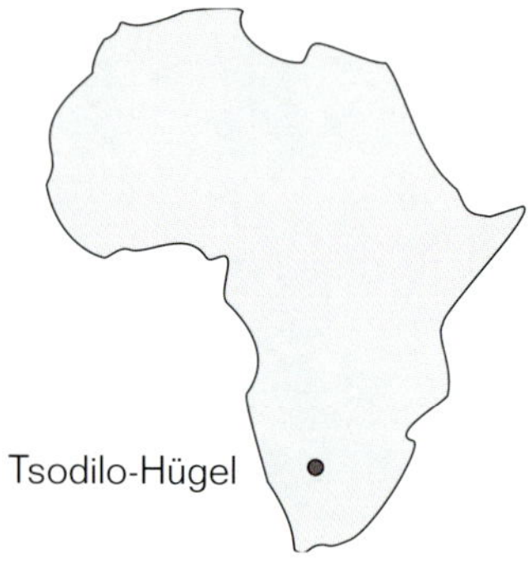

STECKBRIEF

Isodilo:
Weltweit größtes Vorkommen von Felsmalerei: ca. 4500. Menschliche Aktivitäten seit etwa 100 000 Jahren
2001
Ernennung zum UNESCO-Weltkulturerbe

Volk der San:
Erste Besiedlung Südafrikas vor ca. 25 000 Jahren; sie leben als nomadisierende Jäger und Sammler.
Körpergröße:
1,4 bis max. 1,6 m (keine „Pygmäen")
In Botswana leben heute nur noch ca. 50 000 San.

Linke Seite, rechts und unten: Felswände mit Malereien, die meisten davon Tiere, sind typisch für die Kultur von nomadisierenden Jägern und Sammler.

2001 wurde vor Ort ein Museum eröffnet, das über die Ortsgeschichte und die erhaltenen Felszeichnungen Auskunft gibt.

Ort ältester Rituale. In einer der Höhlen fanden Archäologen einen ca. sechs mal zwei Meter großen Stein, der wie eine Python-Schlange geschnitten und mit Schuppen verziert ist. Bei weiteren Grabungen entdeckte man mehr als 13 000 Artefakte und weitere Höhlenmalereien, die vor etwa 70 000 Jahren angefertigt wurden. Unter den Artefakten waren rote Speerspitzen, die bei rituellen Zeremonien verbrannt wurden. Hinter dem Python-Stein lag eine kleine Kammer, die Schamanen für Rituale diente. Die Funde beweisen, dass die Menschen hier bereits ca. 30 000 Jahre früher, als lange angenommen, religiöse Rituale zelebrierten.

Asien ist nicht nur der größte und bevölkerungsreichste Kontinent der Erde, er ist auch der Kontinent, auf dem die meisten der großen Weltreligionen praktiziert werden. Hier befinden sich die heiligsten Stätten des Buddhismus, Hinduismus, Shintoismus, des Islam und zahlloser animistischer Religionen. Kein anderer Kontinent beherbergt so zahlreiche Mitglieder verschiedener Glaubensgemeinschaften, aber auch so viele Regionen gefährdeter religiöser Eintracht.

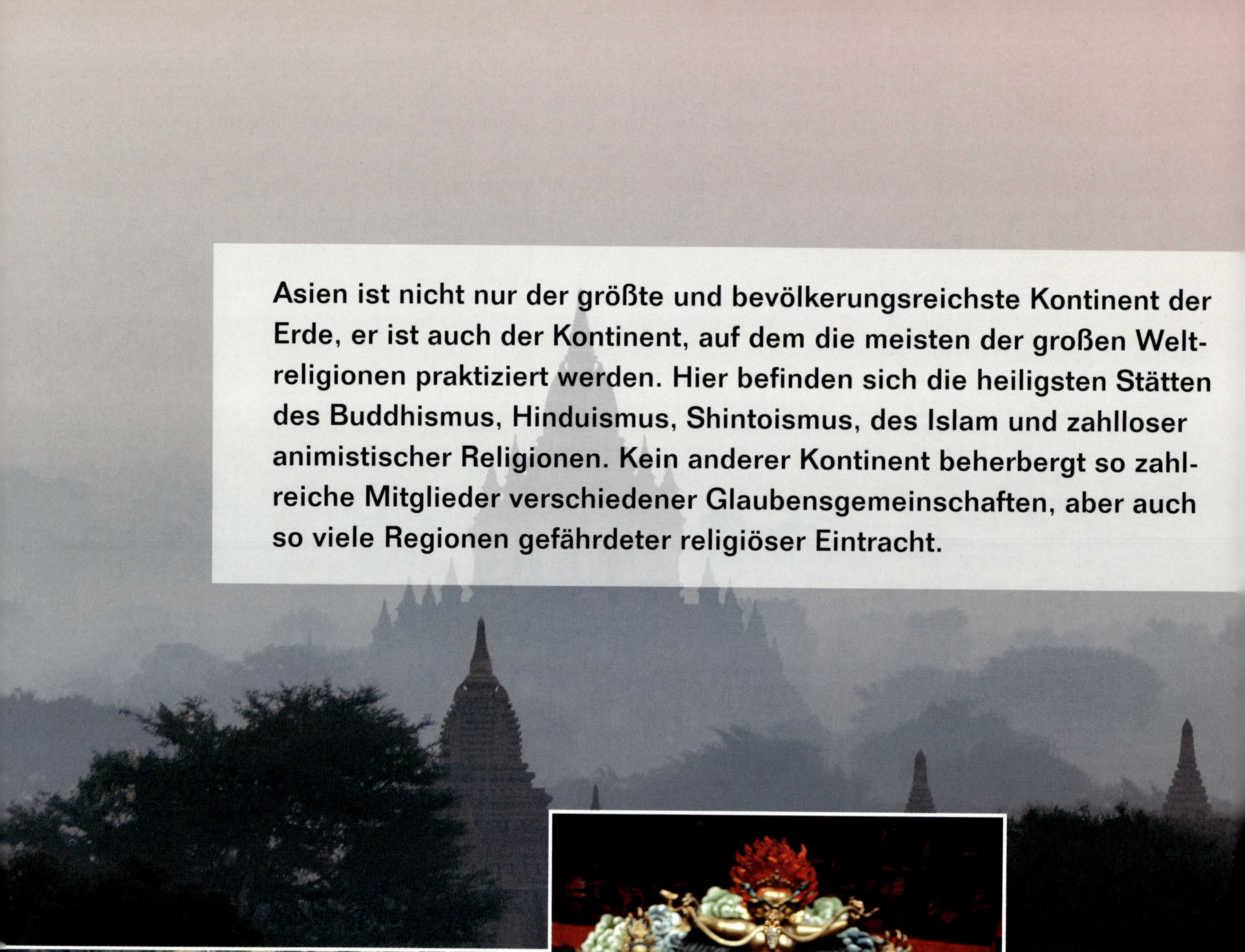

ASIEN

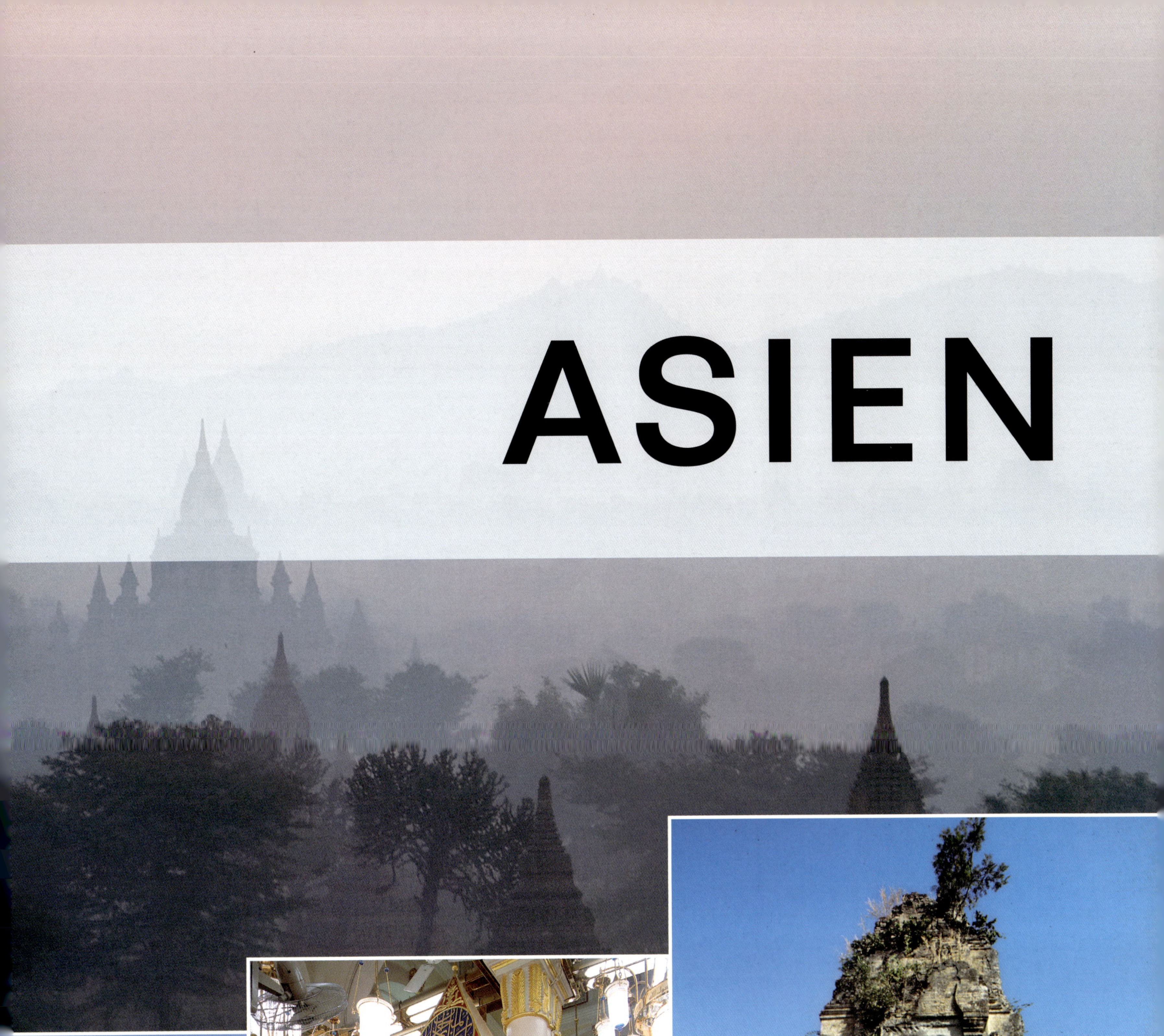

JAPAN

Fujisan, der heilige Berg

DER FUJI IST DER MEISTBESTIEGENE UND VERMARKTETE BERG DER WELT. WIE KEIN ANDERER IST SEIN BILD ZUM SYMBOL FÜR JAPAN GEWORDEN. ALS SITZ DER JAPANISCHEN SHINTO-GOTTHEITEN IST ER JAPANS HEILIGSTER BERG.

Etwa 100 Kilometer westlich von Tokio auf der Hauptinsel Honshu liegt der Fujisan, der höchste Berg Japans, mit seiner perfekten Form eines Stratovulkans. An klaren Wintertagen ist er von der Metropole aus sehr gut zu sehen. Die geologische Geschichte des heiligen Bergs begann vor etwa 100 000 Jahren: Er steht an der Stelle, an der sich die Eurasische, die Nordamerikanische und die Philippinische Platte treffen. Der letzte Ausbruch des Vulkans ereignete sich im Jahr 1707, er war so stark, dass damals sogar noch Edo, wie der alte Name Tokios lautete, mit einer gut 15 Zentimeter dicken Ascheschicht bedeckt wurde.

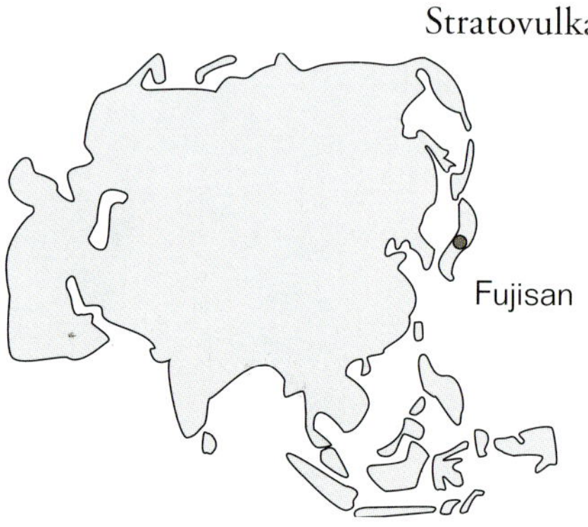

Heiligster Berg des Shintoismus. Wie jeder Berg Japans ist auch der Fuji im Winter Aufenthaltsort der Berggottheiten. Aus diesem Grund ist er im Winter besonders heilig und darf in dieser Jahreszeit von Gläubigen nicht bestiegen werden. Der Vulkan ist der heiligste Berg des Shintoismus. Im Shintoismus findet sich der Glaube an die kami, „höhere Wesen oder Gottheiten“. Diese werden allerdings nicht als präexistent und allmächtig verstanden, sondern es sind „spirituelle Kräfte, die im Prozess der Entstehung aller Dinge des Universums als wirkend erkannt werden“. Mittelpunkt des religiösen

STECKBRIEF

Der „neue Fuji" erhielt seine heutige Form vor ca. 10 000 Jahren. Als schneefreie Zeit gilt der 1. Juli bis zum 31. August.

Höhe: 3776 m
Erstbesteigung: 663 durch einen unbekannten Mönch
Besucher: Etwa 2 Mio., davon 200 000 bis zum Gipfel
Letzter Ausbruch: 16.12.1707 (für ca. 2 Wochen)

Lebens ist die Kultstätte, an der die Gottheit anwesend ist. In der schneefreien Zeit, also wenn die Berggötter von den Höhen der Berge in die Reisfelder der Ebenen hinabsteigen, wird der Fuji zur Besteigung freigegeben. Am ersten Tag des sechsten Mondmonats findet die Yamabiraki-Zeremonie statt, das „Öffnen des Bergs". Ein Priester zerteilt ein Tabuseil, das zwischen ein torii, ein typisches Tor der Shinto-Architektur, gespannt wurde. Die meisten Pilger besteigen den Fuji nachts, denn frühmorgens besteht die beste Chance, den Ausblick zu genießen, da der Berg sich im Sommer oft in dichte Wolken hüllt. Meist fahren die Pilger mit der Bergbahn bis zu einer der Stationen, die in einer Höhe von 1400 bis 2400 Meter liegen, und beginnen den Aufstieg. Am 27. Tag des siebten Mondmonats wird der Pfad auf den heiligen Berg wieder geschlossen.

Rechts: Dieses Foto zeigt einen Pilger um 1880 auf seinem Weg zum Gipfel des Fuji auf der Insel Honshu.

Linke Seite: Der Fuji ist ein perfekter Strato- oder Schichtvulkan. Man erkennt das an der typischen spitzkegeligen Form.

Unten links: Pilger schlagen diese Münzen als Gaben an die kami in den Pfosten eines Shinto-Tempels auf dem Fuji.

Unten rechts: Ein typischer kleiner Opferaltar mit Mandarinen, einem Apfel, Weihrauchgefäß und Blumen als Gaben für die Berggötter.

JAPAN

Shinto-Schrein auf Itsukushima

FÜR DEN SHINTOISMUS IST DIE INSEL ITSUKUSHIMA SEIT EWIGEN ZEITEN HEILIG, SIE DARF NICHT BETRETEN WERDEN. DARUM WURDE DAS TEMPELHEILIGTUM AUF STELZEN INS WASSER GEBAUT.

Nach shintoistischem Mythos stieß das Götterpaar Izanami und Izanagi ihren Juwelenspeer aus dem Himmel in den Ozean, und was von diesem Speer abperlte, als sie ihn herauszogen, waren die Inseln Japans: Tropfen aus dem Himmel der Shinto-Götter. Im Shintoismus gelten Naturkräfte, Berge, Seen, Tiere, Bäume und vor allem die Ahnen als Gottheiten oder kami. Somit umfasst die japanische Staatsreligion viele Millionen Götter. Beeinflusst von Konfuzianismus, Taoismus und Buddhismus, hat diese Religion jedoch weder Stifter noch heilige Schriften, verfügt über keine bestimmten Lehren und keine Gebote. Bestimmt wird sie vom Glauben an die Unsterblichkeit der Seele. Der Gläubige soll im Einklang mit der Natur handeln und der Harmonie der Gemeinde dienen. Alles, was dem entgegenwirkt, gilt als verderbt. In seinen Grundformen – Naturverehrung und Ahnenkult – hat sich der Shintoismus von der frühesten Zeit bis zur Gegenwart erhalten.

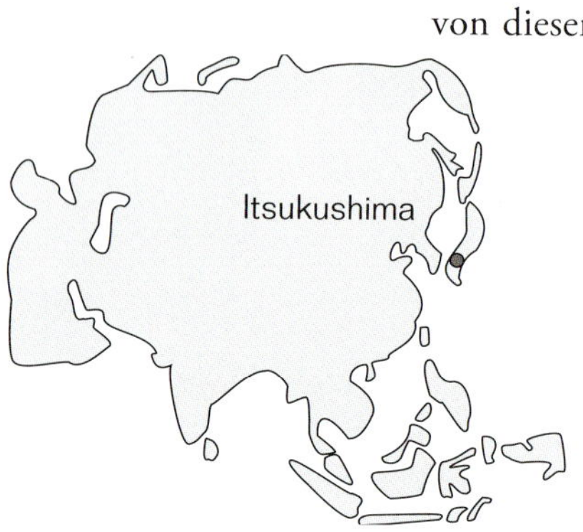

Einklang mit der Natur. Als 593 der erste Tempel auf der Insel Itsukushima gebaut wurde, wagte man nicht, ihn direkt auf den Boden zu setzen, denn die Insel war und ist heilig, also errichtete man ihn auf Pfosten im Uferschlamm – die Insel selbst durfte nicht betreten

STECKBRIEF

593
Bau des ersten Tempels unter Kaiserin Suiko
881
Erste urkundliche Erwähnung
1164
Bau des Haupttempels
1207 und 1223
Zerstörung des Tempels durch Feuer
1571
Errichtung des jetzigen Tempels
1996
Ernennung zum UNESCO-Weltkulturerbe

Linke Seite: Das torii, der Eingang zum Tempel, steht bei Flut im Wasser und kann nur bei Ebbe erreicht werden, es heißt deshalb auch das „schwebende" oder „im Wasser treibende" torii.

Oben links: Im Shintoismus ist Sauberkeit höchstes Gebot. Darum finden sich überall Brunnen und Becken zum Ausspülen des Mundes und zur Reinigung.

Oben rechts: Der Shintoismus kennt Millionen Gottheiten, darum steht im Mittelpunkt des religiösen Lebens immer die Kultstätte, weniger die konkrete Gottheit.

werden. Darum steht das Wahrzeichen Japans, das gewaltige rote Tor, torii, vor diesem Tempel in der Bucht. Bei Ebbe gelangt man zu Fuß bis dorthin, bei Flut jedoch steht es im Wasser. Die fast zarte hölzerne Tempelanlage mit ihren Hunderten roter Säulen, den weiten offenen Räumen und ihrer Transparenz symbolisiert die Freiheit der kami, zu kommen und zu gehen, wie es ihnen beliebt. Was den Itsukushima-Schrein vor allem ausmacht, ist seine eigene außergewöhnliche Schönheit, denn prächtige Altäre, Götterstatuen und -bilder sind dem Shintoismus ansonsten fremd. Die gesamte Insel ist Gott, also muss hier nichts abgebildet werden. Das Gebäude ist offen, sein Inneres korrespondiert mit der Natur, die es umgibt. Überall befinden sich Wasserbecken, an denen die Gläubigen sich reinigen, den Mund ausspülen – innere und äußere Reinheit ist im Shintoismus einziges Gebot.

Unten: Hunderte von roten Säulen säumen den Tempel.

JAPAN, NARA

Todaiji-Tempel

„GROSSER TEMPEL DES OSTENS“ BEDEUTET DER NAME DIESER HEILIGEN BUDDHISTISCHEN STÄTTE IN NARA, IM SÜDEN DER INSEL HONSHU, DAS IM 8. JAHRHUNDERT DIE HAUPTSTADT JAPANS WAR.

Der Todaiji-Tempel wurde 752 in der Blüte der Nara-Zeit von Kaiser Shomu als der wichtigste buddhistische Tempel Japans gebaut. Er diente nicht nur als Gebetsstätte, sondern war auch Kloster und herrschte als oberstes Heiligtum über ein Netzwerk buddhistischer Klöster überall in Japan. Seine kolossalen Ausmaße repräsentierten die kaiserliche Architektur der Zeit. Tempel und Kloster wurden so mächtig, dass die Hauptstadt 784 von Nara nach Nagaoka verlegt wurde, um den Einfluss des Tempels auf die Regierung zu mindern. Mehrmals fiel der Tempel Feuern und Erdbeben zum Opfer, aber immer wieder wurde die heilige Stätte erneuert. 1180 wurde der Todaiji unter Abt Shunjobo Chogen (1121–1206) nach einem Erdbeben im chinesischen Stil wieder aufgebaut. Zu erkennen sind diese Stileinflüsse heute am südlichen Tor (nandaimon), für das die beiden Bildhauer Unkei und Kaikei 1203 etwa acht Meter hohe Wächterstatuen schufen. Der heutige Tempel stammt aus dem Jahr 1709 und repräsentiert nur zwei Drittel seiner ursprünglichen räumlichen Erstreckung.

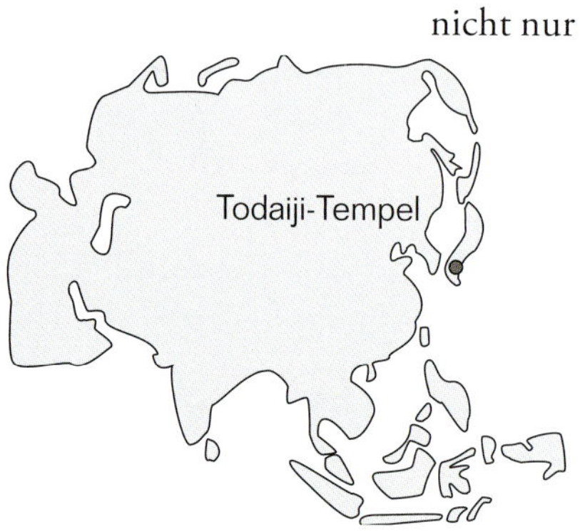

Buddha öffnet die Augen. Heute ist der Tempel Hauptsitz der buddhistischen Kegon-Sekte, deren Anhänger den Buddha Vairocana verehren, den „Sonnen-

STECKBRIEF

710–84
Nara-Zeit
724–49
Regierungszeit von Kaiser Shomu
752–98
Bau des Todaiji-Tempels

Die große Buddhastatue besteht aus Kupfer und Bronze, ihre Haare wurden aus 966 Bronzekugeln gefertigt.
Gewicht: 250 t
Höhe: 30 m (mit Sockel)

Linke Seite: Der Todaiji-Tempel aus dem Jahr 752 ist das größte Holzgebäude der Welt.

Rechts: Buddhistische Mönche und freiwillige Gläubige reinigen die 16 m hohe Buddhastatue und bereiten sie für das bon-Fest vor.

Unten: Statue des Arhat Pindola, eines Mönchs, der sich mit Zauberei befasst haben soll und deshalb außen vor dem Tempel auf einem thronartigen Stuhl bleiben muss. Die Berührung der Statue soll Gebrechen heilen.

gleichen", den Herrscher, der das Weltall durchströmt. Eine Bronzestatue des Vairocana von immenser Ausdehnung bestimmt das Bild des Tempels. Der Legende nach sollen 2,5 Millionen Menschen bei der Schaffung dieser Statue mitgewirkt haben – was der Hälfte der damaligen Bevölkerung Japans entsprochen hätte, also ganz unwahrscheinlich ist. Als der Buddha im Jahr 751 vollendet wurde, hatte er fast die gesamte Bronzeproduktion Japans verbraucht. Schließlich wurde die gewaltige Statue 752 in einer großen Zeremonie geweiht. Neben der kaiserlichen Familie waren die Botschafter Chinas, Indiens und anderer asiatischer Reiche sowie Hunderte von Mönchen anwesend. Mittelpunkt der Zeremonie war das „Öffnen der Augen": Ein indischer Priester stand auf einem Gerüst und malte mit einem heiligen Pinsel die Augen der Statue auf. Noch heute kann der heilige Pinsel zusammen mit den Gastgeschenken in der Shoso-in-Schatzkammer betrachtet werden.

Auch die große Buddhastatue wurde durch Erdbeben beschädigt und neu gegossen, die gegenwärtige Statue stammt aus dem Jahr 1692.

CHINA

Tai Shan, der heilige Berg

DER DAOISMUS BETRACHTET DIE ERDE ALS LEBENDEN ORGANISMUS. TAI SHAN, DER GEHEIMNISVOLLSTE UND HEILIGSTE DER FÜNF HEILIGEN BERGE DES DAOISMUS, VEREINIGT IN SICH DIE GRÖSSTE ENERGIE.

Fünf heilige Berge kennt der Daoismus. Vier stehen je für eine Himmelsrichtung und der Tai Shan, der heiligste Berg, für die Mitte. Der chinesischen Mythologie nach waren die fünf Gipfel Kopf und Gliedmaßen des Pangus, des ersten Lebewesens der Welt, das aus der Urmasse und dem kosmischen Prinzip des Yin und Yang entstand. Nach seinem Tod wurden aus seinen Augen Sonne und Mond, aus seinem Atem der Wind und aus seinem Körper die Erde. Der Tai Shan liegt im Tal des gelben Flusses, in der Provinz Shandong, der Wiege der chinesischen Kultur. Dieser „chinesische Olymp", wie ihn der deutsche Pfarrer und Missionar Richard Wilhelm 1926 in seinem Buch „Die Seele Chinas" nennt, gilt als größtes Heiligtum Chinas. Als Zentrum des daoistischen Glaubens markiert er die Grenze zwischen dem Bekannten und dem Unbekannten.

Streng und weltgewandt. Der Daoismus geht auf die Lehren der beiden Meister Zhuang Zi und Laotse im 4. Jahrhundert v. Chr. zurück, wobei Letzterer, der Autor des Daodejing (Tao te king), des Buchs des Weges und der Tugend, als der eigentliche Wegbereiter dieser Philosophie und Religion gilt. Der Daoismus ist gleichzeitig die strengste und die weltgewandteste Lehre des rechten

STECKBRIEF

Einer der meistbestiegenen Berge der Welt, Rekordjahr 2003: über 6 Mio. Menschen

Lage:
In der Provinz Shandong, im Osten der Volksrepublik China
Höhe:
1545 m
Besteigung über insgesamt 6293 Stufen oder mit Seilbahn; überwundener Höhenunterschied: 1350 m
1987
Ernennung zum UNESCO-Weltkulturerbe

Weges, denn geboren in einer Ära ständiger Kriege, predigte er Frieden, Harmonie und Verständnis der inneren und äußeren Welt. Alle Konfrontationen seien Folgen der Unfähigkeit, im Einklang mit der wahren Natur der Wirklichkeit zu leben, dem Dao. „Dao ist etwas Verborgenes, mit keinem Namen zu Bezeichnendes", „es wird des Gestaltlosen Gestalt, des Bildlosen Bild genannt", „geht man ihm entgegen, so kann man es nicht sehen; folgt man ihm nach, sieht man nicht sein Ende". Führer dieser geheimnisvollen Lehre entwickelten sich zu Meistern der Alchemie und der Vorhersage der Zukunft.

Der Weg ist das Ziel. Über 6000 Stufen führen vom untersten Tempel des Gipfels, der dem Berggott geweiht ist, hinauf zum Tempel des Jadekaisers, des Herrn der Gegenwart, der höchsten Gottheit des Daoismus. Bevor man aber die Höhe über die fast neun Kilometer lange Treppe erreicht, findet man auf dem Weg unzählige kleinere Tempel, Quellen, Zypressenhaine, Kaskaden und Seen, Orte der Einkehr, des Gebets, der Opfer. Nach daoistischer Lehre ist jeder der unzähligen Götter dieser Religion überall auf dem Weg nach oben zu finden, folglich wird ihnen überall geopfert und für sie gebetet, denn der Weg ist das Ziel.

Linke Seite: Nach der Ersteigung der 6293 Stufen erreichen die Pilger den Tempel des Jadekaisers auf der Spitze des Tai Shan.

Rechts: Überall auf dem Weg bis zur Spitze des Bergs finden sich Gebetsstelen, wo symbolische Geldscheine als Opfer verbrannt und Gebete gesprochen werden.

CHINA/TIBET

Potala-Palast in Lhasa

DER GEWALTIGE POTALA-PALAST IN LHASA IST SYMBOL WELTLICHER UND GEISTLICHER MACHT. BIS 1959 WAR ER SITZ DES DALAI LAMA, DES GEISTLICHEN UND POLITISCHEN FÜHRERS TIBETS.

Schon im Jahr 637 ließ der damalige König von Tibet, Songtsen Gampo (um 617–49), auf dem 3700 Meter hohen Mar-po-ri, dem Roten Berg, 130 Meter über der Stadt Lhasa einen ersten Palast bauen. Aber erst im 17. Jahrhundert veranlasste der damalige fünfte Dalai Lama, auf den Fundamenten dieses ersten den neuen Palast erstehen zu lassen, den Sitz des „Boddhisattva", des „Avalokitesvara im reinen Land Dewachen", der Schutzgottheit Tibets. Im tibetischen Buddhismus ist ein Boddhisattva ein nach höchster Erkenntnis strebendes Wesen, das seine „Tugendvollkommenheit" zum Heil aller lebenden Wesen einsetzt. Avalokitesvara ist als Boddhisattva des universellen Mitgefühls der Schutzpatron Tibets und der Dalai Lama seine Inkarnation auf Erden. Sein Palast gilt auch heute noch als heiligster Ort des tibetischen Buddhismus und ist, obwohl verwaist bzw. heute nur noch Museum, wichtigstes Pilgerziel der buddhistischen Tibeter.

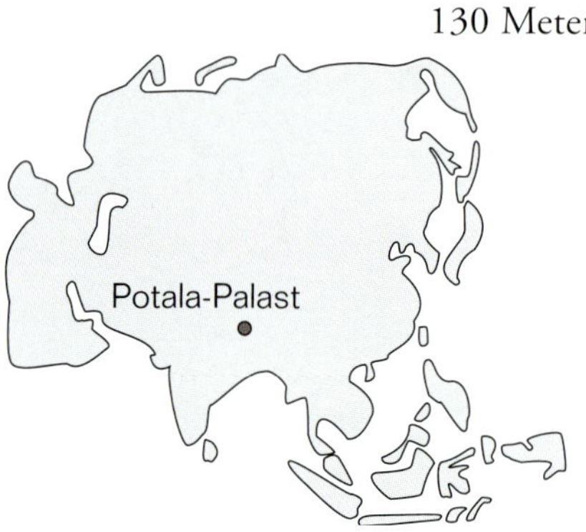

Weißer und Roter Palast. Der Bau des Tempels vollzog sich in zwei Phasen, zunächst wurde 1653 der Potrang Karpo oder Weiße Palast mit elf Stockwerken fertiggestellt, der als Regierungssitz des Landes den weltlichen Teil des Potala repräsentiert. 1694 folgten dann

STECKBRIEF

Lhasa:
Die Hauptstadt des „Autonomen Gebiets Tibet", wie das Land in der Volksrepublik China offiziell heißt, liegt am Nordrand des Himalaja. Sprunghafter Bevölkerungszuwachs seit 1950, als etwa 25 000 Menschen zusammen mit etwa 20 000 Mönchen in der Stadt bzw. den umliegenden Klöstern lebten. Heute hat die Stadt eine Bevölkerung von 475 000.

Potala-Palast:
Auf einer Fläche von 130 000 m² insgesamt 999 Zimmer; 15 000 Säulen tragen die Decken; für das Grab des 5. Dalai Lama wurden 3700 kg Gold verarbeitet.

1994
Ernennung zum UNESCO-Weltkulturerbe

Linke Seite: Der Potala-Palast, 130 m über der Stadt Lhasa gelegen, gilt auch heute noch als heiligster Ort des tibetischen Buddhismus.

Rechts: Eine vergoldete tibetische Buddhastatue als Symbol für die Tugendvollkommenheit.

die 13 Etagen des Potrang Marpo oder Roten Palasts, des heiligen Teils des Gebäudes, in dem auch die Privaträume des Dalai Lama liegen. Der „Große Fünfte" starb 1682, aber sein Tod wurde zwölf Jahre geheim gehalten, um die Fertigstellung des Palasts nicht zu gefährden.

Im Inneren des Potala-Palasts befinden sich Wohnräume, Gebetsräume, Meditationshallen und Tempel. Die Größe der Anlage erklärt sich auch daraus, dass hier nicht nur der Dalai Lama lebte, sondern sie gleichzeitig auch Wohnstatt für zahlreiche Mönche war.

„Autonomes" Gebiet Tibet? 1959 besetzten chinesische Truppen Tibet und erklärten es zu chinesischem Hoheitsgebiet. Der 14. Dalai Lama, der Mönch Tenzin Gyatso, verließ Tibet und setzt sich seither friedlich für die Unabhängigkeit seines Landes von China ein. 50 Jahre chinesischer Besetzung und intensiver Siedlungspolitik haben Tibet verwandelt, aber noch nicht gänzlich um seine kulturelle Identität gebracht.

Unten: Pilger bei der rituellen Umrundung des Potala-Palasts. Der Weg wird von Tausenden Gebetsmühlen gesäumt.

CHINA/TIBET

Kailash, der heilige Berg

„SCHNEEJUWEL" BEDEUTET DAS TIBETISCHE WORT „KANG RINPOCHE" FÜR DIESEN HEILIGEN BERG DES HIMALAJA, ZU DEM GLÄUBIGE SEIT ÜBER 1000 JAHREN PILGERN, UM IHN AUF DEM PILGERWEG ZU UMRUNDEN.

Für über eine Milliarde Gläubige aus vier asiatischen Religionen gelten der Berg Kailash und seine Umgebung als großes Heiligtum, als Ort und Symbol religiöser Kraft: Für den tibetischen Buddhismus ist er das Zentrum des Universums; für die Bön, die traditionelle Religion Tibets, repräsentiert er die Seele des Landes; den Hindus gilt er als Thron ihres Götterpaares Shiva und Parvati; und nach dem Glauben des indischen Jainaismus ist er der Ort, an dem ihr Religionsgründer Mahavira (um 599–27 v. Chr.) seine Erleuchtung erlangte. In alten buddhistischen Schriften und Sanskrit-Texten wird der Kailash Meru, „Nabel der Welt", genannt, die Achse des Weltsystems.

Den Göttern nah. Der Pilgerweg hat eine Länge von 53 Kilometer und verläuft auf einer Höhe von durchschnittlich 5000 Meter. Der Weg ist äußerst beschwerlich, nicht nur wegen der Sauerstoffverhältnisse in dieser großen Höhe, sondern vor allem auch wegen der Wetterbedingungen. Dennoch machen sich jährlich tausende Gläubige auf den drei- bis viertägigen Pilgerweg. Mit dem Mantra „om mani padme hum" und der Gebetsschnur zwischen den Fingern fühlen sie sich hier oben in der absoluten Stille des Himalaja den Göttern

STECKBRIEF

6714 m
Im Transhimalaja in Tibet. Der Berg wurde nie bestiegen. Reinhold Messner bekam von der chinesischen Regierung das Angebot der Erstbesteigung – er lehnte ab: „Man sollte nicht in Bergstiefeln auf zu Stein gewordenen Göttern herumtrampeln", entgegnete er.

Linke Seite: Das Chiu-Kloster am Manasarovar-See und südlich des heiligen Kailash ist die Quelle des tibetischen Buddhismus.

Rechts: Die Pilger umrunden den Berg auf 53 km in drei bis vier Tagen. Die große Höhe bringt sie ihren Göttern nah.

nah wie sonst nirgends auf der Welt. Höhepunkt der Umrundung des Kailash ist schließlich das Überschreiten des 5600 Meter hohen Dölma-La-Passes, denn jenseits dieses Passes sterben die Pilger den rituellen Tod und lassen das alte Ich in Form von Haaren, Blutstropfen oder eines Kleidungsstücks symbolisch zurück und erleben eine rituelle Wiedergeburt.

Einige Mitglieder der Bön-Religion messen den Pilgerweg mit ihrem Körper ab, mindestens drei Wochen dauert der Weg auf diese Weise. Ein Schritt, ein Mantra, ein Schritt – glücklich darüber in diesem natürlichen Heiligtum den Göttern nahe zu sein. Hauptzeit der Pilgerreise ist für die Buddhisten der vierte Monat des tibetischen Kalenders, vor allem dessen 15. Tag, denn dann begeht man das Saga-Dawa-Fest, den Tag, an dem vor 2500 Jahren Shakyamuni, der Gründer es indischen Buddhismus, ins Nirwana eintrat, um Buddha zu werden.

Unten: Gebetsfahnen am berühmten, über 25 m hohen Tarboche-Fahnenmast; hier wird alljährlich das buddhistische Saga-Dawa-Fest abgehalten.

INDIEN

Ganges, der heilige Fluss

AN DEN UFERN DES GANGES BEFINDEN SICH IN UNMITTELBARER NÄHE GROSSE HEILIGTÜMER DER HINDUS UND DER BUDDHISTEN: DER TEMPEL DES SHIVA IN VARANASI (BENARES) UND SARNATH, DER ORT, AN DEM BUDDHA ZUM ERSTEN MAL PREDIGTE.

Den meisten indischen Religionen ist der Fluss Ganges heilig, aber auch einige seiner anliegenden Orte: Benares ist die heilige Stadt der Hindus, eine der sieben heiligen Städte Indiens. Dem Glauben nach läutert das Wasser des heiligen Flusses von allen Sünden. Darum ist es für jeden Hindu geboten, mindestens einmal in seinen Fluten zu baden. Viele Gläubige streben es an, am Fluss zu sterben und ihre Asche darin verstreuen zu lassen. Die Hindus glauben, Gott Shiva flüstere jedem, der hier stirbt, ein Mantra ins Ohr, das weitere Reinkarnationen erspart und der Seele einen dauernden Platz im swarg, im Paradies, sichert. Die Praxis des Verstreuens von Asche im Fluss, die in extremen Fällen dazu führt, dass halb verkohlte Leichen in den Fluss geworfen werden, wird zunehmend zu einem ökologischen Problem. Darum haben die Behörden das Verbrennen von Leichen auf den ghats, den steinernen Stufen an den Ufern, die den Tausenden Pilgern das Bad im Wasser erleichtern sollen, verboten. Heiligster Ort von Varanasi ist der Tempel Shivas, der Gott der Yogis und Wandermönche. Er ist einer von zwölf Jyotirlingas, Tempeln der Repräsentation dieses höchsten Gottes, die über ganz Indien verstreut liegen. Das Jyotirlinga steht für eine Lichtsäu-

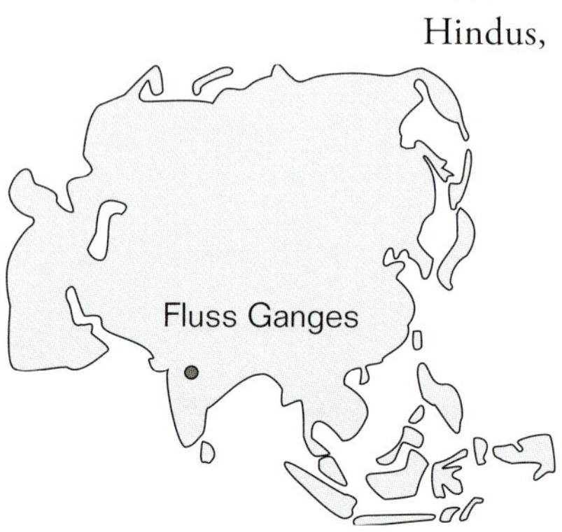

STECKBRIEF VARANASI:

15. Jh.
Tempel geschleift von Qutbuddin Aibak, Sultan von Delhi
17. Jh.
Tempel geschleift von Aurangzeb, Großmogul von Indien
1776
Erbauung des gegenwärtigen Tempels durch die Maharani Ahalya Bai
1835
Vergoldung der Kuppel mit einer Tonne Gold durch Maharaja Ranjit Singh, Sikh-König aus dem Punjab

Linke Seite: Benares oder Varanasi, die heilige Stadt der Hindus an den Ufern des Ganges, ist eins der kulturellen Zentren des nördlichen Indiens.

Rechts: Der Eingang zum Durga-Tempel – auch „Affen-Tempel" genannt – ist links und rechts mit dem Wandgemälde einer mehrarmigen Tigerreiterin geschmückt.

le, die von den Gläubigen in Form des Lingam, eines phallischen Steins als Zeichen Shivas, verehrt wird.

Erste Drehung des Rads des Dharma. Nur etwa 7 Kilometer von Varanasi liegt Sarnath, einer der heiligsten Orte der Buddhisten: Hier predigte Buddha zum ersten Mal nach seiner Erleuchtung. Diese Predigt gilt als die erste Drehung des Rads des Dharma, der Lehre Buddhas. Die Predigt, Dhammacakkhapavathana Sutta genannt, führte zur Gründung der sangha, des Ordens der Wandermönche. Durch die Nähe zum reichen Varanasi erlebte der Buddhismus in den folgenden Jahrhunderten in Sarnath eine Blüte. Im 3. Jahrhundert n. Chr. wurde der Ort zum Zentrum buddhistischer Kunst, und im 7. Jahrhundert lebten hier in 30 Klöstern über 3000 Mönche. Ende des 12. Jahrhunderts wurde Sarnath von den Türken zerstört und lag bis 1836 verlassen. Dort, wo Buddha seine erste Predigt gehalten haben soll, stehen heute noch die Ruinen der Dharmekh Stupa aus dem 2. Jahrhundert v. Chr.: Mit 30 Meter Durchmesser und einer Höhe von über 40 Meter ein eindrucksvolles Zeugnis vergangener Blüte.

STECKBRIEF SARNATH:

4.– 6. Jh.
Blütezeit in der Gupta-Periode
1836
Ausgrabungen und Restaurierungen durch die Briten. Im Archäologischen Museum von Sarnath befinden sich einige der größten Schätze buddhistischer Kunst, darunter das Löwen-Kapitell der Säule von Kaiser Ashoka aus dem 3. Jh.

Links: Hier in Sarnath lebte Buddha und hielt seine erste Predigt nach seiner Erleuchtung.

INDIEN

Bodh Gaya

HEUTE EINE STADT MIT ÜBER 30 000 EINWOHNERN, IST BODH GAYA SEIT JAHRHUNDERTEN DER WICHTIGSTE BUDDHISTISCHE PILGERORT INDIENS. ALS BUDDHA DORT UNTER EINEM BAUM ERLEUCHTUNG FAND, WAR DER IM NORDOSTEN INDIENS GELEGENE ORT UNTER DEM NAMEN URUVELA BEKANNT.

Der botanische Name des Baums der Erleuchtung ist ficus religiosa, ein Verwandter des Feigenbaums. Ein Spross dieses Bodhi-Baums, unter dem Siddharta Gautama vor 2500 Jahren Erleuchtung fand und zu Buddha wurde, wird hier in Bodh Gaya als höchstes Heiligtum des Buddhismus verehrt. Unmittelbar neben dem Baum befindet sich der Mahabodhi-Tempel.

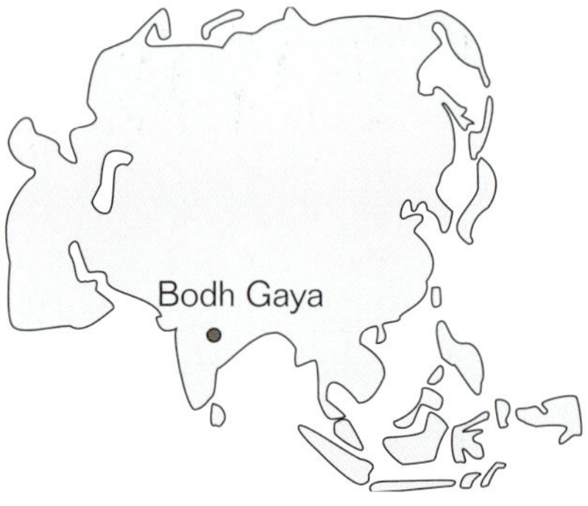

Der buddhistischen Mythologie nach gelangte Siddharta nach jahrelangem asketischem Leben an einen Bodhi-Baum, setzte sich in seinen Schatten und beschloss, diesen Ort nicht eher zu verlassen, bis er Erleuchtung gefunden hätte. Nach 49 Tagen und endlosem Ringen mit Mara, dem buddhistischen Prinzip des Bösen, des Versuchers, der bei Heilsuchenden Gier und Leidenschaft zu wecken versucht, erlangte er schließlich sein Ziel. In Meditation verharrte Buddha eine weitere Woche und begann dann meditierend den Baum zu umrunden.

Im 3. Jahrhundert vor der Zeitrechnung brachte Sanghamitta, die Tochter Kaiser Ashokas, des ersten buddhistischen Herrschers von Indien, einen Ableger des Bodhi-Baums nach Sri Lanka und pflanzte ihn in Anuradhapura, wo er noch heute steht (s. S. 178). Der

STECKBRIEF

Weder Geburts- noch Todestag Buddhas sind bekannt, aber Siddharta gilt als historische Figur, die im 6. oder 5. Jh. v. Chr. in Indien lebte.

1891
Gründung der Mahabodhi Society, die Bodh Gaya wieder buddhistischer Kontrolle unterstellen will; bis dahin war sie hinduistisch.

1949
Bodh-Gaya-Gesetz, Anerkennung des Orts als buddhistisches Heiligtum

2002
Ernennung zum UNESCO-Weltkulturerbe

Rechts: Ein buddhistischer Mönch betet vor dem heiligen Bodhi-Baum, unter dem Siddhartha Gautama 528 v. Chr. Erleuchtung erfuhr.

Mythologie nach soll Ashokas Frau den Originalbaum aus Eifersucht zerstört haben, weil sie ihm die Zeit missgönnte, die ihr Gatte in seinem Schatten verbrachte. Heute befindet sich in jedem buddhistischen Kloster ein Bodhi-Baum als Symbol der buddhistischen Lehre, des Dharma.

Mittelpunkt der Welt. Für gläubige Buddhisten sind der Bodhi-Baum und der Mahabodhi-Tempel der Mittelpunkt der Welt und der Ort, an dem alle Buddhas ihre Erleuchtung erfahren. Darum verwandte man in der frühen buddhistischen Kunst, bevor das Bild des Buddha in Erscheinung trat, einen Baum als Symbol von Heiligkeit. Beide, Baum und Tempel werden alljährlich von Millionen Buddhisten und Hindus aufgesucht – den Hindus gilt Buddha als Inkarnation Vishnus. Im 3. Jahrhundert v. Chr. errichtete Kaiser Ashoka neben dem Baum eine Säule mit einem Elefantenkapitell. In den folgenden Jahrhunderten wurden eine Einfriedung um die Säule und ein kleiner Tempel gebaut, im 2. Jahrhundert n. Chr. erhielt der Tempel dann seine heutige Form. Nach dem 11. Jahrhundert verfiel der Bau, und erst 1882 wurde er von birmanischen Buddhisten wieder aufgebaut. Der Tempel ist eines der ältesten buddhistischen Bauwerke, das aus Ziegeln gebaut wurde.

Linke Seite: Vor dem Bodhi-Baum steht ein kleiner Altar mit hinduistischen Göttern, denn den Hindus gilt Buddha als Inkarnation Vishnus.

Unten: Ein buddhistischer Pilger an den alten Stupas des Mahabodhi-Tempels in der Nähe des heiligen Baums.

INDIEN

Höhlen von Ajanta und Ellora

ÜBER 900 JAHRE LANG WURDEN IM NORDOSTEN DES INDISCHEN BUNDESSTAATS MAHARASHTRA AN ZWEI HEILIGEN STÄTTEN IN ÜBER 60 HÖHLEN KLÖSTER UND TEMPEL ANGELEGT: HEILIGE STÄTTEN DES BUDDHISMUS, HINDUISMUS UND JAINISMUS.

Vom 2. Jahrhundert vor bis zum 5. Jahrhundert nach Chr. legten gläubige Buddhisten am 80 Meter hohen Steilufer des Waghore-Flusses etwa 100 Kilometer nördlich der Stadt Aurangabad Höhlentempel und Klosteranlagen als Gebets- und Meditationsorte an. Ihre großartigen Wandgemälde zeigen eine weit höhere künstlerisch-technische Entwicklung als europäische Beispiele künstlerischen Schaffens um dieselbe Zeit. Zum ersten Mal werden die heiligen Stätten des Buddhismus von dem chinesischen Pilger Hiuen Tsang erwähnt, der zwischen 629 und 645 n. Chr. Indien besuchte. Über tausend Jahre lag Ajanta und die illustrierte Geschichte des Buddhismus in den Tiefen des Dschungels vergessen, bis der britische Offizier John Smith auf einem Jagdausflug 1819 zufällig auf die Höhlen stieß. Leider war diese Entdeckung und die anschließende Publikmachung der Funde extrem schädlich für die einzigartigen Fresken, denn Schatzjäger und Hobby-Archäologen fielen zu Hunderten in die Höhlen ein und schnitten wahllos Teile der Fresken aus den Wänden.

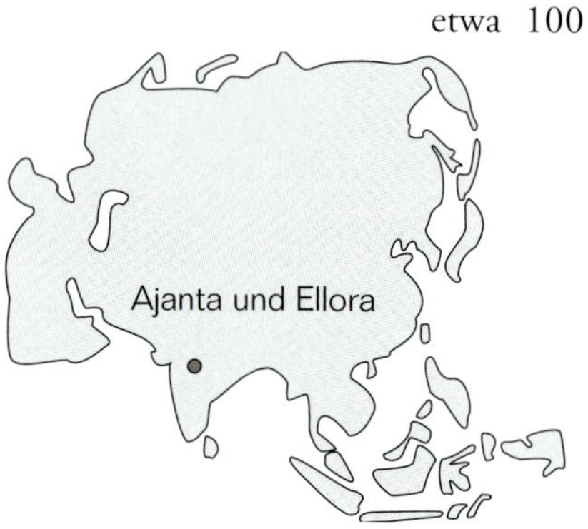

Die Höhlen von Ellora. Von den 34 Höhlen von Ellora sind nur zwölf buddhistisch, 17 sind hinduistisch und fünf dem Jainismus geweiht, einer indischen Religi-

STECKBRIEF

Ajanta:
Durchschnittliche Größe der Höhlen:
30 x 15 x 4 m
Bauzeit pro Höhle etwa 30 Jahre

Ellora:
Buddhistische Höhlen sind die ältesten:
400–800 n. Chr.
Hinduistische Tempel entstanden **600–900 n. Chr.**
Jainistische Höhlen sind die jüngsten: **800–1000 n. Chr.**
Der Kailasa-Tempel ist mit 46 m der größte; um ihn zu schaffen, wurden 150 000–200 000 t Fels bewegt.

1983
Ernennung beider Anlagen zum UNESCO-Weltkulturerbe

Linke Seite: In ca. sieben Jahrhunderten wurden Dutzende Klöster und Höhlentempel in die Felsen von Ajanta geschnitten, sie beherbergen einzigartige Fresken.

Rechts: Ein Fresko des Bodhisattva Padmapani in Ajanta. Nachdem die Höhlen 1819 entdeckt worden waren, wurden zahllose Fresken von Schatzsuchern zerstört.

on, die im 5./6. Jahrhundert v. Chr. entstand und heute nur noch ca. vier Millionen Anhänger zählt. Die Höhlen von Ellora wurden zwischen 350 und 700 n. Chr. angelegt, sind also jünger als die von Ajanta. Sie befinden sich nur 30 Kilometer nördlich von Aurangabad. Die Höhlentempel verfügen über wundervoll ausgeführte Tempelfassaden, fantastische Beispiele indischer Steinmetzkunst, die sich ihres Rangs wohl bewusst war. So ist die Höhle Nr. 10 Vishvakarma geweiht, dem Gott der indischen Handwerker. Diese Höhle mit dem sitzenden Buddha unter einem Stupa ist sowohl ein Chaitya, d.h. zweigeschossiger Gebets- und Meditationsort, als auch ein Vihara, ein Wohnort für Wandermönche.

Unten: Der Kailasa-Tempel aus dem 8. Jahrhundert in Ellora zeigt die Spitze des Kailash-Bergs im Himalaja, die Wohnstatt Shivas.

INDIEN

Mahabalipuram

MENSCHEN, TIERE, GÖTTER UND HEILIGE – SIE ALLE SIND AUF DEM GRÖSSTEN RELIEF DER WELT ZUR MYTHOLOGIE DES GANGES IN LIEBE UND GEGENSEITIGER ACHTUNG VEREINT – DIE HINDUISTISCHE VORSTELLUNG VOM PARADIES IN PERFEKTER ÄSTHETISCHER HARMONIE.

Südlich von Chennai (Madras) wurde vor 1500 Jahren die bizarre Felslandschaft in der Nähe von Mahabalipuram in eine einzigartige Tempelstadt verwandelt. Mehr als 200 Jahre arbeiteten Generationen von Steinmetzen an dem harten Granit der Bergwände und ließen wunderschöne Tempel entstehen. Mahabalipuram war damals nicht die verschlafene Kleinstadt von heute, sondern ein wichtiger Verkehrsknotenpunkt. Weitverzweigte Kanalsysteme verbanden Dörfer mit Städten bis hinab an den Golf von Bengalen, wo ein großer Hafen angelegt war.

Bis heute finden Menschen aus allen Teilen der Welt ihren Weg zu diesem heiligen Pilgerort, denn seine kostbaren alten Tempel sind keine Museen, sondern Zeugen einer bis heute lebendigen Gläubigkeit.

Wegweiser zur Erlösung. Es war König Narasimhavaram I. (630–66) aus der Dynastie der Palava, bekannt für seine Frömmigkeit, der an einem Ort alle Religionsrichtungen und auch Baustile dargestellt haben wollte. Also ließ er zahllose Höhlentempel aus den Felsen schlagen, deren außergewöhnlichster der Sieben-Monolithen-Tempel ist. Wegen ihrer Ähnlichkeit mit den Prozessionswagen, die bei Festlichkeiten durch die Straßen gezogen werden, nennt man die Felsentempel rathas. In

STECKBRIEF

600–30
Baubeginn von Mahabalipuram
690–715
Bau des Shore-Tempels unter Narasimhavaram II. Rajasimha: Das Relief hat eine Größe von 32 x 14 m und wird auch „Buße des Arjuna" genannt.
1984
Ernennung zum UNESCO-Weltkulturerbe

Linke Seite: In den rathas, den Felsentempeln, südlich von Chennai sind alle Religionsrichtungen und auch Baustile der Zeit um 500 n. Chr. dargestellt worden.

Rechts: Shiva wird oft tanzend auf dem Dämon der Unwissenheit, Apasmara, dargestellt. Tanzend zerstört er die Unwissenheit und erschafft das Universum neu.

hinduistischer Üppigkeit stehen hier die Tempel der Tapferkeits- und Kampfgöttin Durga, der Gefährtin Shivas, neben dessen Tempel. Der Gott selbst steht auf sein Schutz- und Reittier gestützt da, den Stier Nandi, Symbol für die Fruchtbarkeit seines Herrn. Hinter diesem Tempel thront auf einem Elefanten König Narasimhavaram, umgeben von seinen Frauen. Inschriften preisen ihn als Herrn der Welt. Seit 1500 Jahren reißt der Strom der Pilger nach Mahabalipuram nicht ab. Sie berühren den Rüssel des Elefanten, der zum Schutz vor einem der Tempel steht, und führen die Hand an ihre Lippen. Hier wird Religion täglich neu lebendig. Die Dynastie der Palava hielt etwa 200 Jahre, dann sank Mahabalipuram zu dem Provinzstädtchen herab, das es heute noch ist. Die Tempel und das Relief aber sind eine beseelte Heimstatt der Götter, Wegweiser zur Erlösung.

Unten: Der Shore-(Ufer-) Tempel in Mahabalipuram wurde im 8. Jahrhundert n. Chr. gebaut und überschaut den Golf von Bengalen.

INDIEN, THANJAVUR

Brihadisvara-Tempel

SEIT 1000 JAHREN STEHT DIE TEMPELANLAGE VON THANJAVUR. EHEMALS WIE EINE FESTUNG MIT ZWÖLF METER HOHER MAUER ANGELEGT, IST SIE HEUTE EINER DER WICHTIGSTEN WALLFAHRTSORTE FÜR GLÄUBIGE HINDUS IN INDIEN.

Zu Beginn des 11. Jahrhunderts erbaute König Rajaraja, Herrscher über das Chola-Reich, der seine Macht bis nach Bengalen und Indonesien ausdehnte, in seiner Hauptstadt Thanjavur, etwa 350 Kilometer südlich vom heutigen Chennai, einen Tempel von unglaublicher Größe und Schönheit. Er weihte ihn dem Gott Shiva. In der hinduistischen Trinität ist Shiva der Zerstörer, während Brahma als Schöpfer und Vishnu als Bewahrer gelten. Außerhalb der Trinität allerdings steht er sowohl für Neubeginn und Schöpfung als auch für Zerstörung und trägt den Beinamen „der Gütige“. Shiva ist auch der Gott der Tänzer, der Lebensfreude, von Lust und Leidenschaft. Meist wird er zusammen mit seiner schönen Frau Parvati dargestellt. Als Verkörperung also der Schöpfung immer neuen Lebens wird Shiva auch im Phallus verehrt, darum befinden sich im Wandelgang um die ganze Tempelanlage 1000 Lingams, phallische Heiligtümer, vor denen die Gläubigen beten. Frömmigkeit und Erotik liegen bei den Hindus dicht beieinander.

Das gewaltige Heiligtum wurde in nur sechs Jahren angelegt. Der Blick nach Norden gibt die Sicht auf den Himalaja frei, wo Shiva auf dem heiligen Berg Kailash thront. Vinama nennen die Gläubigen den zentralen

Oben: „Der Maßlose" wird der 64 m hohe Turm des Shiva-Tempels genannt, ein Lingam, erbaut aus Granitblöcken.

Rechts oben: Gott Shiva, der Gott der Tänzer und der Lebensfreude, an einer Wand des ihm geweihten Tempels.

Unten rechts: Dieses Fresko aus dem Brihadisvara-Tempel zeigt Ganesh, den elefantenköpfigen Gott des Erfolgs und Sohn Shivas.

Turm, den Maßlosen, ebenfalls ein kolossaler Lingam von 64 Meter Höhe, erbaut aus Granitblöcken. An der Außenwand des Turms findet sich eine Buddhadarstellung, denn die Hindus verehren ihn als Inkarnation Vishnus. An anderer Stelle findet sich ein Christus, vielleicht von einem Missionar angebracht und vom Hinduismus aufgenommen

Göttersklavinnen. Der Hinduismus ist keine Religion für religiöse Fanatiker, er umfasst vielmehr stille Meditation und Gebet und gleichzeitig pralle, farbenfrohe Lebenslust. In seiner Glanzzeit lebten im Tempel 400 Tänzerinnen, sogenannte Devadasi, Göttersklavinnen, die in ritueller Prostitution den Gläubigen und den Priestern dienten. Getanzt wird heute im Heiligtum des Shiva nur noch zu hohen Festen, die Devadasi gibt es nicht mehr, denn fromme Hindus schicken ihre erstgeborenen Töchter nicht mehr in den Tenpel zum heiligen Dienst. Alles andere ist im tausendjährigen Tempel Shivas bis heute lebendig wie früher.

STECKBRIEF

985–1012
König Rajaraja aus der Chola-Dynastie
1003–10
Bau der Tempelanlage
ab 185
Thanjavur unter direktem Einfluss der englischen Kolonialmacht
1987
Ernennung zum UNESCO-Weltkulturerbe

INDIEN

Amritsar, der Goldene Tempel

DER „HARMANDIR SAHIB" ODER GOLDENE TEMPEL VON AMRITSAR IM NORDINDISCHEN PUNJAB IST DAS GRÖSSTE HEILIGTUM DER SIKHS UND DER WICHTIGSTE PILGERORT DIESER ERST IM 15. JAHRHUNDERT GEGRÜNDETEN MONOTHEISTISCHEN RELIGION.

Sikh bedeutet „Schüler", denn das Leben ist ein ewiger Lernprozess. Man erkennt praktizierende Sikhs an ihren kunstvoll gebundenen Turbanen, die das nie geschnittene Haar bedecken. Sikhs verehren einen Schöpfergott, der weder Geschlecht noch Gestalt hat. Priester, Mönche, Nonnen werden als unnötig betrachtet, denn da jeder Mensch das Heilige allzeit in sich trägt – so ihr Glaube –, sind Mittler zwischen Gott und den Menschen unnötig. Einzig wichtig ist ein gutes und tugendhaftes Leben. Der Sikhismus wurde im 15. Jahrhundert von Guru Nanak (1469–1539) gegründet, ist also eine junge monotheistische Religion.

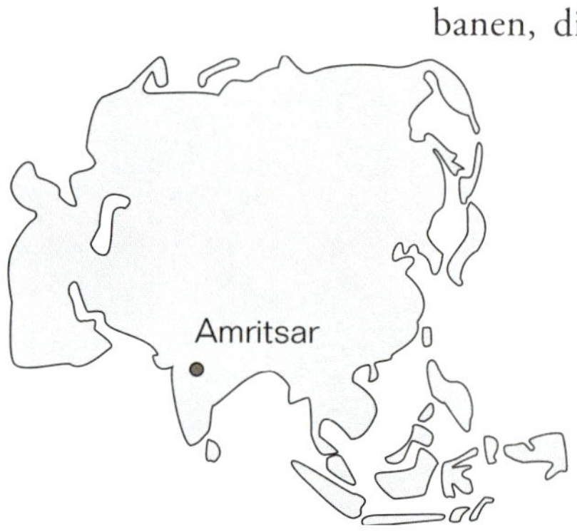

Alle Menschen sind gleich. Der Bau des Goldenen Tempels begann 1574, Ausbau und Instandhaltung haben sich aber über Jahrhunderte hingezogen; der Tempel wurde mehrfach von Muslimen angegriffen und beschädigt. Die heiligen Tempel des Sikhismus stehen allen Menschen offen. In Amritsar ist dies durch die vier Eingänge in alle vier Himmelsrichtungen symbolisiert, die nie geschlossen werden. Auflagen für das Betreten der Sikh-Heiligtümer sind das Tragen einer Kopfbedeckung und der Verzicht auf Fleisch, Alkohol, Nikotin und andere Drogen. Die kostbarsten Materialien wur-

STECKBRIEF

1574
Landschenkung für den Tempelbau von Kaiser Akbar
1601
Abschluss der Bauarbeiten
1780–1839
Maharaja Ranjit Singh, der „Löwe von Punjab"
2005
Umbenennung des Tempels in Harmandir Sahib

Rechts: Sikh-Priester vor dem heiligen Buch „Guru Granth Sahib" in Amritsar während des Jalau-Rituals zu Ehren des 343. Geburtstags des zehnte Gurus der Sikhs: Guru Gobind Singh.

den dem Tempel von Maharaja Ranjit Singh gestiftet, dem „Löwen des Punjab" und sagenhaften ersten Sikh-König eines geeinten Punjab.

Das eigentliche zentrale Heiligtum von Amritsar ist der Goldene Tempel inmitten des Amrit Sarovar, des „Nektarbeckens", eines aus einer unterirdischen Quelle gespeisten Sees, an dem schon 2500 Jahre zuvor Buddha meditiert haben soll. In das Heiligtum gelangt man über die Guru-Brücke, Symbol für die Seelenreise nach dem Tod. Das heilige Buch der Sikhs, das „Granth Sahib", wird jeden Abend in einer Prozession über die Brücke bis zu seinem „Bett" im Parlament der Sikhs getragen und dort zur Ruhe gelegt.

Der Guru-ka-Langar ist ein Speisesaal, in dem alltäglich Tausende Menschen kostenlos Speisen erhalten, egal welcher Religion sie angehören. Unabhängig von Kastenzugehörigkeit, Reichtum oder Status sitzen die Menschen beisammen und speisen als Zeichen der Gleichheit aller vor ihrem Gott. Pilgern stehen hier über 400 Unterkünfte zur Verfügung.

Massaker. 1984 ordnete Indira Gandhi einen Angriff auf bewaffnete Sikh-Anhänger an, die sich im Goldenen Tempel verschanzt hatten, 500 Menschen starben. Aus Rache wurde die Premierministerin vier Monate später von ihren beiden Sikh-Bodyguards umgebracht, was wiederum zu einem Massaker führte, bei dem Tausende umkamen.

Linke Seite: „Nektarbecken" wird der von einer unterirdischen Quelle gespeiste See genannt, in dessen Mitte sich der kostbare Goldene Tempel von Amritsar befindet.

Rechts: „Granth Sahib" heißt das heilige Buch der Sikhs. Jeden Abend wird es über die Guru-Brücke ins Parlamant getragen.

MYANMAR

Bagan

IN BAGAN, DER „STADT DER MILLIONEN PAGODEN“ AM AYEYARWADY-FLUSS, STEHEN NOCH HEUTE ÜBER 2200 TEMPEL UND PAGODEN. ANANDA PAHTO WAR DER ERSTE TEMPEL DER EBENE, UND DIE GOLDENE SHWEZIGON-PAGODE IST EINE DER WICHTIGSTEN RELIGIÖSEN STÄTTEN MYANMARS.

Zwischen dem 11. und 13. Jahrhundert war Bagan die Hauptstadt des alten birmanischen Königreichs, das die Ebene am Fluss mit weit über 4000 Tempeln füllte, um sich den Göttern ergeben zu zeigen. Unmittelbar vor den Stadttoren befindet sich der erste der großen Tempel, Ananda Pahto, zudem einer der größten und schönsten. Seine Gestaltung wurde unter König Kyanzittha (um 1084–1113) von acht indischen Mönchen inspiriert, die dem König von ihrem Leben in der sagenumwobenen Nanadamula-Höhle im Himalaya erzählten. Der Ananda Pahto wurde als Abbild dieser Höhle gebaut, als Spiegel der Allwissenheit Buddhas. Da der Ananda-Tempel immer auch Kloster war, befinden sich innerhalb seiner Mauern die Gebäude der Mönche. 80 Sandsteinreliefs zeigen das Leben Buddhas von seiner Geburt bis zu seiner Erleuchtung. Im späten 18. Jahrhundert, während der Kongbaung-Ära wurde der Tempel restauriert, und zu seinem 900. Jahrestag 1990 wurden die Türme vergoldet, um ihn in alter Pracht erstehen zu lassen.

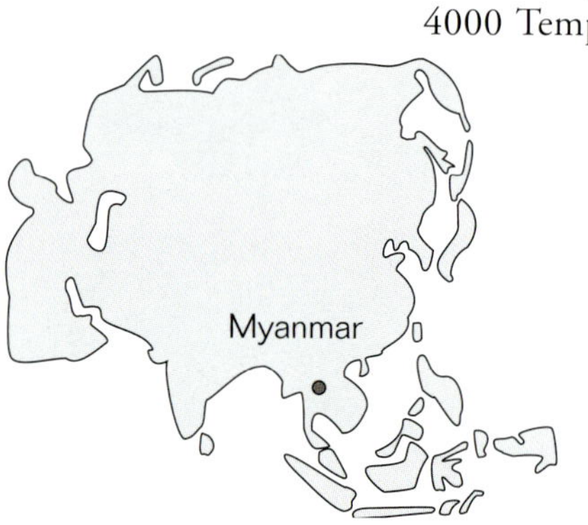

Shwezigon Paya. Die goldene Shwezigon-Pagode ist das bedeutendste religiöse Gebäude Myanmars. Als Modell für spätere Stupas überall im Land markiert er den Wendepunkt zwischen vorbuddhistischer Religion

STECKBRIEF

Ananda Patho:
Fertigstellung 1090
Viereckiger Innenhof,
Seitenlänge:
53 m
Durchschnittshöhe:
10,5 m
Höhe:
mittlerer Turm 51 m

Shwezigon Paya:
Fertigstellung
zwischen 1086 und 1090
1551–81
Große Renovierung nach
Erdbeben
November/Dezember
Birmanischer Monat Nadaw:
Shwezigon-Festival

1975
Erhebliche Zerstörungen
an beiden Tempeln
durch Erdbeben

Linke Seite: Als Bagan im 13. Jahrhundert die Hauptstadt des birmanischen Reiches war, standen in dieser Ebene am Ayeyarwady-Fluss über 4000 Tempel.

Oben links: Die vergoldete Statue Buddhas im 1090 fertiggestellten Ananda-Tempel.

Oben rechts: Die goldene Shwezigon-Pagode ist das bedeutendste religiöse Gebäude des ehemaligen birmanischen Königreichs, sie wurde zu Beginn des Buddhismus im Land erbaut.

und dem Buddhismus. Der Legende nach wurde der Ort des Heiligtums von einem weißen Elefanten bestimmt. Begonnen wurde der Bau im 11. Jahrhundert unter König Anawrahta (um 1044–77). Aber erst drei der Tempel-Terrassen waren vollendet, als der König 1077 von einem wilden Büffel getötet wurde. Der Shwezigon wurde ein gewaltiger Schrein für mehrere Reliquien, darunter Stirnknochen und ein Schlüsselbein Buddhas, eine Kopie des Zahns von Kandy (s. S. 182) und einen chinesischen Smaragdbuddha. Sehr bedeutend in der Geschichte des Shwezigon war die Stiftung der 37 nats (Geister) durch König Anawrahta, die eine religiöse Verbindung zwischen den traditionellen Religionen des Landes und dem Buddhismus darstellen. Der König stellte 37 nat-Figuren auf, die später in einem Raum mit dem Namen „37 nats" untergebracht wurden, der für Pilger einer der heiligsten Orte des Tempels ist (heute Kopien, Originale gestohlen).

Rechts: Buddhistische Mönche und Novizen stehen in einer Schlange in der Nähe des Ananda-Tempels und warten auf Almosen und Essen.

LAOS

Luang Prabang

AM UFER DES MEKONG IN DEN BERGEN VON LAOS LIEGT DIE HEILIGE STADT LUANG PRABANG. JAHRHUNDERTELANG WAR SIE SITZ DER LAOTISCHEN KÖNIGE UND ZENTRUM DES LAOTISCHEN BUDDHISMUS.

Der Buddhismus bestimmt auch heute noch den Rhythmus dieser Kleinstadt mit nur 12 000 Einwohnern in den Dschungeln am Mekong. 32 Viertel hat die Stadt, und jedes Viertel besitzt ein Wat, ein buddhistisches Kloster. Im Sim, dem mittleren Stadtteil, werden die Mönche geweiht, hier versammeln sie sich zum Gebet. Aber auch Wohnhäuser für die Mönche gehören zu jedem Wat, Stupas mit eingemauerten Reliquien, und ein „Trommelturm". Normalerweise ist ein solcher Turm für Zeremonien gedacht, gleichzeitig dient er aber auch als Sitzungsraum, wo die wichtigen Themen des Viertels besprochen werden. Seinen Namen hat er von der Trommel, die geschlagen wird, um die Bewohner zu versammeln. Derart ist die Stadt mit ihrer Religion verbunden, dass die Straßen schon frühmorgens von den 700 hier lebenden Mönchen und Novizen gefüllt sind, die von den Gläubigen ihr Essen für den Tag erbitten, das sie wie selbstverständlich bekommen. Dabei scheinen die Sakralbauten mit den Wohnhäusern der Bewohner wie verwachsen zu sein. Hier, in diesem Zentrum buddhistischer Kunst, Kultur, Wissenschaft und Gelehrsamkeit, sind Glaube und Religion im Alltagsleben eng miteinander verwoben.

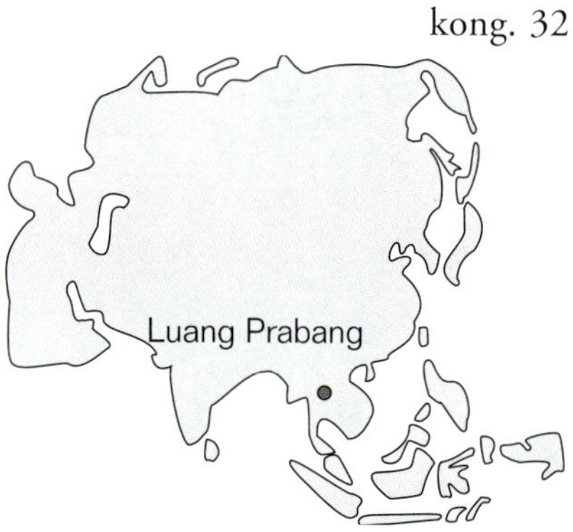

Linke Seite: Der Wat Xieng Thong-Tempel wurde 1560 von König Setthathirath erbaut und befindet sich wie der Königspalast in der Nähe des Mekong-Flusses.

Rechts: Statue des liegenden Buddha im Wat Xieng Thong-Tempel.

Verschont vom Krieg. Wat Manolom ist der älteste Tempel Luang Prabangs, seine Ursprünge sollen auf König Fa Ngoum zurückgehen, der das Land im 14. Jahrhundert einte und den Hinayana-Buddhismus einführte, die ältere der beiden buddhistischen Schulen. In diesem Tempel ließ er sich zum ersten laotischen König krönen. Die Fassaden und Tore des Tempels sind mit goldenen Reliefs verziert, die das Leben Buddhas in Szene setzen und vom aufblühenden Reich der eine Million Elefanten erzählen. Die Stadt blieb bis ins 20. Jahrhundert Königssitz und heiliges Zentrum des Glaubens bis heute. Immer schon bedroht von seinen mächtigen Nachbarn, lebte das kleine Land in ständiger Gefahr. Ende des 19. Jahrhunderts kamen französische Kolonialherren und machten es sich untergeben. Glücklicherweise blieb die Stadt von den Gräuel der folgenden Kriege weitgehend verschont. Auch gelang es den auf die Kriege folgenden kommunistischen Herrschern nicht, die Religion zu unterdrücken: Die Mönche der Wats bestimmen das Leben ihrer heiligen Stadt nach wie vor.

STECKBRIEF

1353
Gründung des Reichs Lane Xang, des Lands der eine Million Elefanten
seit 1356
Wallfahrtsort
1707
Zerfall des Reichs in drei Teilstaaten, Luang Prabang, Vientiane und Champassak
1893
Französische Kolonie
1958
Sturz von Souvanna Phouma und nachfolgend Bürgerkrieg
1975
Ende der Monarchie, Laos wird Demokratische Volksrepublik
1995
Ernennung zum UNESCO-Weltkulturerbe

Links: Ein Mönch lehnt sich aus dem Fenster. Die vielfältige Ornamentik der Tempel zeichnet sich durch liebevolle Details aus.

THAILAND

Ayutthaya

IM 14. JAHRHUNDERT ENTSTAND IN SIAM, DEM HEUTIGEN THAILAND, DIE GESEGNETE STADT DER ENGEL UND KÖNIGE, DIE HEILIGE STADT AYUTTHAYA, EINE DER GRÖSSTEN STÄDTE DES MITTELALTERS UND RESIDENZ VON 33 KÖNIGEN.

Neben den Tempelanlagen sind es vor allem die Buddhastatuen, die das Bild der heiligen Stadt bestimmen; die größte, der „ruhende Buddha", ist mit einer Legende verbunden: Buddha predigte einem großen Dämonen, der ihm aber nicht zuhörte, weil er ihn seiner Größe wegen nicht ernst nahm. Da machte sich Buddha um etliches größer, als er war, größer noch als der Dämon, und zwang ihn so zum Zuhören. Daraus abzuleitende buddhistische Lehre: Respekt gelte der inneren Größe, nicht der äußeren Erscheinung.

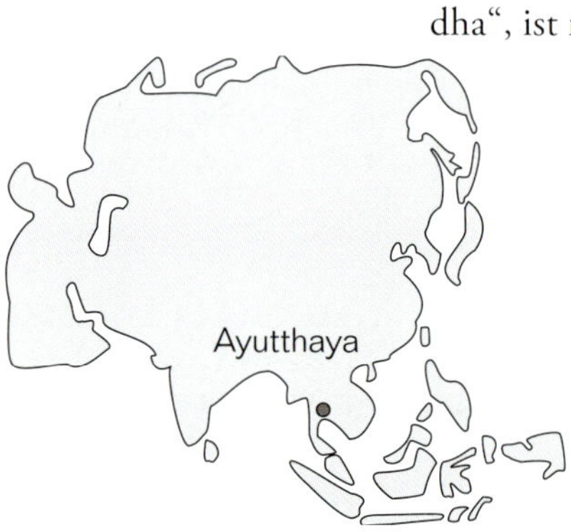

In Ayutthaya entstanden prächtige Tempel- und Klosteranlagen, und die Chedis, ihre glockenförmigen Türme, überragten die Stadt. Ihre Ruinen lassen noch heute ihre ehemalige Pracht erahnen. Hier ist alles heilig, denn unter den Türmen der Chedis und Tempel befanden sich in versteckten Kammern Reliquien Heiliger und Überreste der Könige, die selbst als Götter verehrt wurden. Die Menschen, ja, jedes lebende Wesen, sollte durch die Verbindung mit seinen Ahnen religiös in der Welt verankert werden. Im Prang, dem ehemals 50 Meter hohen Turm des Wat Mahathat, soll eine Reliquie Buddhas bewahrt worden sein. Dieser Tempel und das zu ihm gehörige Klostergelände lagen im Mittelpunkt von Ayutthaya.

Linke Seite: Wat Chai Wattanaram, der 1629 von König Prasat Tong wahrscheinlich an der Stelle erbaut wurde, wo die Leiche seiner Mutter verbrannt worden war. Im Vordergrund, zwei von zahlreichen sitzenden steinernen Buddhastatuen vor den Ruinen

Rechts: Auch heute noch sind die Tempel von Ayutthaya Anziehungspunkt für Mönche und Gläubige, die hierherpilgern.

Tränen der Trauer. Im 18. Jahrhundert wurde die Stadt von birmanischen Truppen nach zweijähriger Belagerung zerstört. Das Königreich ging zu Ende, die Schatzkammern wurden geplündert, die „gesegnete Stadt der Engel und Könige" hörte auf zu existieren. Noch vor etwas mehr als 40 Jahren haben Plünderer zwei Kammern im Inneren des Prang entdeckt. Es gelang ihnen, die meisten Schätze fortzuschaffen, und nur ein kleiner Teil wurde gerettet. Der Wat Phanom Choeng soll schon existiert haben, bevor Ayutthaya gebaut wurde, dieser heilige Tempel ist vollkommen renoviert worden und steht heute als Wahrzeichen über der Stadt. In seinem Inneren befindet sich eine der ältesten und schönsten Buddhastatuen Asiens: der große Buddha. Ursprünglich jedoch stand er vor dem Tempel im Freien, um von überall her gesehen werden zu können. Auch ihn umgibt eine Legende: Aus seinen Augen sollen nach der vollständigen Zerstörung der Stadt durch die Birmanen im Jahr 1767 Tränen der Trauer geflossen sein.

STECKBRIEF

1350–1767
Königreich Ayutthaya
1350
Gründung als Hauptstadt unter Rama Thibodi
1492–1532
Bau der Chedis als Aufbewahrungsort von Reliquien
1511
Portugiesen entdecken Siam.
1767
Zerstörung durch die Birmanen
1956
Beginn der Restaurierung
1991
Ernennung zum UNESCO-Weltkulturerbe

Links: Boote am Fluss mit Wat Chai Wattanaram im Hintergrund.

KAMBODSCHA

Angkor Wat

UNWEIT DER KAMBODSCHANISCHEN STADT SIEM REAP LIEGT DIE 1113–50 VON DEM KHMER-KÖNIG SURYAVARMAN II. ERBAUTE TEMPELANLAGE ANGKOR WAT, EINER DER GRÖSSTEN RELIGIÖSEN KOMPLEXE DER WELT.

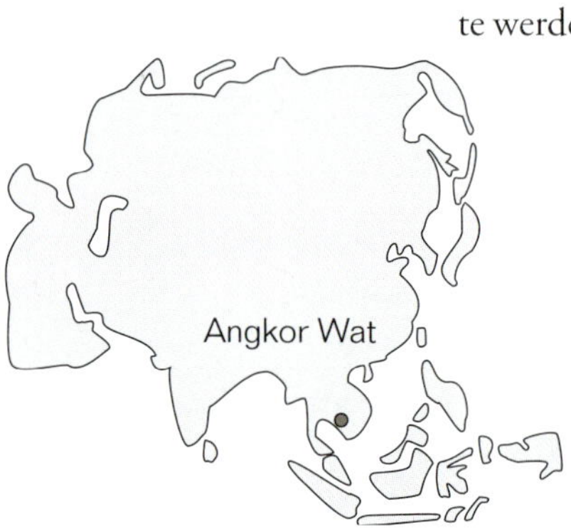

Der Bauherr, „Schützling des Sonnengotts", ließ Angkor Wat als Abbild des himmlischen Kosmos anlegen. Der Tempel sollte seine Grabstätte werden und gleichzeitig Kultzentrum für den hinduistischen Gott Vishnu. Im Einklang mit den Glaubensprinzipien der Khmer-Kultur wurden bei der Anlage des Tempels religiöse und materielle Prinzipien verschmolzen. So umgibt den gesamten Komplex ein 200 Meter breiter Wassergraben, der das Urmeer symbolisiert, das die bewohnte Welt umspült. Die Anlage beherbergt das größte religiöse Bauwerk der Welt, den himmlischen Palast, das Zentrum des Khmer-Reiches, die Mitte der Welt. Durchschreitet man das große Tor, kommt man in rechteckige Höfe, und in jedem Hof steht ein Turm in der Form einer Lotosblüte. Mit über 60 Metern symbolisiert der mittlere Turm den Berg Meru, den Mittelpunkt des hinduistischen Universums.

Von Göttern für Götter. In der Vorstellung der Khmer wurde Angkor von Göttern für Götter erbaut, denn die Könige des Landes betrachteten sich selbst als Götter. Und so war es der himmlische Architekt, der Bruder Shivas, des vielarmigen Weltenherrschers und Erhalters, der dieses fantastische Bauwerk errichtete. In der Galerie des Hauptportals findet sich noch heute eine

STECKBRIEF

9.–15. Jh.
Hauptzeit der Khmer-Kultur
1113–50
Unter König Suryavarman II. Anlage von Angkor Wat im südöstlichen Viertel von Yasodharapura
um 1200
Anlage der „großen königlichen Stadt", Angkor Thom
1353, 1393 und 1431
Brandschatzung und Plünderung, schließlich Aufgabe und Verfall der Stadt
16. Jh.
Portugiesische Reisende entdecken Angkor Wat.
1860
Der franz. Forschungsreisende Henri Mouhot entdeckt zwei Jahre vor seinem Tod Angkor Wat.
1992
Ernennung zum UNESCO-Weltkulturerbe

Linke Seite: Der Ta-Prohm-Tempel ist bekannt für die dicken Baumwurzeln, diese Seite des Tempels wurde absichtlich nicht restauriert, um den Zustand zu zeigen, in dem die Anlage entdeckt wurde.

Rechts: Buddhistische Mönche vor dem Banteay-Samre-Tempel im Tempelkomplex von Angkor Wat, Zentrum des Khmer-Reichs und damit Mitte der Welt.

große Vishnu-Statue, die vermutlich aber Suryavarman II. als Vishnu zeigt.

Vom Quirlen des Milchozeans. Ein Steinrelief des Tempels zeigt das für den Hinduismus so wichtige „Quirlen des Milchozeans". Dem Mythos liegt die Vorstellung zugrunde, der Weltleib sei ein mit Milch gefülltes Butterfass. Umgeben wird das Milchmeer von drei Bergen: im Zentrum der Berg Meru, Sitz der Götter – also Angkor Wat. Quirlstab ist der Berg Mandara und Quirlstrick die Weltenschlange. Links ziehen die Götter, rechts ihre Feinde – die beiden versetzen den Berg in Kreiselbewegung, damit die Milch des Lebens zu Butter wird und das Gefäß einen Unsterblichkeitstrank absondert, der Erlösung und ewiges Leben bringt.

Unten: Den gesamten Tempelkomplex umgibt ein 200 m breiter Wassergraben, der das Urmeer repräsentiert, in dessen Mitte sich die bewohnte Welt befindet.

SRI LANKA

Anuradhapura

ÜBER 1300 JAHRE HINWEG WAR DIE HEILIGE STADT ANURADHAPURA MITTELPUNKT DER ZIVILISATION SRI LANKAS. HIER BEFINDET SICH DER GEWALTIGE STUPA JETAVANARAMA, DER EINE SCHÄRPE BUDDHAS BERGEN SOLL.

Schon seit dem 10. Jahrhundert v. Chr. lebten Menschen in Anuradhapura, aber erst als Sanghamitta, die Gründerin eines buddhistischen Frauenordens, einen Zweig des Bodhi-Baums (Baum der Erleuchtung) hierherbrachte und einpflanzte, wurde der Ort im 3. Jahrhundert v. Chr. zum politischen und vor allem religiösen Zentrum des Landes. Auf ihrem Höhepunkt hatte die Stadt denselben Einfluss wie Babylon oder Niniveh und war von ebensolchen kolossalen Dimensionen. Anuradhapura war von einer viereckigen Stadtmauer umgeben und verfügte über ein perfektes Bewässerungssystem, eins der komplexesten der Alten Welt. Nach ihrer Zerstörung 993 durch Rajaraja I. Chola wurde Anuradhapura verlassen und versank im Dschungel. Unter den Ruinen finden sich glockenförmige Stupas, die aus kleinen luftgetrockneten Ziegeln erbaut wurden, Tempel, Skulpturen und die alten Trinkwasserreservoire. Im 19. Jahrhundert wurde die Ruinenstadt von britischen Soldaten wiederentdeckt, und ihre Paläste, Klöster und Tempel machen sie seit 1870 abermals zum heiligen Wallfahrtszentrum für buddhistische Pilger.

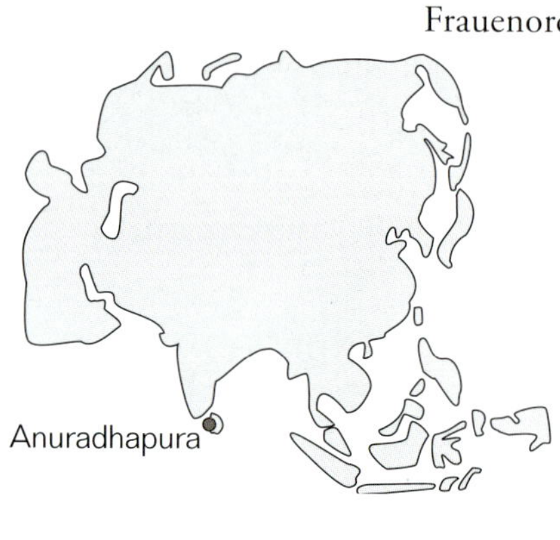

Der Baum der Erleuchtung. Der Sri Maha bodhiya, eine Pappel-Feige (ficus religiosa), ist einer der

Linke Seite und rechts: Elefantenmauer vor der Jetavanarama Dagoba. Der Elefant erfreut sich auf dem indischen Subkontinent großer Beliebtheit. In der hinduistischen Symbolik erscheinen Elefant oder Ganesha (Elefant-Kind-Zwitterwesen) abwechselnd als Glückszeichen und Hüter an Wohnhäusern und Tempeln.

ältesten, lebenden Bäume der Welt. Der von Sanghamitta um 245 v. Chr. aus Bodh Gaya mitgebrachte Ableger (s. S. 160) wurde auf einer etwa 6,5 Meter hohen Terrasse gepflanzt und von einem Geländer geschützt. Heute ist der Baum eine der heiligsten Reliquien Sri Lankas, Buddhisten aus der ganzen Welt verehren ihn. Unter der Regierungszeit von König Kirthi Sri Rajasingha wurde eine Mauer um den Baum gebaut, um ihn vor wilden Elefanten zu schützen.

Jetavanarama Dagoba. Im 3. Jahrhundert ließ König Mahasan (271–301) aus luftgetrockneten Ziegeln eine der größten Dagobas oder Stupas der Welt errichten: Jetavanarama. Die sogenannte Dagoba ist eine für Sri Lanka typische Entwicklungsform des Stupa. Jetavanarama hat eine Höhe von über 100 Meter. Die gewaltige Dagoba war von etwa drei Hektar Land umgeben, auf dem Klöster standen, in denen damals über 3000 Mönche lebten. Hier soll eine Schärpe, die Buddha selbst knüpfte, als Schrein eingemauert sein, was sie zu einem der heiligen Zentren von Anuradhapura und der gesamten buddhistischen Welt macht.

STECKBRIEF

Erster Europäer, der 1679 die heilige Stadt sah, war der britische Seefahrer Robert Knox (1641–1720).

Lage: 250 km nördlich der Hauptstadt Colombo, Stadtmauer mit einer Länge von ca. 26 km.
Umschlossene Fläche: 663 km^2
1982
Ernennung zum UNESCO-Weltkulturerbe

Links: Stupas sind kuppelförmige buddhistische Reliquienschreine. Die Mahiyangana-Stupa würdigt den ersten Ort, den Buddha selbst in Sir Lanka besucht haben soll.

Rechts: Vor über 2200 Jahren ließ König Dutugamunu die Ruwanweli-Stupa in Anuradhapura erbauen.

SRI LANKA

Sri Pada, der heilige Berg

ZU BEGINN EINES JEDEN JAHRES FINDEN IN SRI LANKA GROSSE WALLFAHRTEN ZUM SRI PADA STATT, DEM HEILIGEN BERG DREIER RELIGIONEN. ER WIRD VON HINDUS, BUDDHISTEN UND MUSLIMEN GLEICHERMASSEN ALS HEILIGTUM VEREHRT.

Zwischen Ende Dezember und April ist der Gipfel des Sri Pada Ziel großer Wallfahrten. Dort befindet sich ein überdimensionaler, ca. 150 Zentimeter langer und 70 Zentimeter breiter Fußabdruck, der dem Berg seinen ursprünglichen Namen gab: Sri Pada, Heiliger Fußabdruck. Seit über 1000 Jahren ist dieser Berg Zentrum religiösen Brauchtums dreier Religionen, denn jede verehrt den Fußabdruck als heilig. Doch schon bevor diese Religionen auf der Insel Fuß fassten, wurde der Berg von den Ureinwohnern Sri Lankas, den Veddas, als heilig geehrt. Sie nannten ihn Samanala Kanda, Saman war für sie eine der vier Schutzgottheiten der Insel. Nach buddhistischem Glauben, der hier bis auf das Jahr 300 v. Chr. zurückgeht, befindet sich der wirkliche Fußabdruck Buddhas unter dem sichtbaren auf einem riesigen Saphir. Buddha hinterließ ihn bei seinem dritten und letzten Besuch auf der Insel.

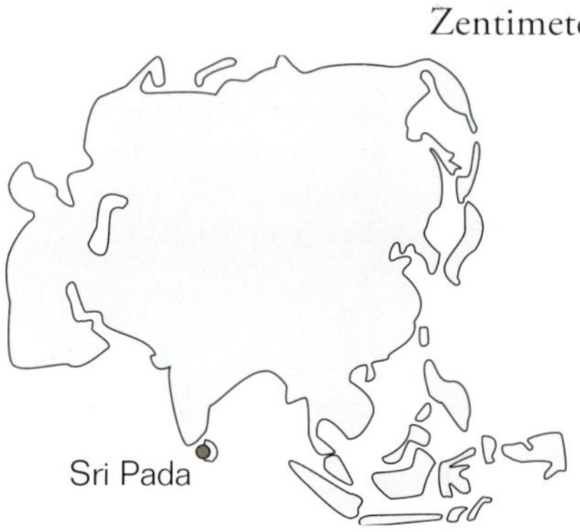

Nach hinduistischer Vorstellung war es Gott Shiva, der hier seinen Abdruck schuf, als er den Tanz der Weltenschöpfung tanzte; die Hindus nennen den Berg Sivan Adi Padham.

Die Muslime verehren in der heiligen Hinterlassenschaft den Fußabdruck Adams, der hier der Legende

STECKBRIEF

Höhe: 2243 m, vierthöchster Berg der Insel

Marco Polo (1254–1324) erreichte den Berg und beschrieb seine pyramidale Form.

Der arabische Seefahrer Ibn Batuta (1304–68) nannte den Sri Pada den höchsten Berg der Welt.

Der Legende nach sollen die Stufen und Kletterketten von Alexander dem Großen (365–23) angebracht worden sein.

Linke Seite: Im nächtlichen Dunkel beginnt der Aufstieg zum Gipfel. Die Route ist von Lichtern und Teestuben gesäumt, an denen sich die Pilger stärken können.

Rechts: Stupaförmige, sogenannte Japanische Friedenspagode am Fuß des Sri Pada.

nach 1000 Jahre auf einem Bein stand, nachdem er aus dem Paradies ausgeschlossen worden war. Gott sandte ihn nach Sri Lanka, weil es dem Paradies am ähnlichsten war. Im islamischen Glauben wird Adam als Prophet verehrt.

Dem Paradies nahe. Normalerweise beginnen die Pilgerzüge nachts, um die Sonnenhitze zu meiden und den Sonnenaufgang zu erleben. Allerdings ist vor allem der kürzere, zum Teil über Stufen und Klettersteige führende nördliche Aufstieg nicht ganz ungefährlich. Immer wieder gab und gibt es Tote und Verletzte. Nach dem Glauben der Inselbewohner – egal welcher Religion sie angehören – sind es vom Gipfel des Sri Pada nur 65 Kilometer bis zum Paradies – dort oben könne man sogar die Geräusche der Brunnen des Paradieses hören. Neben dem Tempel des Saman mit dem übergroßen Fußabdruck, in dem die Gläubigen opfern, befindet sich auf einer Plattform auch ein kleiner buddhistischer Tempel mit einer Glocke, die von jedem Pilger nach Erreichen des heiligen Ziels geschlagen wird.

Unten: Ein Pilger vor dem großen Fußabdruck im Tempel des Saman, dem Ziel der heiligen Wallfahrt.

SRI LANKA

Zahntempel von Kandy

KANDA-UDA-PAS-RATA: „DAS VERBORGENE KÖNIGREICH IN DEN BERGEN" – SO NANNTEN DIE BEWOHNER IHRE KÖNIGSSTADT IM HERZEN SRI LANKAS. DIE WENIG RÜCKSICHTSVOLLE KOLONIALMACHT ENGLAND GAB IHR 1815 EINEN NEUEN NAMEN: KANDY.

Gautama Buddha starb im Jahr 480 v. Chr., und seine Leiche wurde vor den Toren der nordindischen Stadt Kusinara verbrannt. Der Legende nach rettete man vier Zähne und ein Schlüsselbein aus der heiligen Asche. Als der Buddhismus in Indien durch den Hinduismus verdrängt wurde, missfiel den herrschenden Hindus die Verehrung der Reliquien. Versteckt im Haar einer Prinzessin soll einer dieser Zähne über das Meer von Indien nach Sri Lanka gelangt sein, wo man ihm den Dalada Maligawa, den Zahntempel, errichtete. Der Zahn ist die wichtigste buddhistische Reliquie Sri Lankas; er war nicht nur ein religiöses Kleinod, sondern unmittelbar mit dem Königsthron verbunden: Nur der konnte König sein, der ihn in seinem Besitz hielt. Darum sind Tempel- und Palastbereich im Mittelpunkt der Stadt eng miteinander verbunden. Alljährlich findet ein 15-tägiges Fest zu Ehren des heiligen Zahns statt. Die Perahera von Kandy ist eines der farbenreichsten und prächtigsten Feste Asiens. Im Verlauf dieses Festes entfaltet sich in der ehemals heiligen Stadt Kandy die Kraft eines lebendigen Glaubens. Dabei sind die Rituale und Zeremonien im Laufe der Zeit kaum verändert worden. Hunderte geschmückte Elefanten ziehen zusammen mit Tänzern, Fa-

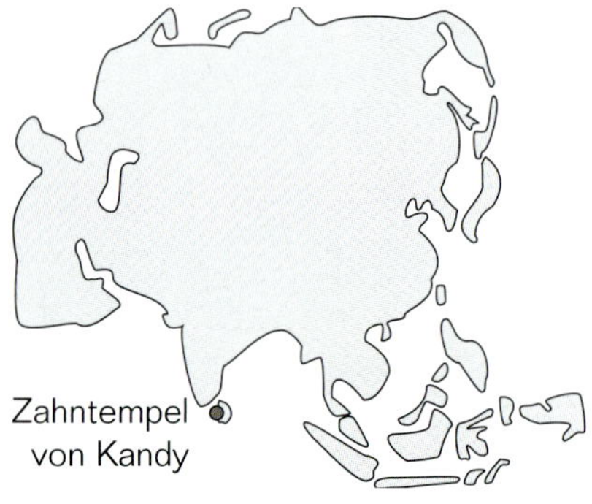

Linke Seite: Ein Wächter des Heiligtums im Inneren des Zahntempels. Die Elefantenstoßzähne unterstreichen die Wirkung, dass Unbefugten hier der Zutritt verwehrt ist.

Rechts: Der Zahntempel gehört zum Gebäudekomplex des Königspalastes. Die Buddhareliquie war von besonderer, legitimierender Bedeutung für das einstige ceylonesische Königshaus.

kiren, Musikanten und Würdenträgern aus dem ganzen Land durch die Stadt.

Entweihung durch die Kolonialherren. Zwei Jahrhunderte lang widersetzte sich Sri Lanka der Kolonialisierung durch Holländer, Portugiesen und Engländer, unbesiegbar sei das Land, sagte ein alter Glaube, solange keine Straße nach Kanda-uda-pas-rata führe. 1815 zerschlugen die Engländer das Land und mit ihm seine Kultur und entweihten seinen heiligsten Ort, indem sie den Zahn aus dem Reliquienschrein nahmen. Dies war nie zuvor geschehen, kein Mensch außer dem Finder hatte ihn je gesehen. Erst 31 Jahre später gaben sie die Reliquie an den Tempel zurück. Erniedrigt unterzeichnete der letzte König Sri Lankas, Sri Vikrama Rajasingha, am 2. März 1815 die Kapitulationsurkunde in der großen Audienzhalle, wo erst 1972 das Ende der Kolonialherrschaft und die unabhängige Republik Sri Lanka ausgerufen wurde. Heute ist das Land eine multiethnische und multireligiöse Nation. Neben dem Buddhismus sind der Hinduismus, das Christentum und der Islam die wichtigsten Religionen.

STECKBRIEF

1707–39
Bau des heutigen Zahntempels unter König Narendrasingha
1784
Bau der Audienzhalle
1798–1815
Regierungszeit des letzten Königs Sri Vikrama Rajasingha
1988
Ernennung zum UNESCO-Weltkulturerbe

Links: Dreimal am Tag wird das Heiligtum geöffnet, wobei Zeremonien zu Ehren Buddhas abgehalten werden.

INDONESIEN

Borobudur

BOROBUDUR, DER HEILIGE ORT JAVAS, IST EIN JUWEL UNTER DEN BAUWERKEN DES BUDDHISMUS, DAS DEN KOSMISCHEN BERG, DAS ZENTRUM DER WELT, SYMBOLISIERT UND IN SEINEM REICHEN SKULPTURALEN SCHMUCK DEN WEG ZUR ERLEUCHTUNG WEIST.

Während der Herrschaft der Shailendra-Dynastie vor über 1200 Jahren errichteten in der Nähe der Stadt Yogyakarta zahllose javanische Bauern und Handwerker unter kundiger Anleitung den größten Sakralbau (Stupa) des Buddhismus. Die Baudaten werden auf den Zeitraum zwischen 760 und 830 n. Chr. eingegrenzt. Über einem quadratischen Grundriss von 110 mal 110 Meter erheben sich fünf abgestufte Plattformen, darüber weitere drei in Kreisform, die von einem Stupa bekrönt werden. Vier axial angelegte Treppen führen zum Gipfel des künstlichen Bergs mit kosmischer Bedeutung. Interpreten verweisen auf die Mandala-Form des Baukörpers, die an seinem Grundrissschema sichtbar wird, und beziehen die 72 kleineren bekrönten Stupas, über 500 Buddhastatuen und ca. 1460 Reliefskulpturen mit in die Betrachtung ein. Die dreiteilige Struktur der Anlage wurde mit den drei buddhistischen Sphären der Existenz in Verbindung gebracht: die Region der Begierde, die Region der himmlischen Formen und die Region der Formlosigkeit. Borobudur wurde auch als der heilige Berg Sumeru (Göttersitz) gedeutet, dessen mehrfaches Umrunden entlang der vielen Reliefs und der allmähliche Aufstieg die Pilger symbolisch zum Ziel ihres Lebens führt.

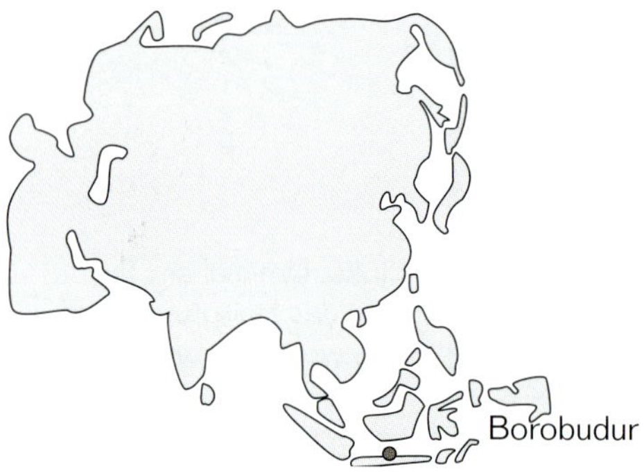

STECKBRIEF

um 760
Baubeginn in der Zeit der Shailendra-Dynastie
1814
„Wiederentdeckung" der Anlage durch einen englischen Kolonialbeamten
1948
Studien zur Restaurierung der Anlage
1973
Beginn der Restaurierungsarbeiten
1985
Bombenanschlag und Beschädigung von neun Stupas
1991
Ernennung zum UNESCO-Weltkulturerbe

Linke Seite: Bei seiner „Wiederentdeckung" im 19. Jahrhundert fand man im Zentralstupa von Borobudur zwei leere Kammern. Möglicherweise wurde hier einst eine Buddhareliquie verwahrt.

Rechts: Eins der zahlreichen Reliefs. Die 1460 narrativen Tafeln von Borobudur verbildlichen fünf verschiedene buddhistische Schriften und weisen dem Gläubigen den Weg zur Erleuchtung.

Der Weg zur Erleuchtung. Die Erforschung der Reliefs hat in den Jahren zwischen 1885 und 1938 ergeben, dass die 1460 Tafeln fünf verschiedene buddhistische Schriften verbildlichen. Um die vollständige narrative Sequenz der Reliefs von Anfang bis Ende zu verfolgen, war ein Pilger gezwungen, das Denkmal zehn Mal zu umwandeln. Die Zahl Zehn ist keinesfalls zufällig, sie verweist auf die Stufen des Bodhisattva-Wegs zur Erleuchtung, indem die zehn Stufen der Existenz erfolgreich durchschritten werden. Es deutet vieles darauf hin, dass Borobudur die klassischen Fragen des buddhistischen Mystikers stellt: Wie gewinnt man überirdische Kräfte, und wie erlangt man geistige Befreiung? Viele der auf den Reliefs dargestellten Szenen sind gleichwohl so lebensnah geschildert, dass sie auch die einfachen Menschen ansprachen. Er bedurfte zum besseren Verständnis aber der Führung eines Lehrers. Vermutlich war dies einst die Aufgabe von Mönchen.

Borobudur verweist auf die über 1000 Jahre zurückliegende Vergangenheit, als der Buddhismus in Java in einer kurzen Blüte stand.

Unten: Eine der 72 identischen Buddhafiguren, die auf den oberen Terrassen in durchbrochen gearbeiteten Stupas sitzen und mit ihrer Handgeste das „Andrehen des Rads der Lehre" symbolisieren.

ISRAEL

Jerusalem

JERUSALEM IST EINE DER ÄLTESTEN, STÄNDIG BEWOHNTEN SIEDLUNGEN DER WELT. DIE STADT BEHERBERGT HEILIGE STÄTTEN GRÖSSTER BEDEUTUNG FÜR JUDEN, CHRISTEN UND MUSLIME – UND IST GEPRÄGT VON EINER LANGEN GESCHICHTE RELIGIÖSER, KULTURELLER UND POLITISCHER KONFLIKTE.

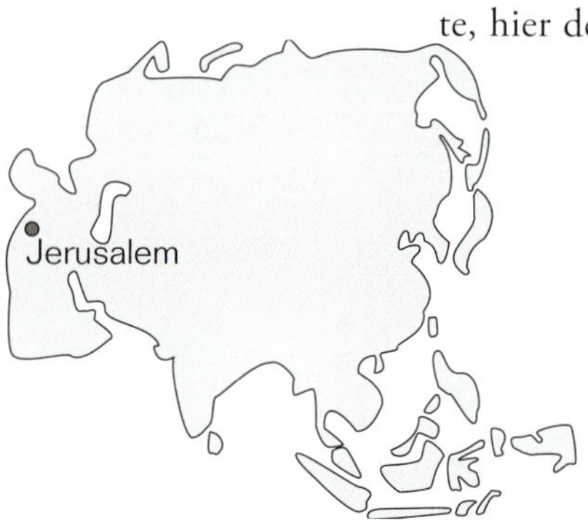

Der Tempelberg wird von den Juden als heiliger Ort verehrt, weil König Salomo, Sohn König Davids, der die Stadt 1003 v. Chr. erobert hatte, hier den ersten Tempel für die Bundeslade errichtete. Diesen Ort zu betreten war nur den Hohepriestern vorbehalten, und auch heute noch betreten gläubige Juden den Bereich des Tempelbergs nicht, aus Ehrfurcht vor der Stelle, an der einst ihr Heiligstes stand. Der Tempel wurde von Nebukadnezar II. (um 640–562 v. Chr.) zerstört. Erst 21 v. Chr. begann man mit dem Bau des zweiten oder Herodianischen Tempels, der seinerseits von römischen Truppen zerstört wurde. Der zweite Tempel war letzte Zufluchtsstätte der Juden im jüdisch-römischen Krieg, vermutlich wurde er von ihnen selbst angezündet, um seine Entweihung zu verhindern. Die Römer errichteten hier einen Jupiter-Tempel, der vom christlichen Kaiser Konstantin abgerissen wurde. Justinian I. (482–565), Erbauer der Hagia Sophia in Konstantinopel (s. S. 122–23), ließ die Marienkirche am Tempelberg bauen. Beiden seiner Kirchen widerfuhr ein ähnliches Schicksal: Sie wurden in Moscheen umgewandelt. Der heilige Fels des Mohammed im Felsendom ist derselbe, an dem der jüdisch-christlichen Überlieferung nach Abraham seinen Sohn Isaak opfern sollte.

STECKBRIEF – jüdisches Jerusalem:

um 1000 v. Chr.
Bergfeste Zion
587 v. Chr.
Eroberung durch Nebukadnezar, Zerstörung des Tempels
66 v. Chr.
Aufstand der Juden gegen die Römer, Zerstörung des zweiten Tempels
1947
Internationalisierung Jerusalems
1948
Teilweise Zerstörung des jüdischen Viertels durch jordanischen Angriff

Linke Seite: Die westliche Grundmauer des ehemaligen zweiten Tempels der Juden ist eine häufig aufgesuchte Gebetsstätte.

Rechts: In den Spalten zwischen den großen Steinblöcken der Mauer des zweiten Tempels sind Zettel mit Bitten und Gebeten eingeschoben.

Die „Klagemauer". Größtes jüdisches Heiligtum ist bis heute die etwa 400 Meter lange westliche Grundmauer des zweiten Tempels. Seit dem Sechstagekrieg vom (5.–10. Juni 1967) können Gläubige hier wieder beten, zuvor war es jordanisches Gebiet und durfte von Juden nicht betreten werden. Wegen Körpersprache und Gestik beim Gebet wird die Mauer oft fälschlich „Klagemauer" genannt. Teil des Rituals ist es, Zettel mit Bitten und Gebeten in die Spalten des Gemäuers zu schieben.

Das christliche Jerusalem. Den Christen gelten Jerusalems Altstadt und der nahe Ölberg als heilige Orte des Leidens und der Auferstehung Jesu. Innerhalb der alten Stadtmauern Jerusalems steht vor allem auch die Grabeskirche, die als Ort von Kreuzigung und Grablegung Jesu verehrt wird und eines der größten Heiligtümer des christlichen Glaubens ist. Heute ist sie Sitz des griechisch-orthodoxen Patriarchen von Jerusalem und des katholischen Erzpriesters vom heiligen Grab.

Ein christlich-muslimischer Kampfplatz. Auf der geschleiften christlichen Basilika Santa Maria auf dem Tempelberg errichteten die islamischen Herrscher die

Unten: Die Grabeskirche, wichtigstes Heiligtum aller Christen, enthält neben anderen Erinnerungsstücken der Passion Christi als bedeutendste Stätte die Grabeskapelle.

STECKBRIEF – christliches Jerusalem:

das Jahr 0
Geburt Jesu, Beginn der christlichen Zeitrechnung
335
Einweihung der Grabeskirche
527– 65
Blüte des byzantinischen Jerusalems
1887
Bau des Neuen Tors als Zugang zum christlichen Viertel

Rechts: Einzug von kreuztragenden Pilgern in die Grabeskirche. Das Kreuz ist den Christen Leidens- und Heilssymbol.

Unten: Der prächtige Felsendom mit seiner goldenen Kuppel ist das bedeutendste islamische Heiligtum nach den heiligen Stätten in Mekka und Medina.

al-Aqsa-Moschee, die ihnen als drittwichtigstes Heiligtum neben Mekka und Medina gilt. Die christlichen Horden, die während des ersten Kreuzzugs 1099 in die Stadt einfielen, richteten unter der Bevölkerung ein Blutbad an, allein auf dem Platz um Moschee und Felsendom sollen über 10 000 Menschen geköpft worden sein. Die Moschee wurde ihrerseits geschleift und abermals eine Kirche errichtet, die ab 1119 die Ritter des Templerordens bewohnten, im selben Jahr von Hugues de Payns (1080–1136) gegründet. 1187 besiegte Sultan Saladin von Ägypten, Syrien und Palästina die Kreuzzritter, und aus der Marienkirche wurde wieder eine Moschee. Die bewegte Geschichte der Moschee bleibt bis heute Grund religiöser und politischer Unruhen.

Das islamische Jerusalem. Der Islam verehrt den Tempelberg als heilige Stätte, weil von hier Mohammed gen Himmel fuhr. Der Legende nach bestieg Mohammed auf seiner al-Isra, der Nachtfahrt von Mekka nach Jerusalem, auf den Rat des Erzengels Gabriel hin das Himmelswesen al-Buraq (der Blitz), eine Mischung aus geflügeltem Pferd und Esel mit dem Gesicht einer Frau, und ritt nach Jerusalem. Er sollte sich dort am Felsen des Abraham mit den Propheten treffen, dessen letzter er selbst nach Adam, Noah, Abraham, Moses, Johannes und Jesus war. Über eine Leiter aus Licht stieg er durch die sieben Himmel bis zu Gott, der ihn die Kunst des Gebets lehrte. Noch in derselben Nacht ritt Mohammed zurück. Die Nachtfahrt gilt als Astralreise, als körperloses Sein, die höchste Stufe religiöser Hingabe.

Der Fußabdruck Mohammeds. Gläubige Muslime verehren an dem Felsen den Fußabdruck Mohammeds, den er durch sein Abstoßen in den Himmel hinterließ. Der Fels wollte Mohammed folgen, darum hielt Gabriel ihn fest, und zurück blieben die Abdrücke seiner Hände. Der Felsendom wurde unter Khalif Abd al-Malik über diesem Felsen errichtet. Der Prophet hatte den Ort gewählt, weil hier der Überlieferung nach Abraham seinen Sohn Isaak opfern sollte. Im Felsendom werden die Haare des Propheten als Reliquien angebetet. Gläubige nehmen eine rituelle Umkreisung des Heiligtums vor.

STECKBRIEF –
islamisches Jerusalem:

um 570
Geburt Mohammeds in Mekka
8. 6. 632
Tod in Mekka
zwischen 688 und 691
Bau des Felsendoms, Kubbat as-Sahrah
1187
Eroberung durch das Heer Saladins
Juni 1967
Wiedervereinigung der Stadt
1981
Ernennung Jerusalems zum UNESCO-Weltkulturerbe

Oben: Muslimische Frauen im Felsendom, der als Schrein für den Felsen gebaut wurde, an dem Abraham seinen Sohn Isaak opfern sollte.

Rechts: Christlich-orthodoxe geistliche Würdenträger. Das orthodoxe Christentum ist stärker von alten Traditionen bestimmt als das römische.

WESTJORDANLAND

Bethlehem

KEINE ZEHN KILOMETER VON JERUSALEM ENTFERNT, SEIT 1995 JEDOCH NICHT MEHR ZU ISRAEL GEHÖREND, LIEGT DER HEIMATORT KÖNIG DAVIDS UND DIE GEBURTSSTÄTTE JESU, EINE DER MEISTBESUCHTEN HEILIGEN PILGERSTÄTTE DER WELT.

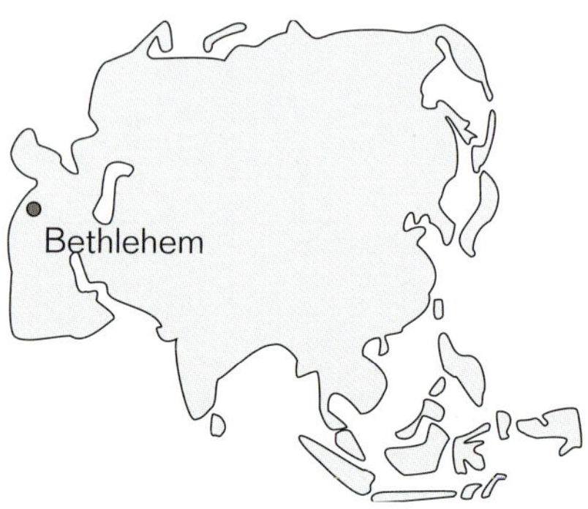

Seit dem Bau der Geburtskirche im 4. Jahrhundert ist Bethlehem Pilgerort für die Christen. Fast ebenso lange beherbergt der Ort auch ein Kloster, das im 5. Jahrhundert vom heiligen Hieronymus gegründet wurde, der das Alte Testament vom Hebräischen ins Lateinische übersetzte. Er liegt in einer Höhle unter der Geburtskirche begraben. Bis zum Einfall der Kreuzritter war Bethlehem eine florierende Stadt, danach aber verlor sie ständig an Bevölkerung. Erst 1948, als Tausende palästinensische Flüchtlinge hierherkamen, belebte sich der Ort wieder und gewann an Größe und Bedeutung. Wie Jerusalem ist Bethlehem ebenfalls heiliger Ort für drei Religionen: Für die Juden befindet sich hier das Grab von Rachel, der Mutter Josefs, eines der Patriarchen der zwölf Stämme Israels; die Christen verehren Bethlehem als Geburtsort Jesu; der Prophet Mohammed predigte hier auf seinem Weg nach Jerusalem, er soll gesagt haben: „... Gabriel sprach: [...]' hier ist der Geburtsort deines Bruders Jesus, Friede sei mit ihm.'"

Die Geburtskirche. Für die Christen ist die Geburtskirche in Bethlehem einer der heiligsten Orte ihrer Religion und darüber hinaus eine ihrer ältesten Kirchen. Nach den Matthäus- und Lukas-Evangelien kam Jesus in

Linke Seite: Die Geburtskirche in Bethlehem ist wie die Grabeskirche in Jerusalem mit den bedeutendsten Stationen des Lebens Christi auf Erden verbunden.

Rechts: An dieser Stelle soll sich einst die bescheidene Grotte oder Höhle befunden haben, in der der christliche Erlöser der Menschheit zur Welt kam.

STECKBRIEF

327–39
Bau der Geburtskirche durch die hl. Helena
530
Kaiser Justinian baut die neue Kirche.
1834
Ein Feuer und 1869 ein Erdbeben zerstörte Teile des Inneren.
seit 1852
Die Kirche untersteht der römisch-katholischen, der armenischen- und der griechisch-orthodoxen Kirche.

seit 1995
ist Bethlehem der Regierung Palästinas unterstellt. Bethlehem lässt sich vom hebräischen Beit Lechem, Haus des Brotes, herleiten.

Bethlehem in einer Krippe zur Welt. Späteren Versionen nach wurde er jedoch in einer Grotte geboren. Zu Beginn des 4. Jahrhunderts gab die heilige Helena, Mutter Kaiser Konstantins, über der Geburtshöhle oder -grotte eine Kirche in Auftrag. Die erste Kirche hatte eine achteckige Form und lag unmittelbar über der Grotte. In ihrer Mitte hatte man im Boden eine vier Meter große Aussparung mit Geländer belassen, um nach unten in die Geburtsstelle schauen zu können. Teile des Bodenmosaiks stammen noch heute aus jener frühen Bauzeit. Zu Beginn des 6. Jahrhunderts wurde diese Kirche zerstört, von Kaiser Justinian aber weitaus größer neu erbaut. In der Grotte befindet sich auf dem Boden genau an der Stelle, wo die Geburt stattgefunden haben soll, ein silberner Stern mit der lateinischen Aufschrift: „Hier gebar die Jungfrau Maria Jesus Christus". In der Grotte hängen 15 Lampen, sechs gehören der griechischen, fünf der armenischen und vier der katholischen Kirche. Das gesamte übrige Mobiliar stammt aus der Zeit nach dem Erdbeben von 1869.

Rechts: Die Basilika war nicht immer Ort des Friedens. Im 18. Jahrhundert kam es zu Auseinandersetzungen zwischen den christlichen Konfessionen um ihre Verwendungsweise, 2002 wurde sie von palästinensischen Kämpfern belagert.

IRAK

Ur

SCHON IM 4./5. JAHRTAUSEND V. CHR. WURDE DIE ERSTE SIEDLUNG DORT GEGRÜNDET, WO SPÄTER UR ENTSTAND, DAS ZENTRUM DES ALTEN MESOPOTAMIENS UND ÄLTESTE STADT DER SUMERISCHEN KULTUR. HIER BEFINDET SICH DIE ZIKKURAT DES MONDGOTTS NANNA.

Das Zweistromland zwischen Euphrat und Tigris wurde schon in den Anfängen Urs, während der Obeidperiode im 4./5. Jahrtausend v. Chr., durch ein Bewässerungssystem für die Landwirtschaft nutzbar gemacht. Um 2235 v. Chr. gründete König Sargon nach zahlreichen Eroberungen in Akkad das erste Großreich. Als es nach ca. 200 Jahren seinen Niedergang erlebte, wurde es von Ur und seinen Herrschern der dritten Dynastie übernommen. Der Stadtstaat stieg zu nie wieder erreichter Blüte auf. Als Stadtgott wurde der Mondgott Nanna verehrt, dem in Ur prächtige Kultstätten errichtet wurden. Neben ihm gab es viele andere Götter.

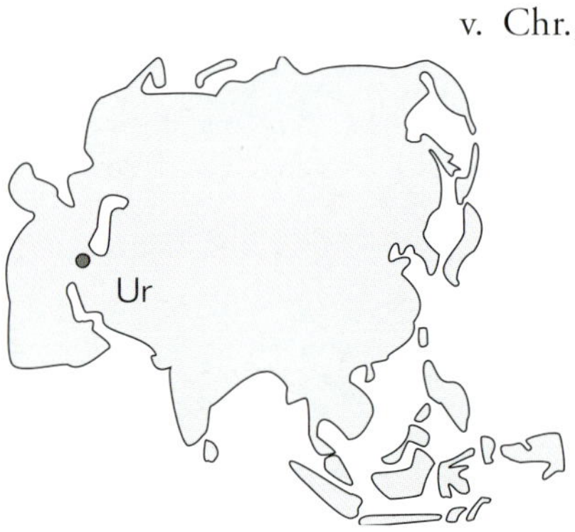

Die Zikkurat des Mondgotts Nanna. Die Tempel und die Zikkurat (Stufenpyramide) des Nanna standen in einem ummauerten heiligen Bezirk, dem Temenos. Nanna gilt als der Vater des Sonnengotts und gleichzeitig Vater der Ishtar. Sein Symbol ist die waagerechte Mondsichel, die einem Boot nachempfunden ist, in dem Nanna über den Himmel zieht.

Für den Kult des Mondgotts wurde von König Urnammu ein heiliger Tempel begonnen, den sein Sohn Schulgi vollendete. Die Zikkurat des Heiligtums, ein altorientalischer Dreistufenbau mit mächtigen Mau-

STECKBRIEF

um 4000–3500 v. Chr.
Obeidperiode
2356–2300 v. Chr.
König Sargon von Akkad
2047–1940 v. Chr.
Ur übernimmt das Reich unter den Herrschern der 3. Dynastie.
2100 v. Chr.
König Urnammu beginnt den Bau des Zikkurats des Nanna.
2047–1999 v. Chr.
Schulgi (Sohn Urnammus) König von Ur, vollendete das Bauwerk.
1922–34
Grabungen des britischen Archäologen Leonard Woolley, der die meisten Königsgräber fand

Linke Seite: Großer Treppenaufgang zur Spitze der Zikkurat. Die Bezeichnung Zikkurat ist babylonischer Herkunft.

Rechts: Vasenrelief mit der Darstellung von Opferdarbringungen an den Gott Nanna.

ern, einer Höhe von 25 Meter und einer Basislänge von 62,5 mal 43 Meter, wurde oben von einer Sakristei gekrönt. Die erste Stufe hatte eine Höhe von elf Meter und konnte über breite Treppen erstiegen werden, die sich oben trafen. (Die beiden oberen Stockwerke werden auf 5,7 bzw. 2,9 Meter geschätzt.) Die Zikkurat stellte die symbolische Verbindung von Himmel und Erde dar, die Verschmelzung zwischen den Menschen und ihrem Gott. Wollte das göttliche Wesen sich mit den Menschen vereinen, musste es aus dem Himmel herabsteigen, um in den Haupttempel am Fuß der Zikkurat zu gelangen. Hier opferten die Menschen ihren Göttern. Der Tenemos und die heiligen Tempel bestimmten das Bild der Stadt, die Riten der Religion das Leben ihrer Bewohner.

Wichtiger Teil des religiösen Lebens war der Totenkult. Bei Ausgrabungen fand man über 2000 Gräber, einzelne mit über 70 Skeletten. Fast alle stammen aus der Zeit um 2600–2500 v. Chr. Die königlichen Verstorbenen unter den Toten wurden von Würdenträgern und Kriegern ins Jenseits begleitet, man hatte sie betäubt und mit den Tieren getötet, die die Wagen zogen.

Unten: Die unter dem Namen Zikkurat bekannten Stufentürme waren das Urbild für die biblische Vorstellung vom Turm zu Babel.

IRAN, MASHAD

Heiligtum des Imam Reza

MASHAD, HAUPTSTADT DER PROVINZ KHORASAN IM NORDOSTEN DES IRAN, IST DIE ZWEITGRÖSSTE STADT DES LANDES. BERÜHMT IST DER ORT WEGEN SEINER WUNDERSCHÖNEN PILGERSTÄTTE, DEM HEILIGTUM DES IMAM REZA.

Ein Imam ist in der muslimischen Welt der Führer einer Gemeinde, der Vorbeter in der Moschee, es ist auch der Ehrentitel großer Gelehrter. Für die Schiiten reicht die Bedeutung eines Imam als eines von Gott beauftragten Menschen bis hin zu seiner Vergöttlichung. Reza wurde 765 in Medina geboren und erwarb schon bald den Ruf großer Spiritualität und enormen Wissens. Im Alter von 51 Jahren wurde er von Kalif Mamun nach Sanabad berufen, Mamun erklärte ihn öffentlich zu seinem Nachfolger und gab ihm seine Tochter zur Frau. Mitglieder der schiitischen Sekten feierten die Ernennung, während die Sunniten ihn ablehnten. Es kam zu Aufständen. Gemeinsam machten Mamun und Reza sich auf den Weg nach Bagdad, um die Stadt zurückzuerobern, aber auf der Reise erkrankte Reza und siechte schnell dahin. Sein plötzlicher Tod gab den Schiiten Anlass zu Anschuldigungen, Mamun habe ihn vergiftet, um die aufständischen Sunniten zu befrieden, die sich wegen seiner Ernennung zum Kalifen in diesem vornehmlich sunnitischen Gebiet gegen ihn gestellt hatten. Aber der Kalif trauerte aufrichtig um den Imam und ließ ihm 818 ein Mausoleum neben dem Grab seines Vaters Harun al-Rashid errichten. Wegen des anhalten-

Linke Seite: Die reich verzierten Kuppeln und Minarette des Imam-Reza-Heiligtums dominieren das Stadtbild Mashads.

Rechts: Mehrere Millionen Pilger pro Jahr bescheren der Stadt regelmäßig große organisatorische Probleme.

den Verdachts der Schiiten, Mamun habe ihn getötet, wurde der Ort Sanabad schon bald zur Pilgerstätte, und sein Name wurde zu Mashad ar-Rizawi geändert: Ort des Martyriums des Reza.

20 Millionen Pilger. Bald schon entstand die Legende, eine Wallfahrt zum Heiligtum des Imam Reza entspräche 70 000 Wallfahrten nach Mekka, dadurch wurde das Grab schnell zum heiligen Ort, zu dem Tausende Menschen aus ganz Persien strebten. Gegen Ende des 10. Jahrhunderts wurde das Heiligtum von Sultan Sabuktagin zerstört, aber nur wenige Jahre später von seinem Sohn Mahmud von Ghazni wieder aufgebaut. Zu Beginn des 13. Jahrhunderts plünderten die Mongolen Mausoleum und Stadt, aber 100 Jahre später trat der mongolische Herrscher Sultan Muhammad Khudabandeh zum Schiismus über und ließ das Heiligtum prächtiger auferstehen, als es je gewesen war.

Während der Herrschaft der Safavid-Könige von 1501 bis 1786, unter denen der Schiismus zur Staatsreligion wurde, baute man den Grabkomplex in nie gesehener Pracht aus, goldene Kuppeln, geflieste Minarette und weitläufige Gärten und Höfe wurden angelegt. Das Heiligtum ist eine der sieben heiligen Stätte des schiitischen Islam und besteht heute aus zwei Moscheen, mehreren Medresen, Koranschulen oder islamischen Lehranstalten, Museen und über 20 weiteren Gebäuden. Jährlich pilgern mehr als 20 Millionen Gläubige an diesen heiligen Ort.

STECKBRIEF

818
Imam Reza stirbt, sein erstes Mausoleum wird erbaut.
993
Zerstörung des Mausoleums durch Sultan Sabuktagin
1009
Wiederaufbau durch Mahmud von Ghazni
1220
Zerstörung durch die Mongolen
1304–16
Regierungszeit von Sultan Muhammad Khudabandeh
1912
Russisiche Truppen beschädigen das Heiligtum.

Links: Geschnittenes Steinwerk und aufwendige Mosaike zieren die große Wand mit eingerücktem Bogen im Innenhof des Heiligtums.

SAUDI-ARABIEN

Mekka

MEKKA, DER GEBURTSORT DES PROPHETEN UND RELIGIONSGRÜNDERS MOHAMMED (UM 570), BEHERBERGT MIT DER AL-HARAM-MOSCHEE UND IHREM ZENTRALEN HEILIGTUM, DER KAABA, DIE GRÖSSTE MOSCHEE DER WELT. ZU DIESEM HEILIGSTEN ISLAMISCHEN ORT PILGERN JÄHRLICH MILLIONEN GLÄUBIGE MUSLIME.

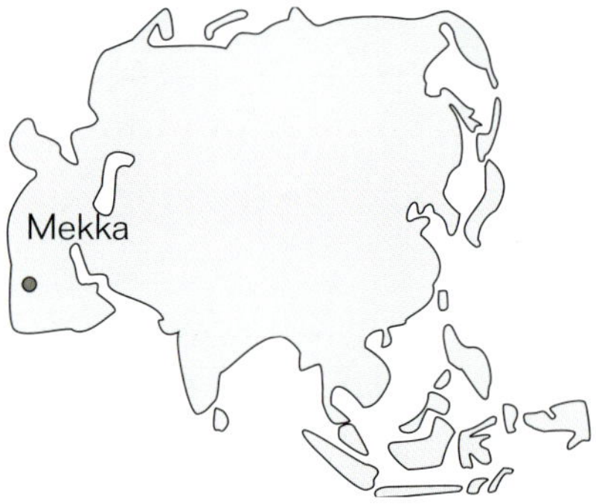

Die Kaaba, ein Heiligtum des Islam, wurde dem Glauben nach vom ersten Propheten Adam erbaut. Abraham und sein Sohn Ismail entdeckten das vergessene und verlassene Gebäude und bauten es abermals auf – diese Personen spielen im Islam wie im christlichen und jüdischen Glauben entscheidende Rollen. Schon seit vorislamischen Zeiten wird in Mekka der Kult des „Schwarzen Steins" gepflegt. Bruchstücke desselben sind in die Mauer der Kaaba eingelassen. Rationaler Einschätzung entsprechend, gilt der schwarze Stein der Kaaba als Meteorit, aber noch nie hat eine geologische Analyse stattgefunden. Der religiösen Legende nach erhielt Abraham den Stein vom Erzengel Gabriel, und einer weiteren Legende nach soll er ursprünglich weiß gewesen sein, sich aber im Laufe der Jahrhunderte aus Leid über die Sünden der Welt schwarz gefärbt haben. Die al-Haram-Moschee gibt den Muslimen aller Länder die Gebetsrichtung (qibla) vor, nach ihr verneigen sie sich in ihrem fünfmal am Tag zu verrichtenden Pflichtgebet.

Hadsch, die heilige Pilgerreise. Der Hadsch findet traditionell im zwölften Monat des islamischen Mondkalenders statt. Dieser Kalender beginnt (nach gregorianischer Zeitrechnung) am 16. Juli 622, dem Tag

STECKBRIEF

Seit 632 ist die Kaaba ein rein islamisches Heiligtum.

um 570:
Geburtsort Mohammeds
Großen Moschee:
Flächenmaß:
356 800 m²
Fassungsvermögen im Inneren:
über 800 000
Volumen der Kaaba:
12 x 10 x 15 m

Linke Seite: Die Kaaba in der Großen Moschee. Während der für jeden Muslim obligatorischen Pilgerfahrt nach Mekka umrunden die Gläubigen die Kaaba siebenmal.

Rechts: Um den zahlreichen Pilgern die symbolische Steinigung des Teufels zu ermöglichen, sind gleich mehrere Repliken des Steinobelisken aufgestellt.

der Auswanderung des Propheten aus Mekka (hidschra). Da das Mondjahr kürzer als das Sonnenjahr ist, wandern die Monate. Der Pilgermonat Dhu l-hiddscha (Mond der Wallfahrt) gilt in der islamischen Welt als heilig. Höhepunkt der Wallfahrt sind die Tage zwischen dem 8. und dem 13. Tag, an dem das Opferfest Id ul-Adha begangen wird, dann versammeln sich in Mekka bis zu drei Millionen Gläubige und machen die heilige Städte zum größten Versammlungsort der Welt.

Mohammed gehörte zum Stamm der Koreischiten, die ihre Abstammung auf Abraham zurückführen. Im frühen 6. Jahrhundert übernahmen sie die Kontrolle über Mekka und das Heiligtum der Kaaba. Der Prophet predigte den Einen Gott (Monotheismus) und den Tag des Jüngsten Gerichts und sah sich in Mekka einer wachsenden Feindseligkeit ausgesetzt. Am 16. Juli 622 flohen er und seine Anhänger nach Medina, um aber schon acht Jahre später als Eroberer nach Mekka zurückzukehren und die Kaaba zu einem islamischen Heiligtum zu machen. Die jährliche Wallfahrt, der Hadsch, wurde zu einem der wichtigsten Rituale der islamischen Welt.

Unten: Einzelheiten der „großen Wallfahrt" zeigen einen starken altarabischen Einfluss, so auch die Idee des um das Heiligtum existierenden „Gottesfriedens" – eine Art Asylrecht und Garantie der Immunität.

Dschamarat al-Aqba. Ein eindrucksvoller Teil der alljährlichen Hadsch ist die „Steinigung" des Steinobelisken „Dschamarat al-Aqba" in der Nähe von Mekka, der ebenfalls als heiliger Ort verehrt wird. Da der Obelisk den Teufel symbolisiert, wird er von den Gläubigen „gesteinigt".

SAUDI-ARABIEN

Medina

AL-MASJID AN-NABAWI ODER DIE „MOSCHEE DES PROPHETEN" IN MEDINA IST DER ZWEITHEILIGSTE ORT DES ISLAM. SIE STEHT DORT, WO MOHAMMED SELBST EINST EINE MOSCHEE ERRICHTETE, UND IN IHR BEFINDET SICH AUCH SEIN GRAB.

Die erste Moschee entwickelte sich aus dem Haus, in dem sich Mohammed mit seiner Familie niederließ, als er im Jahr 622 n. Chr. nach Medina kam. Diese erste Moschee war ein rechteckiges, nicht bedachtes Gebäude von ca. 30 mal 35 Meter mit der erhöhten Plattform, wo der Koran gelesen wurde. Die Mauern waren aus Palmholz und Schlamm gebaut. Man betrat die Moschee durch drei Tore: Bab Rahmah im Süden, Bab Jibril im Westen und Bab al-Nisa' im Osten. Dieser Grundbauplan hat sich bis heute in jeder Moschee der Welt bewahrt. Damals war die qibla, die Gebetsrichtung, noch nach Norden ausgerichtet, nach Jerusalem. Erst später richtete sie sich nach Mekka. Die Moschee diente neben dem Gebet als Gerichtshof, Gemeindehaus und Religionsschule.

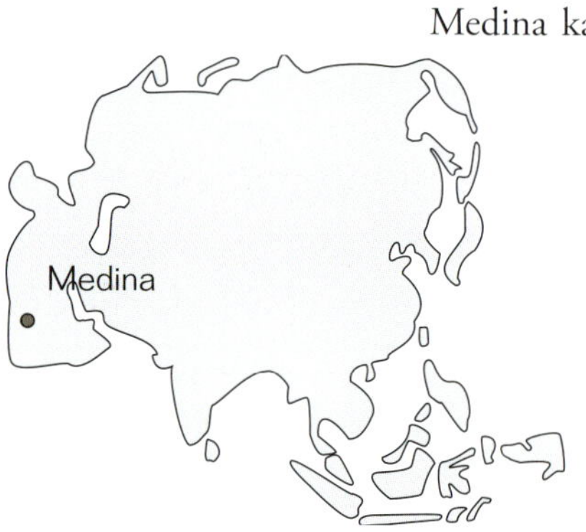

Schnelle Vergrößerung. Schon sieben Jahre später wurde diese erste Moschee in ihrer Größe verdoppelt, denn die Zahl der Gläubigen war sprunghaft angestiegen. In den folgenden Jahrhunderten wurde sie dann immer wieder vergrößert, zum ersten Mal im Jahr 707 durch den Kalifen al-Walid, der die alte Umfriedung abreißen ließ und an derselben Stelle eine größere Moschee baute, die das Haus des Propheten und sein Grab mit einschloss. Dieses Gotteshaus maß 84 mal 100 Meter und verfügte

STECKBRIEF

Lage:
Medina in der Provinz Madinah

622
Bau der ersten Moschee

707
Erste von zahlreichen nachfolgenden Vergrößerungen, insgesamt zehn Minarette mit einer Höhe bis 105 m

Fassungsvermögen:
über 500 000 Gläubige

Linke Seite: Das zweite panislamische Heiligtum nach Mekka ist Medina, wohin Mohammed 622 geflüchtet war. Hier entstand aus seinem Wohnhaus die erste Moschee.

Rechts: Mihrab in der Moschee des Propheten. Der Mihrab ist eine Nische in der Wand einer Moschee, die die Gebetsrichtung nach Mekka angibt.

über ein Dach aus Teakholz, seine Wände waren mit Mosaiken verziert.

Die Osmanen. Die Osmanen, die Medina von 1517 bis zum Ersten Weltkrieg regierten, hinterließen ebenfalls ihr Zeichen: Sultan Suleyman I. (1520–66) errichtete das nordöstliche Minarett, das den Namen al-Suleymaniya trägt, und unter Sultan Abdulmecid I. (1839–61) wurde der heilige Ort bis auf das Grab des Propheten komplett umgebaut: Er wurde vergrößert und ein fünftes Minarett, al-Majidiyya, im Westen angebaut.

Saudi-Arabien. Nach der Gründung des Saudi-arabischen Königreichs 1932 kam es zu weiteren Vergrößerungen. Vor allem wurden jetzt mehr Unterkünfte für die ständig wachsende Zahl der Pilger in unmittelbarer Nähe der Moschee gebaut. In den 1950er-Jahren kamen noch zwei weitere Minarette und eine Bibliothek hinzu. Unter König Fahd (1921–2005) wurde die Moschee ein letztes Mal vergrößert, um die Menge der Pilger fassen zu können. Zur „Modernisierung“ der Ausstattung gehörte eine Klimaanlage. Die heutige Moschee ist 100-mal größer als die ursprüngliche Mohammeds.

Unten: Mahlzeit als Unterbrechung des Fastens (Ramadan) vieler Tausender Muslime vor der Moschee des Propheten.

Die Ureinwohner Neuseelands oder Ozeaniens leben ebenso wie die Aborigines Australiens in Harmonie mit der Natur, sehen sich als integralen Teil der sie umgebenden Welt. Darum sind ihre größten Heiligtümer Naturschauplätze wie Berge oder Höhlen. Die Religionen dieser Völker unterscheiden sich von den abendländisch geprägten Religionen: Man glaubt hier nicht an die lineare Abfolge von Ereignissen, sondern an die immer wiederkehrenden Zyklen der Natur.

AUSTRALIEN UND OZEANIEN

AUSTRALIEN

Uluru/Ayers Rock

SEIT TAUSENDEN JAHREN IST DER ULURU, DER ROTE FELSEN IN DER WÜSTE AUSTRALIENS, DAS GRÖSSTE HEILIGTUM DER ABORIGINES VOM STAMM DER ANANGU, DIE HIER SEIT ÜBER 10 000 JAHREN LEBEN.

Tjukurpa, Schöpfungsperiode, nennen die Anangu den Ursprung allen Lebens. Die Ahnen hielten als Inkarnationen von Mensch und Tier Einzug in das Land, einige wanden sich als riesige Schlangen aus den Tiefen der Erde und formten auf ihrem Weg die Landschaft. Es waren die Ahnen, die den Menschen ihre Gesetze gaben, die auch heute noch Gültigkeit für die Anangu haben. Die Antworten auf alle Fragen über die Entstehung des Universums und die Gesetze der Natur, die Beziehungen zwischen den Geschlechtern, das Leben, den Tod und das Leben nach dem Tod liegen in den mythologischen Geschichten und Legenden der Traumzeit.

In der Sprache der Anangu bedeutet Uluru „Sitz des Ahnen". Entlang des Monolithen finden sich heilige Orte, von denen einige nur für Mannbarkeitsriten und andere für Weiblichkeitsriten vorgesehen sind, wieder andere sind heilige Orte für allgemeine Zeremonien beider Geschlechter. Jede Höhle am Fuß des Uluru hat eine bestimmte Bedeutung und ist verbunden mit Ritualen. Entsprechend sind sie mit Zeichnungen versehen, die teilweise älter als 3000 Jahre sind.

Die heiligen Stätten der Anangu. Nach den spirituellen Gesetzen der Ureinwohner ist es jedem Men-

Linke Seite und rechts: Am Fuß des Uluru befinden sich heilige Stätten der Aborigines, an denen sie ihre Kulte und Rituale pflegen; Sie unterliegen heute wieder einem größeren Schutz.

schen verboten, außer zu zeremoniellen Anlässen, den Felsen zu betreten. Dennoch steigen täglich Hunderte Touristen auf das Heiligtum, eine halbe Million kommt jedes Jahr. Die Aborigines beobachten die Weißen und nennen sie „Ameisen", wenn sie sich wie auf einer Ameisenstraße an einem Stahlseil nach oben auf den Uluru hangeln. Das Besteigen des Bergs ist dabei äußerst gefährlich, die hohen Temperaturen und plötzliche Wetterumschläge fordern alljährlich Tote und Verletzte.

1873 stieß der Ingenieur William Gosse bei der Erkundung der nördlichen Territorien Australiens als erster Weißer auf den Monolithen und nannte ihn nach dem damaligen Premierminister Sir Henry Ayers. Mit dem Fund wurde fortgesetzt, was im Kontinent seit seiner Entdeckung währte: eine Geringschätzung der Kultur der Ureinwohner. Die Situation hat sich aber seit einigen Jahren verändert. So wurde etwa das Gelände um den Uluru den Anangu am 26. Oktober 1985 zurückgegeben, und ist heute der Zutritt zum Nationalpark während religiöser Rituale der Anangu verboten, der Park bleibt dann geschlossen. Außerdem ist es untersagt, bestimmte heilige Stätten, die besonders markiert sind und meist am Fuß des Uluru liegen, zu fotografieren, und den Fotografen drohen hohe Geldstrafen. Damit möchte man um den Respekt vor den heiligen Orten der Aborigines bewahren.

STECKBRIEF

Höhe: 348 m
Umfang: 9,4 km
Breite: 2,4 km
Länge: 3,6 km
Alter:
Etwa 600 Mio. Jahre
Zweitgrößter Monolith der Erde (größter ist der Mt. Augustus in Westaustralien), der aus Arkosesandstein besteht.
1987
Ernennung zum UNESCO-Weltkulturerbe

Links: Aborigine und die fremden „Ameisen", die unbedingt den Uluru besteigen müssen. Von der Kultur der australischen Ureinwohner wissen sie meist nur wenig.

FRANZÖSISCH-POLYNESIEN

Rurutu/Australinseln

1769 ENTDECKTE JAMES COOK DIE INSEL RURUTU, DIE DAMALS NOCH DEN NAMEN „ETEROA" TRUG. AUF DER INSEL LEBTEN DIE BEWOHNER IN HÖHLEN, GROTTEN UND UNTERIRDISCHEN GÄNGEN, UND AUF DEN SAGENUMWOBENEN MARAE ZELEBRIERTEN SIE IHRE HEILIGEN RITUALE.

Die heutigen Einwohner von Rurutu leben nicht mehr in Höhlen, sind aber den alten Traditionen fest verbunden. Die Insel mit ihren unzähligen Höhlen und Grotten und den mineralreichen Hochebenen ist umgeben von senkrecht über dem Meer aufragenden Klippen. Seit ewigen Zeiten praktizieren die Bewohner das mystische Steineheben, ein Kraftakt, bei dem Steinbrocken bis zu 150 Kilogramm in der Nähe der Marae, den heiligen Orten der Insel, gehoben werden. Auf den Marae von Pareopi und Vitaria, die bis vor Kurzem noch von der königlichen Familie von Rurutu genutzt wurden, ragen die typischen Steinsäulen in den Himmel. Während des Tere-Rituals im Januar zieht eine große Prozession über die Insel zu den heiligen Marae und anderen mystischen Orten, zur Grotte der Hina, der Menschenfresserin aus der Legende, und der des Mo'o, der Riesenechse. Das Fest endet mit einem Steinhebe-Wettbewerb mit männlichen und weiblichen Athleten.

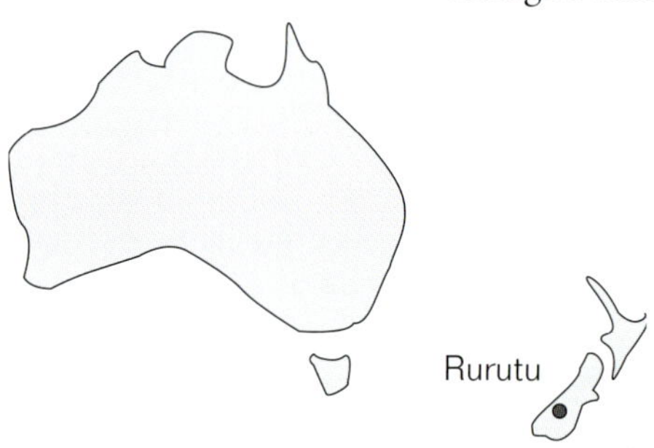

Untypische heilige Orte. Auf allen Inseln der ozeanischen Archipele findet man Marae, die berühmtesten sind wohl die Ahus der Osterinseln. An sich sind die Marae untypische heilige Orte, denn sie werden nicht nur für religiöse Rituale genutzt – auf den heiligen Steinen fanden

Linke Seite: Die tropisch üppige Silhouette einer der Australinseln.

Unten: Der englische Entdecker James Cook (*1728–79) wurde 1769, fast genau zehn Jahre vor seinem Tod Zeuge eines Menschenopfers auf einem polynesischen Marae.

die religiösen Zeremonien statt, hier wurde den Göttern geopfert, und man bat um Schutz vor den verschiedenen Elementen; zudem wurde hier Gericht gehalten, oder es wurden politische und gesellschaftliche Entscheidungen getroffen. Viele der Marae waren tabu und durften nur von Priestern betreten werden, denn nur sie konnten mit den überirdischen Mächten in Verbindung treten. Menschenopfer waren auf den großen Marae nicht selten. Viele Marae umstanden schmucklose Steinsäulen, aber auch Tikis, Götterstatuen. Immer ist der Tiki männlich, kräftig, mysteriös und beschützend, seine Arme und Beine sind gefaltet, der Kopf nach hinten gelehnt und ohne Hals. Dem Geschlechtsteil wurde besondere Aufmerksamkeit geschenkt. Tikis beschützen und wehren Gefahren ab.

Oben links und rechts: Tikis oder Schutzgötter sind immer männlich, kräftig, mysteriös und beschützend, Arme und Beine sind gefaltet, der Kopf ist meist nach hinten gelehnt und ohne Hals.

STECKBRIEF

Lage:
Rurutu liegt 572 km südwestlich von Tahiti und hat eine Fläche von 32 km^2.

Als James Cook Rurutu 1769 entdeckte, hatte die Insel etwa 3000 Bewohner. Die Christianisierung ab 1821, eingeschleppte Krankheiten, Kriege und Abwanderung haben die Bevölkerung auf etwas über 2000 reduziert.

Es gibt drei Dörfer: Moerai, Avera und Hauti.

NEUSEELAND

Tongariro, der heilige Berg

FÜR DIE MAORI, DIE VOR ETWA 750 JAHREN IN RIESIGEN KANUS IN NEUSEELAND LANDETEN, WAR DER VULKAN TONGARIRO EIN HEILIGER BERG, AUF DESSEN SPITZE EIN FEUER ENTZÜNDET WERDEN MUSSTE, UM DAS LAND IN BESITZ ZU NEHMEN.

Vor etwa 750 Jahren drangen die Maori von Ostpolynesien aus in mehreren Einwanderungswellen in riesigen Auslegerkanus ins heutige Neuseeland vor. Es gibt eine Legende dieses „eingeborenen" Volkes Neuseelands, nach der Häuptling Ngatoroirangi auf der Mitte der Nordinsel an Land ging, um das Land in Besitz zu nehmen. Zuvor jedoch musste er den Vulkan Tongariro erklimmen und auf dessen Spitze ein großes Feuer entfachen. Begleitet wurde er dabei von seiner treuen Sklavin Auruhoe. Auf der schneebedeckten Spitze war es so kalt, dass die beiden zu erfrieren drohten. Der Häuptling rief Priesterinnen am mystischen Ort Hawaiki zu Hilfe, damit sie ihnen Feuer sandten. Die Priesterinnen, die seine Schwestern waren, schickten Feuer, das zuerst vor der Küste ausbrach, unter dem Meer weiterfloss und schließlich zu Füßen des Häuptlings züngelte. Um dem Gott der Vulkane zu danken, warf Ngatoroirangi seine Sklavin als Opfer in den Vulkan. Nach ihr ist denn auch einer der drei Vulkane des Naturparks benannt: Ngauruhoe. Hawaiki ist in den Mythen der Maori der Ort des Ursprungs der Vulkane, bis heute ist aber nicht klar, ob es sich dabei um eine reale Insel oder einen mystischen Ort handelt.

STECKBRIEF

Der Tongariro-Nationalpark (seit 1894) hat drei Vulkane: Tongariro, Ngauruhoe und Ruapehu. Die Schenkung des Tongario erfolgte am 23. 9. 1883
Höhe:
500–2797 m
Größe:
795 km²
1990
Ernennung zum UNESCO-Weltkulturerbe

Linke Seite: Irisierend und transparent ist das Wasser des Kratersees am Ruapehu Vulkan, einem der drei Gipfel des Tongariro-Massivs.

Oben: Der Vulkan Ngauruhoe ist nach der Sklavin König Ngatoroirangis benannt, die er hier den Göttern als Dank für das Feuer opferte.

Eine weise Entscheidung. Ende des 18. Jahrhunderts kamen die ersten Pakeha, die Weißen, nach Aotearoa, in das Land der „langen, weißen Wolke". Durch ihre einseitige Schafzucht jedoch, durch Kahlschlag und brutales Vorgehen gegen die Ureinwohner drohte das Land der Maori um ihren heiligen Berg zu veröden. Der heilige Berg Tongariro ist der Ort, wo die Ahnen beigesetzt sind, ihre Anwesenheit und die ständige Präsenz der Götter dieser Naturreligion legitimieren den Anspruch der Maori auf Berg und Land – hier befinden sich noch heute einige ihrer heiligsten Kultstätten. Der Druck der Weißen war jedoch nicht aufzuhalten, immer mehr drängten ins Land und nahmen den Ureinwohnern, was ihnen gehörte, und entweihten ihre heiligen Stätten. Um zu verhindern, dass sie ihr Land vollends verloren, fällte der damalige Häuptling Tukino Te Heuheu eine weise Entscheidung: 1883 machte er den heiligen Berg der Regierung von Neuseeland zum Geschenk. Einzige Auflage, er müsse für alle Menschen bewahrt werden. Auf diese Weise wurde Tongariro zum vierten Nationalpark der Welt.

Rechts: Farne, die ältesten Pflanzen der Welt, wachsen in dichtem Unterholz überall im Tongariro-Nationalpark.

© Corbis: Dallas and John Heaton 5 o.; Michele Falzone 6/7; Ron Chapple 8/9 o.; William Mannin 8 u. l.; Anders Ryman 8 u. 2 v. l.; Richard Cummins 9 u.; Charles O'Rear 9 u. r.; ML Sinibaldi 10 o.; Roland Gerth 11 o.; Michael S. Lewis 12 o.; Richard A. Cooke 13 u.; Charles O'Rear 16 o.; Alison Wright 17 u.; Larry Mulvehil 18 o.; Mark E. Gibson 19 o.; Richard Cummins 19 u.; Ron Chapple 20 o.; George H. H. Huey 21 u.; Buddy Mays 21 o.; © Radius Images/Corbis 22 o.; David Muench 23 u.; David Samuel Robbins 23 o.; Nik Wheeler 25 o.; Massimo Borchi 25 u.; Franz-Marc Frei 26 o.; Liz Hymans 27 o.; Adam Woolfitt 27 u.; Michael T. Sedam 28 o.; Anders Ryman 29 u.; William Mannin 30 o., 31 o., 31 u.; Kelly-Mooney Photography 33 o., 33 u. r.; Wolfgang Kaehler 34 u. 2 v. l.; David Mercado 34 M.; Aldo Pavan 38 o.; Yann Arthus-Bertrand 40 o.; Henry Romero 41 o. l.; Mark Karrass 41 o. re.; Angelo Hornak 41 u.; Peter M. Wilson 44 o.; Eliana Aponte 45 o.; Michael Freeman 51 u.; Hubert Stadler 52 o.; Wolfgang Kaehler 53 o.; David Mercado 53 u.; Jose Patricio 57 o., u.; The Irish Image Collection 60 o.; Adam Woolfitt 61 o., u.; The Irish Image Collection 62 o., 63 u. l., u. re.; Homer Sykes 67 o.; Massimo Borchi 68 o.; Angelo Hornak 69 u. l.; Christian Simonpietri 79 o.; Morton Beebe 82 o.; 83 o.; Adam Woolfitt 85 o.; Patrick Ward 85 u.; Michael Busselle 100 u.; Jose Fuste Raga 101 u.; Charles Lenars 101 o.; Gianni Dagli Orti 113 o. u. re.; Paul A. Souders 114 o.; Jose Fuste Raga 120 o.; Paul Almasy 121 o., 121 u. l., u. re.; Sandro Vannini 124/125 o.; Samantha Lee/Ovoworks 124 u. l.; Carmen Redondo 124 u. 2 v. l.: Yann Arthus-Bertrand 124 M.; corbis 125 u. l.; Riccardo Spila 126 o.; Dave Bartruff 127 o.; Richard Hamilton Smith 127 u.; Carmen Redondo 128 o., 129 o., u. re.; corbis 129 u. l.; Yann Arthus-Bertrand 132 o.; Frédéric Soltan 133 u. l.; Jon Arnold (RF) 133 u. re.; Roger Wood 134 o.; 135 u. l.; 135 u. re.; Sandro Vannini 136 o.; Guido Cozzi 137 o.; Wolfgang Kaehler 137 u.; Dave Bartruff 138 o.; Dave Bartruff 139 o.; corbis 139 u.; corbis 141 o.; Galen Rowell 143 o.; Peter Johnson 143 u.; Keren Su 144/145 o.; Jon Arnold 144 u. l.; Craig Lovell 144 u. 2. v. l.: Tibor Bognar 144 M.: Kazuyoshi Nomachi 145 u.; corbis 145 u. re.; Michael Freeman 149 u.; Christophe Boisvieux 150 o.; Charles Rennie 151 u.; Lowell Georgia 152 o.; 153; Natalie Tepper 154 o.; Jeremy Horner 155 u.; Craig Lovell 155 o.; Nevada Wier 156 o.; Galen Rowell 157 o.; David Samuel Robbins 157 u.; Robert Holmes 159 o.; Keren Su 162 o.; Angelo Hornak 163 u.; Luca Tettoni 163 o.; Richard Ashworth 164 o.; Frédéric Soltan 165 u.; David Cumming 165 o.; Tibor Bognar 168 o.; Munish Sharma 169 o. u.; Keren Su 170 o.; Gavin Hellier 171 o. l.; Bruno Levy 171 o. re.; Gavin Hellier 172 o.; Richard Ross 173 o.; Christophe Boisvieux 173 u.; Yann Michele Falzone 174 o.; corbis 175 o.; Luca I. Tettoni 175 u.; Bob Krist 177 u.; Tim Page 181 o.; Christophe Boisvieux 182 o.; Bruno Levy 183 u. l.; Dallas and John Heaton 185 u.; Michele Falzone 186 o.; Dave Bartruff 187 u.; Claude Medale 187 o.; Darren Whiteside 188 o.; Jon Arnold 188 u.; Annie Griffiths Belt 189 o.; Paul A. Souders 189 u.; Massimo Borchi 190 o.; Shai Ginott 191 o.; Remi Benali 191 u.; Richard Ashworth 192 o.; Gianni Dagli Orti 193 o.; Michael S. Yamashita 193 u.; Kazuyoshi Nomachi 195 o.; © Corbis 195 u.; Kazuyoshi Nomachi 197 u.; Kazuyoshi Nomachi 199 o. u.; Barry Lewis 200 u. l.; Albrecht G. Schaefer 200 u. 2. v. l.; Paul Souders 200 M.; Catherine Karnow 201 u.; Bill Ross 201 u. re.; Catherine Karnow 203 u. l.; Paul A. Souders 203 u. re.; Bill Ross 204 o.; Bruno Levy 205 o. l.; Albrecht G. Schaefer 205 o. re.; Paul Souders 207 o.; Barry Lewis 207 u.;

© Getty: Peter Adams 4 u.; Panoramic Images 8 M.; Justin Bailie, 11 u.; Doug Pensinger 14 o.; Doug Pensinger 15 o., r.; Panoramic Images 24 o.; Stuart McCall 32 o.; Richard Nowitz 33 u. l.; Getty 34 u. l.; Michael Dunning 34/35 M.; Emil von Maltitz 35 u.; Michael Langford 35 u. re.; Vincenzo Lombardo 36 o.; Manuel Cohen 37 o.; Alfredo Estrella 37 u. l.; Ricardo De Mattos 37 u. r.; Richard A Cooke III 39 u.; Michael S. Lewis 42 o.; ML Harris 43 u.; DEA/G. Dagli Orti 43 o.; Wesley Boxce 45 u.; Bobby Haas 46 o.; Chris Rennie 47 o.; Emil von Maltitz 47 u. l.; Andrea Pistolesi 47 u. re.; Getty 48 o.; James Sparshatt 49 o.; Martin Gray 49 u.; Panoramic Images 50 o.; Michael Langford 51 o.; Michael Dunning 54 o.; Gavin Hellier 55 o.; Michael Dunning 55 u.; AFP/Antonio Scorza 56 o.; Francisco Leong 58/59 M.; Peter Adams 64 o.; David Goddard/Kontributor 65 u.; 69 u. l.; Gavin Hellier 83 u.; Yannick Le Gal 84 o.; Robert Harding World Imagery 98 o.; Nicolas Asfouri 102 o.; Francisco Leong 103 o., u.; Mahaux Photography 112 o.; Greek 113 u.; Aris Messinis 117 u.; James L. Stanfield 130 o.; Robert Harding 131 o.; Samantha Lee/Ovoworks 131 u.; Chris Bradley 140 o.; James P. Blair 141 u. l.; Andrew Holt 141 u. re.; Daryl Balfour 142 o.; Tsutomu Kawagoe 146 o.; Hulton Archive 147 o.; Karen Kasmauski 147 u. l.; Thad Samuels Abell Ii 147 u. re.; Sylvain Grandadam 148 o.; Steve Allen 149 o. l., o. re.; Martin Gray 149 u.; Koichi Kamoshida 151 o.; Mark Downey 158 o.; Leelu 159 u.; Robert Nickelsberg 160 o., 161 u.; Eric Meola 161 o.; Panoramic Images 166 o., 167 o.; Eddie Gerald 167 u.; Khin Maung Win 171 u.; Eyes Wide Open 176 o.; Francoise De Mulder 177 o.; Hugh Sitton 178 o.; Alex Lay 179 o.; Cris Haigh 179 u. l.; Hugh Sitton 179 u. re.; Greg Elms 180 o.; Martin Gray 181 u.; Travel Ink 183 o.; Steve Allen 183 u. re.; Philippe Bourseiller 184 o.; Travel Ink 185 o.; Mark Harris 194 o.; Khaled Desouki 196 o.; Roslan Rahman 197 o.; Muhannad Fala'ah 198 o.; Navaswan 200/201 o.; Navaswan 202 o.; Geoffrey Clifford 203 o.; Hulton Archive 205 u.; Natphotos 206 o.;

© Achim Bednorz: 58/59 o., u. l., u., 59 u., u. re.; 66 o.; 67 u.; 69 re.; 70 o.; 71 o.; 71 u. re.; 72 o.; 73 o. re.; 73 u. l.; 73 u.; re.; 74 o.; 75 re. u.; 78 o.; 79 u.; 80; 81 o.; 81 u. l.; 81 u. re.; 86 o.; 87; 87 Grafik; 88 o.; 89 u. l.; 89 u. re.; 92 o.; 93 o., 93 u.; 90 o.; 91 o.; 91 u.; 94 o.; 95 o.; 95 u. l.; 95 u. re.; 96 o.; 97 o., u.; 99 u.; 99 o. re.; 99 o.; 104 o.; 105 re.; 105 u.; 106 o.; 107 o.; 107 u.; 108 o.; 109 o.; 109 u.; 110 o.; 111 o. l.; 111 M., 111 u.; 11 re.; 115, 116, 117 o. re.; 118 o.; 119 u. l.; 119 u. re.; 122 o.; 123 o; 123 u.; 125 u.;

© Giovanni Dagli-Orti: 135 o.
© Rheinisches Bildarchiv: 74 o.